国家出版基金项目
NATIONAL PUBLICATION FOUNDATION

“十四五”国家重点出版物出版规划项目

粤港澳大湾区产业协同发展研究丛书

深港合作

共建
跨境高科技产业基地

U0890020

李罗力　著

SPM 南方传媒 | 广东经济出版社
·广州·

图书在版编目（CIP）数据

深港合作：共建跨境高科技产业基地 / 李罗力著. —广州：广东经济出版社，2024.11. —（粤港澳大湾区产业协同发展研究丛书）. —ISBN 978-7-5454-9445-7

I. F279.244.4

中国国家版本馆CIP数据核字第2024ST5954号

策　　划： 王成刚　张晓兰
责任编辑： 赵　娜　刘亚平　陈　晔　刘旭涛　李泽琳
责任校对： 陈运苗
责任技编： 陆俊帆
封面设计： 集力書裝　彭　力

深港合作：共建跨境高科技产业基地
SHEN-GANG HEZUO：GONGJIAN KUAJING GAOKEJI CHANYE JIDI

出 版 人： 刘卫平
出版发行： 广东经济出版社（广州市水荫路11号11～12楼）
印　　刷： 佛山市迎高彩印有限公司
（佛山市顺德区陈村镇广隆工业区兴业七路9号）

开　　本： 787 mm×1092 mm　1/16　　**印　　张：** 16.25
版　　次： 2024年11月第1版　　**印　　次：** 2024年11月第1次
书　　号： ISBN 978-7-5454-9445-7　　**字　　数：** 271千字
定　　价： 79.80元

发行电话：（020）87393830　　**编辑电话：**（020）37603153
如发现印装质量问题，请与本社联系，本社负责调换。

导论

这本书实际上是我对深港共建跨境产业合作区的一份研究报告。

关于深港共建跨境产业合作区，是我很早以前对香港制造业转移后经济出现产业空心化现象并导致一系列弊病的情况进行深入研究后提出的一项重要政策建议。虽然发表多年，而且这些年也曾以各种形式多次强调这项重要的政策建议，但由于深港合作始终处于“剃头挑子一头热”的局面，所以这项政策建议只能是空发议论，没有实现的可能，也没有实操的意义。

但是2021年10月，在经历长达30年的只有深圳市政府积极推动深港合作的“剃头挑子一头热”局面之后，时任香港特首林郑月娥公布了建立300平方公里北部都会区的发展策略，终于出现了香港特区政府主动拥抱深圳，主动提出要通过建立北部都会区来共同推进深港“一河两岸”经济带建设，共同推进深港都市圈建设的良好局面。这些都为深港两地今后全方位、全领域的合作带来极大的希望和灿烂的前景。过去几十年，深圳市政府及深港各界提出的有关深港的各种合作设想、规划、方案，在新的两地政府积极、有效、务实的合作下，都将有可能迅速变为现实。

这又使我看到了实现我的这项政策建议的极大可能性。于是我又一次把这项政策建议提出来，并且很快引起了深圳有关领导和相关政策部门的关注。但是很遗憾，我的这项政策建议多年来还只是一个理论的分析，并没有进行深入和全面的可行性研究和方案制订。这也让我感觉到，如果我真有这个意愿，就应该对此课题展开深入全面的研究。

正好广东经济出版社希望我能写一本有关深港合作的著作，给了我这样一个宝贵的机会。现在，我就通过这本书，将这个研究课题的初步成果汇报给各位读者。

这篇导论，就是将我这本书或者说这个研究报告的主要脉络展现给读者，让读者能够通过导论对这个课题的研究内容一目了然。

» 第一节 香港经济的根本问题出在哪里

香港至今仍具有不可替代的高端服务贸易产业优势

众所周知，自20世纪六七十年代以来，香港始终是东亚经济的一颗璀璨明珠，至今香港的金融、航运和国际贸易在世界上仍具有重要而独特的地位，香港在内地和国际上仍具有不可替代的优势。

现在，香港是全球最大的离岸人民币中心，这个地位和作用是内地任何城市和国际上任何其他城市都无法替代的。同时，香港作为国际金融中心和商业枢纽，通过提供世界一流的软硬件基础设施和营商环境来高效稳健地联结内地市场与全球商业网络，是跨国公司深耕内地市场的重要桥梁，也是内地公司“走出去”开拓国际市场的理想平台，它所具备的这种优势、地位和作用，是内地、国际上任何其他城市都无法替代的。香港连续多年被评为全球最自由经济体，在资本项下人民币可自由兑换，因而在投资便利化和贸易自由化方面具有十分明显的优势；香港金融系统保持稳定，国际金融中心的地位及核心竞争力受到国际社会的认可；香港作为国际金融中心及科技企业融资地，云集亚洲知名的电子商务公司，持续发展绿色金融及私募基金，为全球资本市场提供了十分优质的条件。

由于内地的改革开放，香港迅速成为内地联结全球市场的重要枢纽港口和最主要的中转港。繁忙的港口、巨大的中转货量，给香港的航运服务业带来了巨大的商机。香港港口集装箱吞吐量自1987年跃居世界第一位后，至今仍保持全球领先的地位；香港在海运硬件设施方面也以较大的优势领跑全球，在面临全球经济困局和疫情蔓延的情况下，香港的海运货值仍在不断上升，表明香港海运货物结构正在转型，产品正在向高附加值攀升。香港国际空运能力也处在世界领先地位，香港国际机场是集海、陆、空联运于一体的现代化国际空港。2010—2019年，香港国际机场的货运量连续10年排名全球机场货运量第一。

20世纪80年代以来，由于中国经济的迅猛增长，香港这个内地主要对外开放和联结国际市场的桥梁、纽带和大通道，在国际贸易量及全球贸易中的地位迅速提升，成为最重要的国际贸易中心之一。迄今为止，香港与汉堡、鹿特丹、新加坡、迪拜等一样，仍是全球最主要的，也是最成功的自由贸易港之一，香港的港口效率在世界范围内仍然首屈一指，2017年9月，在世界经济论坛发布的《2017—2018年全球竞争力报告》中，香港通关便利排名继续位列全球第一。香港连续多年被评为全球最自由经济体。

香港具有的国际优势不仅体现在金融、航运和国际贸易方面，还体现在高等教育上。香港的高等教育具有良好的国际基础和开阔的国际视野，在国际上也名列前茅。此外，在专业服务领域，香港在国际上也拥有无可比拟的人才优势，香港拥有一大批国际金融、国际贸易、城市管理等方面的高级人才和高素质的会计师、律师、评估师等专业服务人才。香港这座国际型城市吸引和培养了这些国际型人才，这些国际型人才又成就了香港这座国际型城市。

香港制造业转移后的产业空心化是香港经济之殇

尽管香港在金融、航运、国际贸易和国际型人才教育领域具有不可替代的优势，但这并不代表着香港的经济也具有同样的发展优势。

香港自20世纪80—90年代将制造业转移出去后，就成为一个服务业占90%以上的服务经济社会，包括金融、航运和国际贸易在内的香港所有优势产业都是高端服务业。这就是我们通常所说的“去工业化”后的产业空心化社会形态。这种社会形态具有很大的弊病。

第一，由于香港自身土地面积狭小、人口不多、资源匮乏，所以它的内需市场是极其有限的，因此当香港进入一个以不创造财富为主的经济形态时，它所得到的主要社会收益就变成了通过高端服务业主要为香港本土之外经济实体服务所获取的收益，以及通过普通服务业主要为境外游客服务所获取的收益。这就导致香港这种非生产性的经济形态成为一种非常脆弱的经济形态，它所依赖的非生产性的经济收益也是十分不稳定的经济收益。一旦自己的服务经济所依赖的外在实体（境外企业和境外游客）出现问题，香港经济立刻就面临严峻困难的局面。这次新冠疫情发生后，绝大多数内地访客不能进入香港，导致香港普通服务业“哀鸿遍野”，就是鲜明的证明。

第二，产业空心化还有一个最大的问题就是就业问题。不只是中国香港，即使是所谓进入以服务业为主的后工业化时代的欧美发达国家，同样遇到过这样的严重问题，因而近年来让制造业回归本国的“再工业化”才成为以美国为首的西方发达国家涌起的一股声势浩大的潮流。从根本上来说，这是因为无论是高端服务业还是普通服务业，都会大大限制就业的人数。从高端服务业来说，其就业的门槛很高，要求从业人员有很高的学历和专业水平，加之这些行业的电子化、自动化水平很高，完全属于资金密集型和技术密集型行业，因此就业通道十分狭窄，能够吸收的就业人数极其有限；而另一类服务业，是从业人员以普通老百姓为主的餐饮、零售、旅游、娱乐、生活服务等普通服务业，其经营方式或是中小微企业形态，或是家庭经营式形态，真正能够大规模用人的企业很少，因此这类经济形态也不能有效满足新生成的就业需求。这就导致香港这么多年来就业问题越来越严重，成为香港社会深层次矛盾的根源之一。

第三，由于产业空心化严重限制了香港社会就业的渠道，因而大大缩减了香港普通老百姓财富积累的来源，导致香港普通老百姓的收入水平长期停滞，这一现象的另一恶果是导致香港社会贫富分化问题越来越严重，而由此产生的深层次社会矛盾也越来越尖锐。

第四，正是由于香港的这种经济形态，导致香港产业升级换代的长期停滞。即使香港的金融、航运、国际贸易和专业服务都升级换代了，并不代表香港本土产业也升级换代。因为高端服务业再升级，也是为本土之外的其他实体经济服务，而对于本土经济并没有多少提振作用。20世纪各领风骚、风生水起的“亚洲四小龙”，唯有香港现在没有一家像样的全球性高科技企业，没有一个在世界上叫得响的品牌产品，已经被亚洲其他“三小龙”远远地甩在后面。

由此可见，香港现在的经济形态尽管有其值得骄傲的优势，但也有非常严重的问题。本书要研究的主要问题就是，如何做到既能发扬香港现有的高端服务产业优势，又能克服香港“去工业化”后所带来的产业空心化弊病，从而使香港经济重新走上世界的巅峰。

» 第二节 香港必须走“再工业化”[①]之路

欧美国家“去工业化”同样恶果丛生

美国早在1894年就成为世界第一大工业国，正是它制造业的强大地位，使它在20世纪初成为世界第一强国，强悍的实体经济使美国在全球拥有了政治、军事、经济的统治地位，建立了美元霸权。然而，从20世纪60年代末70年代初开始，欧美大跨国公司开始在全球寻求最佳资源配置，进行全球性投资和产业布局，向全球各发展中国家和地区转移制造业，而将科技研发、高端服务等产业留在本国，致使全球分工体系和贸易格局发生了深刻变革，启动了欧美国家所主导的、一直延续至今的一波经济全球化过程。随着以美国为代表的发达经济体逐渐向价值链的市场、研发两端延伸，而把低附加值、处于中间环节的制造业导出，在全球形成了欧美发达国家与发展中国家的“前店后厂”格局，使得欧美发达国家开始转型为以高端服务业为主导、以科技研发为核心、以金融操控为本质的新型资本发展模式。这种发展模式一度被称为“后工业化时代”，并且被当时欧美发达国家的许多学者称为“真正进入现代化发展阶段”的标志。随着上述以美国为主的欧美发达国家经济快速“脱实向虚”的过程，其制造业开始急速萎缩。2010年，美国跌落保持了100多年的全球制造业第一的宝座，被中国所取代。在向服务化转变的过程中，美国经济也快速向金融化方向发展，并伴随着制造业的不断转移和资本全球化的急剧扩张，不断获得空前的发展和膨胀。美国的经济结构和利益结构也随之一变，华尔街成为美国经济的重心所在，甚至成为全球经济的重心所在。

进入21世纪的美国，这种畸形结构越来越严重，制造业转移出去后的产业空心化恶果日益显现。首先，产业空心化最直接的恶果表现在就业上。1979—1993

① 关于香港工业化的进一步发展，香港特区政府过去的提法为“再工业化”，2022年12月香港特区政府发布的《香港创新科技发展蓝图》提出“新型工业化”的新说法。

年，美国制造业流失了230万个工作岗位；此后的2005—2009年，美国制造业的就业人数累计减少235万人。其次，美国产业空心化的另一恶果是，国内实体经济流失，人们手中暴增的财富没有足够的投资机会，因而大量涌向房地产和股市，从而导致房地产和股市价格暴涨，最终引发了2007年的次贷危机，使得美国经济普遍衰退、失业人口剧增，次贷危机还从美国扩展至全球，导致世界金融危机爆发。最后，产业空心化的美国，产业发展相对放缓且被后进国家迅速赶超，尤其是中国成为世界第二大经济体后，发展速度直逼美国，使美国上下都感到巨大的威胁和恐慌。

近年来欧美国家坚决实施“再工业化”战略

以美国为首的欧美发达国家坚决要让制造业回归本国，要实施“再工业化”战略，这样才能解决本国经济最要害的就业问题，才能解决导致本国经济畸形发展的“脱实向虚”和产业空心化问题，才能将目前世界上最先进产业的发展命运牢牢地控制在自己的手中。加之这次新冠疫情全球大流行，也让各国政府和跨国企业更深切地认识到构建自主可控产业链的重要性。越来越多的国家加大了吸引本国企业回流本土的政策力度，推动产业链回流，全球产业链正在向在本区域内整合以及在关键领域本土化的方向重构。

欧美国家近年来的“再工业化”有三条关键举措。一是制定本国的工业发展规划，致力提升制造业在国民经济中的比重，维持本国制造业在全球或区域制造业版图中的领导或领先地位。二是让制造业回流到本国，而不是把资金和科研成果再投入到境外的本国制造企业中。为此，欧美国家采取很多措施引导企业回流本国，普遍采取的就是税收优惠政策，除此之外，美国还通过直接引导境外企业回流、吸引外企在美直接投资、近岸外包、采用新技术降低制造企业成本四种方式来实现本国制造业生产能力的恢复和增强，有些措施尽管不是实际把海外企业迁回本土，但从加强本土制造业的意义上来看，也不失为一种制造业回流的特殊方式。2010—2021年，因美国本土企业回流和外企在美直接投资而产生的新工作岗位已经从6000个增加到近26万个。美国在2021年的制造业就业人数比之前预期高出了近600万人。三是通过“再工业化”加快科技创新，抢占新一轮产业革命的制高点。

香港的“再工业化”收效甚微

2008年世界金融危机后，香港经济过度依赖房地产和金融业的状况开始备受批评。根据欧美国家的经验和教训，香港走“再工业化”之路已成为必然的选择。2015年11月，香港特区政府正式组建成立创新及科技局，首次提出香港“再工业化”的目标，旨在统筹和推动科技发展，振兴高新科技产业。2016年，时任香港特首梁振英在当年的施政报告中提出要推动香港“再工业化”的目标。但是对于怎样才是香港的“再工业化”，各界却看法颇异，有一种看法认为香港的“再工业化”不必让制造业回流香港，只要利用全球网络，在香港建设研发、测试基地，然后再利用内地与其他国家和地区的香港企业实际生产线提高产品的质量和产量，就可以实现香港的“再工业化”。这实际上还是香港做大服务业在“再工业化”口号下的一个翻版。依据欧美国家的实际做法和取得的成效，这样的认识是片面的。

客观地说，香港特区政府近年来在“再工业化”方面也作了不少努力，但是收效甚微。主要问题在于：一是香港特区政府缺乏“再工业化”的长远战略，没有制订全盘及前瞻性的工业发展蓝图，所制定的政策和规划过于短视和缺乏宏观政策指导，只是划出小块地和零星资金来做科研，结果是政策赶不上变化、变化赶不上预期。二是香港特区政府效率不高，事事要“等”。对于企业来说，融资、投资优惠和部门沟通等都需要政府有很高的效率，不可能简单地只由政府制定优惠政策就能解决问题。三是香港本土的营商成本太高，对于资金密集型和技术密集型制造业来说，没有发展条件。四是香港特区政府近年来力推的各种科技研发欠缺与工业实体经济的结合，这也说明香港特区政府缺乏科创必须与工业相结合的发展观。五是香港“再工业化”面临的困难除了众所周知的可开发土地资源短缺以及地价和其他各种成本高昂外，还有因缺乏相应的产业配套而导致很多科研成果在商品转化方面遭遇无法克服的瓶颈。

正是由于以上各种原因，尽管香港特区政府提出“再工业化”已近10年，但至今在香港1100多平方公里的土地上，仍没有见到“再工业化”的基本元素——香港本土的创新科技产业集群和相关企业集群。而香港特区政府这么多年精心打造的香港科学园和正在推进建设的港深创新及科技园等，也只不过做了孵化器的工作而已，即只是做了培育创新科技产业幼苗的工作。

» 第三节　深港合作是香港“再工业化”的不二之选

深港合作是“共同都市圈”的合作

自20世纪70年代末国家改革开放开启以来，香港就以其独特的地位受到内地青睐，成为内地各省（区、市）和各大城市争相合作的对象。内地几乎每个省（区、市）都在香港设有自己的办事处，开展宣传本省（区、市）、联络海外各种人脉关系、招商引资等工作。深港合作与所有其他省（区、市）和香港的合作都不同。根本原因是，深圳与香港只有一河之隔，从深圳经济特区建立起，深圳就与香港紧紧地联系在一起，而且随着时间的推移，两地经济和社会生活的联系日益密切。别的省（区、市）与香港的合作都是在投资、贸易、技术、人才培养、文化旅游、基础设施等项目上的合作，甚至粤港合作、穗港合作也主要是如此。只有深圳与香港的合作，能逐步形成一个共同都市圈，这才是深港合作最重要的特点，是深港合作不同于香港与内地任何其他地区合作的根本所在。一方面，在深圳实行改革开放和建立社会主义市场经济体系的过程中，香港发挥了巨大的借鉴和榜样作用；另一方面，随着深港之间在经济、社会、基础设施上联系的不断发展和深化，深港之间城市协同发展的特点也已逐步显现。

深港合作经历长达30年“剃头挑子一头热”的局面

在香港回归前的很长一段时间里，深港合作的主要动力来自民间、企业和深圳市政府。香港政府几乎没有与深圳加强合作关系的意愿和举措。香港回归后，深港政府间开始了正式的合作。其中主要的方式是深港政府之间自2004年起通过“1+8”合作协议①，搭建了政府合作机制的正式平台——一年一度的深港合作会议。但是，从香港一方的角度来看，这个一年一度的深港合作会议更多的只是

① “1+8”合作协议是指深圳市政府和香港特区政府签署的《关于加强深港合作的备忘录》以及法律服务、经贸合作和投资推广、旅游、科技等方面的8个具体合作协议。

一种形式，并没有太多实质性的内容，以至于从2004年到2021年的17年间，深港合作会议并没有太多的，特别是能够对深港两地经济产生重大影响的成效。17年来，深港合作的主要成果就是落马洲河套地区的开发合作、“深港创新圈”的合作和前海深港现代服务业合作区的合作。然而，无论是落马洲河套地区的开发合作项目，还是前海深港现代服务业合作区的合作项目，这些年来在香港一方都进展很慢、成效甚微，对香港的经济发展、产业发展也没有产生什么重要影响。之所以如此，关键还在于香港方并不积极，尤其是香港特区政府对这些合作一直未予积极回应，与深圳市政府以及广东省政府和中央政府对这些项目热情如火、大力支持和积极推进的态度，有云泥之别。正所谓“剃头挑子一头热”。

香港特区政府提出构建北部都会区，掀开深港合作新篇章

深港合作局面几十年来最具重大意义的转折发生在2021年10月6日。这一天，时任香港特首林郑月娥在发表其任内最后一份施政报告时，提出一个香港特区政府成立以来占地最大的规划蓝图——北部都会区发展策略。香港特区政府提出的北部都会区规划为300平方公里，占香港陆地总面积的近三成，覆盖由西至东的深港边境及更纵深的腹地。林郑月娥称，这里将是香港未来20年城市建设和人口增长最活跃的地区，这里拥有多达7个跨境陆路口岸，是香港境内促进港深协同发展和联系粤港澳大湾区最重要的地区。在经历长达30年的只有深圳市政府积极推动深港合作的局面之后，香港特区政府终于主动拥抱深圳，主动提出要通过建立北部都会区来共同推进深港“一河两岸”经济带建设，共同推进“深港创新圈”和“深港都市圈”建设；而且以前所未有的制定300平方公里大面积建设规划的魄力和决心，极大幅度地推进深港经济的深度结合，推进“深港创新圈”和“深港都市圈”建设。这说明香港特区政府心态上的根本转变，说明其已经承认深圳现今所取得的巨大成就，已经认识到深圳将对香港未来的发展具有根本性的带动作用和互补作用。这些都为深港今后全方位、全领域的合作带来极大的希望和灿烂的前景。过去几十年来，深圳市政府及深港各界提出的有关深港合作的各种设想、规划、方案，在新的两地政府积极、有效、务实的合作下和深港各界的大力支持下，都将有可能迅速变为现实。

兴建北部都会区为香港“再工业化”创造最重要的发展条件

中国香港要让制造业回归，就应该像中国台湾和新加坡那样搞自己的高科技产业园区。尽管已经比中国台湾和新加坡晚了二三十年，但是只要搞起来就是好事，晚起步也许还会有后发优势。

那么，这个园区是放在香港境内好，还是放在与内地资源相结合的跨境地区好？选在深港跨境地区当然是最佳选择。

第一，香港的面积本来就十分狭小，经过最近30多年的发展特别是制造业转移出去后，香港境内已经很难找到一个好的地方来设置大规模的产业园区。

第二，香港制造业经过长达30多年的北移后，本土已经严重缺乏工业发展的基础条件，无论是产业配套环境、上下游产业链、工业基础设施还是制造业的队伍和人才都十分缺乏。

第三，香港境内的各种运行成本已经太高，很难降下来。这些都不适应发展大规模高端制造业的要求。但是这些方面，恰恰是内地的优势。因此，香港如果要建立大规模的产业园区，就应选择与内地接壤的跨境地区。而与内地接壤的跨境地区，最佳选择当然就是深港之间的跨境地区。

所以，香港设立北部都会区的最大意义，就是可以沿着深圳河一带与深圳开展全面的跨境合作，此举将为香港的“再工业化”创造最有利的条件。

之所以这样说，是因为与香港一河之隔的深圳已成为中国乃至世界的高科技产业、先进制造业和创新中心之一。2020年，深圳拥有科技型企业5万余家、国家级高新技术企业约1.87万家，专利合作条约（PCT）国际专利申请量连续17年保持全国第一，所拥有的创新载体数量超过了深圳前40年的总和，先后获批建设国家可持续发展议程创新示范区和综合性国家科学中心，深圳的电子信息产业在产业规模、门类结构、出口贸易、自主创新、配套能力等方面一直在中国大中城市中位居前列。在电子元件、家用电子电器设备、电子器件、电子信息机电产品等领域，深圳几乎占据全产业链优势；在LED光电领域，深圳LED产值规模位居全国前列，深圳从上游的衬底材料、外延片、芯片、装备制造，到中游的封装，再到下游的应用，各产业链环节一应俱全，产业集聚现象突出；在平板显示领域，深圳产业基础雄厚，产业规模全球领先；在新材料产业领域，涌现出国际领先的新材料研发机构和龙头企业；在新能源产业领域，2008年，新能源服务业产值超过50亿元，太阳能薄膜电池生产规模全国领先；在汽车电子领域，2014年，深圳的汽车电子生产企业约占全国汽车电子生产企业总数的1/3；深圳有“纯电动汽车之都”之称，一方面是因为深圳的纯电动汽车数量多，另一方面则是因为深圳在汽车动力电池领域同样集聚了一批在行业内堪称龙头的上市公司；在生物技术产业领域，深圳在生物医疗、生物医药、生物农业、生物环保等方面具有领先全国的优势。

关键是经过40多年的发展，深圳形成了一批以民营企业为主的、占据全球制高点的高新科技、先进制造和新兴产业领域的大型龙头企业，这些企业结合科技创新实力的提升和商业模式的创新，快速从产业价值链的中低端向高端发展。同时，也有很多企业通过引入高新精密技术不断提升自己的制造和产出能力。这些从事高科技产业和发展新兴产业的企业，已经成为深圳经济转型和自主创新的主力军，深圳上市公司中已经涌现出一批引领行业发展的世界级企业。越来越多的企业开始在世界高端产业链中占据一席之地，突破了一批核心技术，掌握了多项自主知识产权，形成了较强的核心竞争力。与此同时，这批标杆企业还带动了更大规模的中小企业集群，未来深圳将有更多的上市公司通过实施产业升级战略推动公司价值持续提升。

目前，深圳正在加快布局生命健康、海洋经济、航空航天、机器人、可穿戴设备和智能装备等未来产业，期望通过新的产业带、产业园区培育出更多的“产业巨人”，打造出更多的新增长极。

早在1997年，我就开始提出建议，希望在深港边界划出十几平方公里甚至几十平方公里搞新兴产业经济走廊（而不只是1平方公里的河套地区），建立类似于新加坡裕廊工业区和台湾新竹科学工业园区那样的新兴产业园区。所谓深港跨境高科技产业园区，并不是要让香港已经转移到内地的劳动密集型加工贸易企业回流，而是要吸引香港的高科技企业以及全世界的跨国公司，内地及海外的高科技企业、高附加值企业、龙头企业、独角兽企业到这里来设厂，来生产高科技产品、名牌产品以及其他高资金含量和高技术含量的产品，形成高科技产业和名牌产业集聚的工业带和产业群。

前些年我在提出构建深港跨境高科技产业园区的建议时，这还只是一个设想，没有任何可行的基础，而2021年香港特区政府主动提出要在深港边界地区打造一个300平方公里的北部都会区，这就为构建这样的产业园区或曰“产业经济带”“产业走廊”，提供了完全的可能和巨大的发展空间。毫无疑问，设立深港跨境高科技产业园区，等于让制造业真正回归了香港，这样才可以真正解决香港经济社会的就业问题、贫富分化问题和产业升级转型等深层次问题。

建立深港跨境高科技产业园区的其他意义

建立深港跨境高科技产业园区还有一个重大的好处，就是可以有效地解决香港目前面临的极其严重的住房问题。因为在任何一个大面积的工业园区内，都必须有与其配套的生活服务、商业服务、金融服务、运输服务、信息技术（IT）服务等。把一个大面积的产业园区建设起来，实际上就等于在深港边界建起一座跨境的新兴城市。更何况香港特区政府提出建设北部都会区的设想后，已经明确提出要在这个新的城区建设大量的民用住宅，进行与科研服务、生活服务、商业服务、金融服务、运输服务、IT服务等相关的大规模基础设施和配套建设，这不但会从根本上解决困扰香港多年的居民住房问题，而且将进一步带动香港普通百姓的就业和发展。由此我们深信，香港的重新繁荣指日可待，深港边界也将出现一座现代化新兴城市体。

建立深港跨境高科技产业园区还可以进一步发挥深圳作为改革开放试验田的作用。我国的经济体制改革还有很多问题，真正跟国际接轨还有很大的差距，而香港是一个国际化的城市，有很多未来要做的事情可以拿到毗邻香港的深圳来试。深圳毗邻香港，最容易吸收香港的东西和借鉴国外的经验，同时在这里做试验又可以防止出现问题带来的影响扩大，可以马上吸取教训。事实上，40多年来，深圳一直就在起这个作用，今后应继续把深圳作为试验田，而深港合作将会为深圳继续发挥试验田的作用作出新的贡献。

» 第四节 深港跨境高科技产业园区的具体构想

深港跨境高科技产业园区的空间布局选择

香港前特首林郑月娥在北部都会区发展策略中提出了“双城三圈”的布局，其中对港深紧密互动圈的设想是，布局连接深圳罗湖的北环线，拓展河套的周边资源，规划建设新田科技城，通过在香港一侧的若干新市镇布局，把河套、新田、古洞紧密联系起来。统筹居住和就业，统筹建设教育、医疗、住宅、商务服务、中低收入群体就业、社区来往、商务对接等领域，从而在这里建设北部都会区的核心新城区。毫无疑问，深港共建跨境高科技产业园区的空间布局，应该在林郑月娥提出的北部都会区港深紧密互动圈中进行选择。

简单地说，深港双方共建跨境高科技产业园区就是河套深港科技创新合作区的放大版和转型版。所谓的放大版，是指跨境产业合作区的主体部分应放大到十几平方公里甚至更大的范围，而且选址应主要在香港一侧。所谓的转型版，是指跨境产业合作区不再只是科技创新的合作区，而更应是以企业群聚、形成上下游配套产业链为主要特征的高新科技产业、先进制造业和新兴产业的合作区。

园区应定名为“深港跨境新兴产业合作区”

考虑到香港现有研究基础和研究优势，以及深圳的产业发展基础和优势，赋予深港跨境高科技产业园区更多的发展新兴产业和未来产业的使命，将更能吸引海内外这些领域的大型企业和上下游配套中小企业进驻园区。因此，将深港跨境高科技产业园区定名为“深港跨境新兴产业合作区”可能更为恰当。

结合深港两地的产业和科研发展优势，深港跨境高科技产业园区应该发展以下八大重点新兴产业：软件与信息服务产业、数字创意产业、智能传感器产业、智能机器人产业、新材料产业、高端医疗器械产业、大健康产业和现代时尚产业。同时，结合深港两地的产业发展和科研优势，深港跨境高科技产业园区应该在未来产业方面确定五大重点发展方向：合成生物、区块链、细胞与基因、脑科学与类脑智能和量子信息。

应采取以政府为主导进行开发、建设和管理的模式

深港跨境高科技产业园区的管理模式应该学习台湾新竹科学工业园区和新加坡裕廊工业区，由政府来主导园区的开发建设，使园区建设规划项目的土地快速且以较低成本获得与开发，并有效保证项目快速启动而后形成规模经济。而不应采取香港科学园完全交由香港科技园公司全权负责园区的开发、建设和管理这种模式。正因为香港科学园完全由香港科技园公司进行市场化管理，缺乏政府及时的宏观指导、政策支持，所以发展很慢。香港科学园的发展速度不但远不能与内地科技园区相比，而且与台湾新竹科学工业园区和新加坡裕廊工业区也无法相比。

要学习台湾新竹科学工业园区，可由深港两地政府联合成立园区指导委员会。该指导委员会为整个园区综合性、跨部门的最高领导机构，负责制定园区的发展战略和规划及主导政策，进行有关园区发展重大问题的决策，并对园区建设和运行事宜进行沟通、协调和处理。而园区管理机构则应学习新加坡裕廊模式，设立“企业+政府”的政联公司作为园区开发、建设和管理的法定机构。该园区管理公司应由园区指导委员会制定招标条件，由深港两地的园区管理公司进行竞标；中标后的园区管理公司由园区指导委员会进行直接监督指导，由深港两地政府进行股权再投资并按股比组成公司董事会。园区管理公司具有很高的自主权，完全采取经营化管理方式，又是两地政府投资和规划的法定机构，既能满足土地开发的市场化需求，又能协调政府机关，保障公共效益的实现。

精准化产业定位，全球范围内集中招商

深港跨境高科技产业园区应学习新加坡裕廊工业区，按跨境高科技产业园区上述“8+5”重点产业的精准定位，由园区指导委员会制定全球统一招商的标准和策略，设立园区专业招商队伍，进行统一招商。在招商中应注意：一是不能只搞公司注册，没有企业实体，使产业园区徒有虚表；二是不能只搞科研基地，要实实在在地引进高科技企业实体，搞经营，搞科技产业；三是要先把最容易引进的企业吸引进来，为整个产业园区的发展奠定坚实的基础。此外，台湾新竹科学工业园区管理中有一项很重要的制度——优胜劣汰制度值得学习。这种优胜劣汰

制度，即园区管理局制定园区专业投资撤销办法，对不符合要求者限期改进，若不见起色，一个月后令其退出园区。

制定科学的规划，打造良好的投资环境

产业园区不同于企业，它应是在一个很大的土地面积上根据发展的需要分阶段、分期、分批进行开发、建设和招商，从而形成成千上万家优秀企业的集聚，然后园区管理者还要对这些入园的企业进行统一管理、协调和服务。因此，任何一个园区能够取得成功，很重要的前提就是，一开始就要有一个长远的园区发展规划以及在这个规划基础上制定的园区发展策略和政策。不但规划要科学合理、先导性强，而且园区发展的各个阶段要与其规划保持一致。坚持集中连片，形成启动区、拓展区、储备区空间梯度体系，加大园区土地连片整备力度，实施区域生态环境评价，为战略性新兴产业发展提供坚实的空间保障。

此外，一个好的园区发展规划，还应致力打造一个良好的投资环境，既要考虑到园区的硬件建设，同时又要考虑到园区的软件建设。所谓硬件建设，就是要建成高标准和完善的园区内建筑、道路、管线、网络以及生产和科研、环保设施等；软件建设则是指园区要制定稳定有序的运行机制和合理高效的操作规程。

制定各项政策

税收优惠政策。园区必须制定一系列完善的税收优惠政策，这是园区能够建成、成功招商引资、健康成长壮大的关键举措。税收优惠政策的对象应包括园区认定的生产性高新技术企业、园区认定的拥有自主知识产权的高新技术成果转化项目等。

投资优惠政策。对于鼓励发展的一些重要高技术产业，政府应以直接投资或优先提供长期贷款的方式予以扶持。一是入园厂商可以申请园区参与投资；二是园区拿出大量资金资助技术创新开发。

租金优惠政策。园区中的厂房等大量设施，应以低廉的价格出租给创业企业；对于对科技有特殊贡献的创业企业，可减免一定年限的土地租金等。

建立园区金融支持体系。要推动建立和完善园区指导委员会引导的、以企业为主体的、直接融资和间接融资相结合的园区产业投融资体系，可由园区管理公

司出资，发起成立创新科技投资基金；要鼓励国内外风险投资机构来园区内设立风险投资机构等。

引进大学和科研机构。深港跨境高科技产业园区内应开辟一个大学及科研机构专区，支持深港两地及其他地区著名院校和科研院所来此合作创办产学研基地、科研成果转化基地、培训中心、博士后流动工作站，从事产品的研发和成果的转化工作，进行相关科研企业的孵化和专业人员队伍的培养，与园区内的高科技企业人员进行深度的交流与合作等。

大力鼓励企业的自主研发。园区管理公司应设置大量的科技奖项和科技基金，以激励园区企业加大研发投入和产品创新力度，对符合奖励标准的企业工程技术研发中心（企业技术中心）给予奖励及投融资方面的支持和优惠；园区要前瞻布局建设一系列概念验证中心、小试中试基地、公共技术服务平台，打造一批专精特新“小巨人”企业和独角兽企业；要格外重视知识产权保护，坚决查处各种侵犯知识产权的行为等。

人才政策。园区应设立出国留学人员创业资助资金，资助出国留学人员带回高新技术成果、项目来实施转化和从事高新技术项目的研究开发；应鼓励深港两地及其他地区科技人员和出国留学人员来园区设立科技型企业和科技项目；应重奖取得显著成绩的科技人员等。

提供完善的服务保障。应按照“厂商服务，区内完成”的原则，在园区设立涵盖企业发展各环节的整套服务机构，厂商所需办理的手续都可在园区内完成；此外，还应向台湾新竹科学工业园区学习，大力支持和发展园区中的各种中介机构，发挥园区中的中介机构对企业的全方位服务作用，为企业提供它们需要的服务保障。

» 第五节　“一国两制”下深港跨境合作区治理模式

应参照中共中央、国务院发布的《横琴粤澳深度合作区建设总体方案》来思考深港跨境新兴产业合作区治理模式的可行性方案。

对深港跨境高科技产业园区范围的考量

深港跨境高科技产业园区的最佳可行性选择，就是在现有的河套深港科技创新合作区的基础上，建立深港跨境高科技产业园区。第一期的面积为5.4平方公里，其中香港一侧为林郑月娥已经提出的在现有占地0.87平方公里港深创新及科技园基础上扩充为2.4平方公里的新田科技城，而深圳一侧则是占地约3平方公里的位于深圳福田保税区内的深圳科创园区。也就是说，在现在3.89平方公里的河套深港科技创新合作区的基础上扩充为占地约5.4平方公里的深港跨境高科技产业园区，并且要像前海和横琴一样冠以地名，称之为“河套深港新兴产业合作区”。

随着这个合作区的建成和发展，未来应该至少达到台湾新竹科学工业园区（规划面积21平方公里，现已开发的第一期为6.32平方公里）的规模，甚至可以达到新加坡裕廊工业区（规划面积60平方公里，第一期开发5.6平方公里，第二期开发6.5平方公里，第三期开发10平方公里）的规模。而且今后合作区的规模扩展都应在香港一侧进行。这主要是因为：一是沿深圳河的深圳一侧均已成为成熟的建成区，已无可大规模配置产业资源的空间，而香港一侧则潜力很大，其最大的潜力是大片刚刚“解封”或尚未“解封”的边境禁区；二是设立深港跨境高科技产业园区的主要目的之一，是要解决香港的就业问题，只有将合作区的大部分区域放在香港一侧，才能实现这个目标。更重要的是，把合作区未来的拓展主要放在香港一侧，与香港北部都会区的发展相得益彰。

深港“‘一线’放开、‘二线’管住”的正式区域设置

在《横琴粤澳深度合作区建设总体方案》中，中共中央、国务院对横琴粤澳深度合作区设立了“一线”和“二线”，并制定了“‘一线’管人不管物、‘二线’管物不管人”的原则。这种管理模式完全适用于深港跨境高科技产业园区。

将来可由中央认定适用“‘一线’放开、‘二线’管住”原则的正式范围，就是深圳一侧的深圳福田保税区约3平方公里加上香港一侧的新田科技城，总面积为5.4平方公里。今后，随着深港跨境高科技产业园区发展的成功实践和实际需要，合作区的范围也可以在获得中共中央和国务院批准的情况下不断扩大。

深圳与香港之间设定为“一线”，而深圳福田保税区约3平方公里与深圳其他地区之间进行物理围网隔离后，设定为“二线”，并设定人员和货物特殊出入管理的“二线关”。香港一侧的新田科技城及其他属于深港跨境高科技产业园区的范围，也须与香港其他区域进行物理围网隔离，并采取人员和货物的特殊出入管理措施。

整个深港跨境高科技产业园区由深圳市政府和香港特区政府共同设置机构管理，但主要适用香港的有关制度和规定。

构建深港“‘一线’放开、‘二线’管住”新体系

一是货物“一线”放开、“二线”管住。“一线”放开方面，对深港跨境高科技产业园区与香港之间经“一线”进出的货物实施备案管理，除国家法律、行政法规明确规定不予免（保）税的货物及物品外，其他货物及物品均可免（保）税进入。“二线”管住方面，从合作区经“二线”进入内地的免（保）税货物，按照进口货物的有关规定办理海关手续，征收关税和进口环节税；从内地经“二线”进入合作区的有关货物视同出口，按现行税收政策规定实行增值税和消费税退税。

二是人员进出高度便利。设定深港跨境高科技产业园区中新田科技城与河套片区的专用通道，在新田科技城与河套片区之间建设新型智能化口岸，高度便利合作区中河套片区人员的进出。“二线”对人员进出不作限制，只对合作区经“二线”进入内地的物品按规定进行监管。

三是创新跨境金融管理。加强深港跨境高科技产业园区金融市场与香港离岸金融市场的联动，探索构建电子围网系统，推动合作区金融市场率先高度开放。在合作区内探索跨境资本自由流入流出和推进资本项目可兑换。在跨境直接投资交易环节，按照准入前国民待遇加负面清单模式简化管理，逐步实现合作区非金融企业外债项下完全可兑换，扶持合作区具有特色和比较优势的产业发展，并在境外上市、发债等方面给予积极支持，简化汇兑管理。

四是建立高度便利的市场准入制度。在深港跨境高科技产业园区实施市场准入承诺即入制，严格落实“非禁即入”，在“管得住”的前提下，对具有强制性标准的领域，原则上取消许可和审批，建立健全备案制度，不断放宽各类投资者

在合作区开展投资贸易的资质要求、持股比例、行业准入等限制。制定出台合作区放宽市场准入的特别措施。强化事中事后监管，建立与香港衔接、国际接轨的监管标准和规范制度。

五是强化法治保障。要构建合作区内民商事规则衔接香港和内地、与国际接轨的制度体系。研究制定合作区条例，为合作区长远发展提供制度保障。加强深港司法交流协作，建立合作区单独的司法体系和机构。尽管合作区内主要适用香港的司法规定，但要建立完善的国际商事审判、仲裁、调解等多元化商事纠纷解决机制。要强化合作区司法机构的职能和作用，为合作区建设提供高效便捷的司法服务和保障。要用足用好深圳经济特区立法权，允许深圳立足合作区改革创新实践需要，根据授权对法律、行政法规、地方性法规作变通规定。

六是建立健全风险管理机制。要及时研究处置合作区改革开放过程中的各种风险。综合运用稽查、核查、调查、缉私等监管手段，严厉打击走私等违法犯罪活动。建立反洗钱、反恐怖融资、反逃税金融监测管理体系，构筑金融“防火墙”，防止出现违法违规行为。对禁限管制、高风险商品等，依法实施口岸联合查验和入市监管，严守国家安全底线。

» 第六节　共建深港跨境高科技产业园区，助推共建深港国际大都会

共建深港跨境高科技产业园区将会成为深港共建国际大都会的强力助推器。

一是有助于深港真正成为全球高科技研发、产业发展和创新中心。深港两地共建跨境高科技产业园区，将会大大地发挥双方各自的优势，通过海内外大规模招商引资，将深港两地及其他地区符合标准的企业迅速汇集到园区中，在园区形成产业集群，形成相应的产业链、供应链和价值链，迅速建立起一个真正的世界级的新兴产业基地。这样的举措不但可以解决香港本身存在的产业空心化痼疾，而且必将使深港的经济、产业发展和科技研发进一步合作，实现优势互补，补齐双方的短板，从而真正使深港形成产业协同发展的国际大都会，成为全球新的高科技产业、新兴产业、先进制造业发展中心和国际创新中心。

二是有助于深港真正成为全球经济新的增长极。2021年，深圳地区生产总值位列全球城市第10名，香港本地生产总值位列全球城市第19名，两地相加地区生产总值位列全球第3名。但是这样一种计算方法，只是两地相加之和，并不能真正体现深港共建国际大都会后实际的经济总量。如果两地真能把跨境高科技产业园区建起来，而且建好，那么会大大提高两地的经济总量，从而在世界各个经济体经济总量排名中名列前茅，到那时，深港国际大都会将会成为全球经济新的增长极。

三是有助于深港构建更加发达的现代服务业。一旦深港两地共建跨境高科技产业园区，就会大大提升香港和深圳本已具有的国际金融、国际贸易、国际航运等高端服务业的能力和潜力，因为当这些现代服务业都是在为本土的经济实体服务时，就会大大扩大这种服务的范围，拓展这种服务的市场，更多地添加本土经济中的资金、人才、科研成果、信息等优质要素，由此使深港国际大都会在现代服务业的能力和水平方面远远超过作为单一国际城市时的香港，在高度发达的服务经济的各种国际排名中也会进一步站在世界前列。

四是有助于深港真正成为世界一流的科创中心。深港共建跨境高科技产业园区，可以从根本上解决现在香港科技研发不能与实体经济发展相结合的弊端，对于深圳来说，香港科研能力的加入则会使其本身已经很强的企业研发能力得到更多国际高水平团队和人才的加持，从而能够百尺竿头，更进一步。

五是有助于实现深港两地的要素流动。深港通过共建跨境高科技产业园区来促进两地商品、资金、劳动力、信息和服务等要素在一个特定的区域内自由流动，通过这种方式的外溢效应，使得深港两地能够在一定程度上实现资源共享、优化配置、功能互补、联动发展和利益均沾，从而提高两地的竞争力，进而提高深港国际大都会经济发展的繁荣程度和在全球的城市竞争力。

六是有助于深港两地经济、社会更进一步的合作。深港共建跨境高科技产业园区的选址，就在以河套为中心覆盖由西至东的深港口岸经济带及更纵深的腹地的地方，而这里正是香港特区政府拟建立北部都会区的核心新城区，因而必然有助于深圳和香港这两个不同体制的陆路接壤城市进一步实现经济合作，进一步形成一个前所未有的共同市场，进一步形成一个十分特殊的“一体两制”的现代化大都市区，从而将深港国际大都会建设推向一个新的发展阶段。

目 录

CONTENTS

第一篇

“再工业化”是香港发展的必由之路

第一章

香港的优势及其局限性

第二章

香港经济之殇

第三篇

深港共建跨境高科技产业合作区

第九章
世界及中国跨境经济合作区的成功经验

第十章
深港共建产业园区的成功借鉴

第十一章
深港跨境高科技产业园区的空间布局选择

第十二章
深港跨境高科技产业园区的产业配置与管理模式构想

第一篇

“再工业化”是香港发展的必由之路

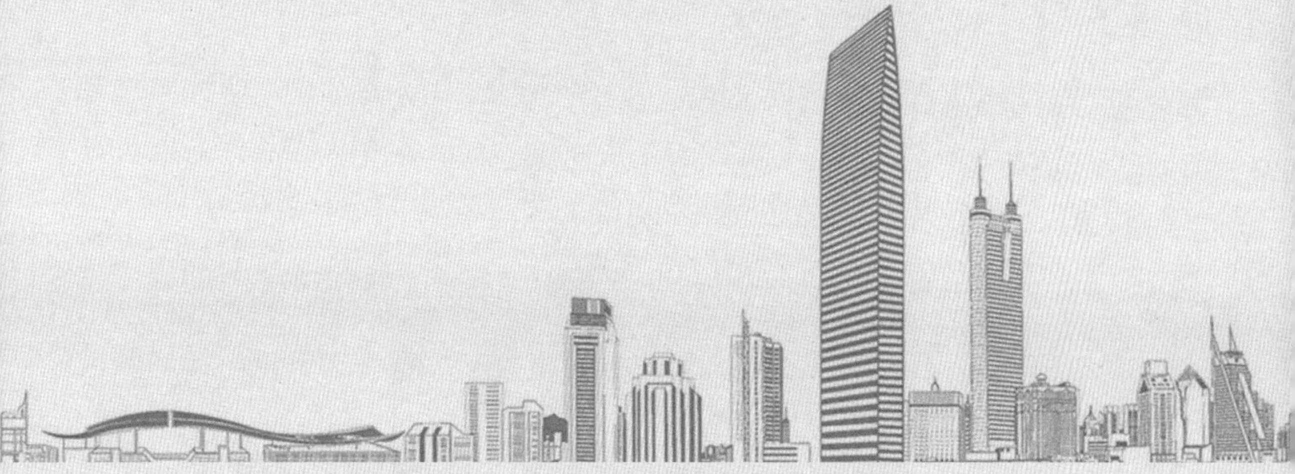

第一章

香港的优势及其局限性[①]

① 由于2020年后香港经济受到疫情冲击影响，导致公布的数据不够完善，故本章中部分数据只更新至2019年底。

» 第一节　香港金融业具有的国际优势

虽然近年来由于各种原因，香港经济出现了较大的萎缩和衰退，20世纪七八十年代“亚洲四小龙”之首的雄风不再，但是香港的金融、航运和国际贸易仍在全球具有重要而独特的地位，在这些领域，香港仍然具有内地城市不能替代的优势。我们先来看看香港金融业目前的国际优势地位。

香港是全球最大的离岸人民币中心

香港是全球最大的离岸人民币中心，约占全球人民币支付交易总量的75%。2021年上半年，香港人民币实时全额支付系统（RTGS）处理的清算总量达178.4万亿元，较上年同期增长27.6%。在央行发行票据的带动下，2021年，香港人民币点心债发行金额为5506亿元，同比增长35%。

截至2021年5月，香港人民币存款余额为8211亿元，创5年高位，同比大幅增长18.2%；加上超过300亿元的存款证，估计占整体境外人民币资金池的一半。香港人民币贷款余额为1572亿元，2020年以来一直保持在1600亿元左右水准，较2019年初约1000亿元的低谷反弹了五成。2021年1～5月，香港跨境贸易结算的人民币汇款总额达2.74万亿元，较上年同期增长5.8%。

香港是内地最大的企业境外融资中心和外来直接投资来源地

香港是内地企业最大的境外融资中心和内地最大的外来直接投资来源地。

“沪港通”“深港通”先后于2014年、2016年开通，加之2017年“债券通”上线运行，香港正由过去的内地企业境外融资中心发展为全球资本市场配置中国企业的最佳场所。数据显示，自2014年开通至2019年，“沪港通”的成交金额已达2.87万亿元。

同时，香港仍是内地企业赴境外上市的首选之地。Wind数据显示，截至2019年8月15日，在香港上市的中资企业达1121家，市值为13.19万亿元。内地企业之所以将香港列为境外上市的首选之地，主要有两个方面的原因。一方面，香港作为我国的特别行政区，是全球最重要的金融中心之一，吸引着全球投资者的眼光；另一方面，得益于香港的地理位置、金融地位以及与内地的特殊联系，加之港交所与内地股票市场的互联互通，活跃了港股市场，增加了市场流动性。

此外，商务部发布的《中国外资统计公报2020》显示，2019年，中国新设外商投资企业4.1万家，实际使用外资金额1412.3亿美元，再创历史新高，比上年增长2.1%，规模居全球第2位。其中，香港吸引外资963亿美元，占整个来自亚洲投资的82.36%，占整个中国实际使用外资的68.19%。从以上数据来看，毫无疑问，香港至今仍是内地最大的外来直接投资来源地。

香港金融业依然具有不可替代的独特优势

香港是全球领先的国际金融中心，其外汇市场在亚洲排名第二，在全球排名第四。

在金融业数字化发展方面，香港也走在世界前列。2021年6月，香港金融管理局公布“金融科技2025”策略，推动香港金融科技发展，已吸引超过600家金融科技企业落户香港。香港还推出了金融科技“监管沙盒”，为金融机构及金融科技公司提供安全、清晰的规管环境，为其加快研发、降低成本及提高产品质量提供便利；香港有8家虚拟银行、4家虚拟保险公司及1家虚拟资产交易平台获颁相关牌照及授权运营，为人们提供崭新的金融服务。

香港不断优化金融科技基建，推出快速支付系统“转数快”，扩大以“转数快”缴付政府费用的服务范围，使大部分政府账单及牌照的相关缴费于2022年起配备电子支付选项。此外，香港金融管理局会继续推广及落实更多金融科技项目，以推动银行业及商户对金融科技的广泛应用。

香港财政预算案还提出要加快发展绿色和可持续金融，计划在未来5年发行1755亿港元的绿色债券，推动更多的机构利用香港市场为绿色项目融资，巩固香港作为粤港澳大湾区内绿色和可持续金融枢纽的地位。增添绿色金融属性，将进一步丰富香港国际金融中心的内涵。

自2015年香港发行第一只绿色债券以来，至2019年底在香港安排和发行的绿色债券累计已达260亿美元。彭博（Bloomberg）数据显示，2019年，香港绿色债券市场规模位居亚太地区第二，占全球绿色债券市场份额的4%以上。

总之，现在香港作为全球最大的离岸人民币中心的地位和作用，是内地任何城市和国际上任何城市都无法替代的。甚至可以说，随着中国经济的不断强大、中国融入全球经济程度的不断扩大和加深，以及人民币国际化进程的迅速发展，香港作为全球最大的离岸人民币中心的地位今后只会强化，不会减弱。

香港作为国际金融中心和商业枢纽，其核心竞争力在于通过提供世界一流的软硬件基础设施和营商环境来高效、稳健地联结中国市场与全球商业网络。作为中国境内唯一的普通法司法管辖区，香港在法律体系、税收政策、监管效率、市场开放程度等方面已建成世界一流的制度体系、基础设施和营商环境，是跨国公司深耕中国内地市场的重要桥梁，也是中国公司“走出去”开拓国际市场的理想平台。香港作为国际金融中心所具有的这种优势、地位和作用，也是内地任何城市和国际上任何城市都无法替代的。

香港连续多年被评为全球最自由经济体，在资本项下人民币可自由兑换，因而在投资便利化和贸易自由化方面具有十分明显的优势，这个优势至少近期内是内地任何城市都不具备的。

2020年1月13日，时任香港特首林郑月娥在第十三届亚洲金融论坛上发言时也表示，香港金融系统保持稳定，国际金融中心的地位及核心竞争力仍受到国际社会认可。她指出，香港在经历过亚洲金融危机后，多年来，金融系统保持稳定。在2019年全球金融中心指数排名中，香港名列第三，仅次于纽约和伦敦。香港奉行的普通法及低税率制度，完善的上市制度、企业规管制度及与内地、国际的联系，都为投资者带来信心。林郑月娥还指出，创新与科技主导经济发展，香港作为国际金融中心及科技企业融资地，云集亚洲知名的电子商务公司，相信可形成示范效应。粤港澳大湾区为地区间交流合作及资本、人力流通提供良好平台，香港特区政府会进一步推进互联互通机制，持续发展绿色金融及私募基金，为资本市场提供优质条件。

» 第二节　香港航运业具有的国际优势

香港仍是主要国际航运中心城市之一

由于内地的改革开放，进出口出现了持续的大幅增长，香港迅速成为内地联结全球市场的重要枢纽港口和最主要的中转港。繁忙的港口、巨大的中转货量，令香港的集装箱吞吐量曾在1987—1989年、1992—1997年、1999—2004年达到世界第一的位置。这一切给香港的航运服务业带来巨大的商机，也由此带动了一系列航运服务产业，与集装箱航运有关的运输、船舶注册、融资、保险、经纪、海事仲裁、船舶拥有及管理、验船、维修、船只补给等一大批服务机构应运而生。

1987年，香港港口集装箱吞吐量跃居世界第一位，至今一直保持全球领先地位。根据2021年的新华・波罗的海国际航运中心发展指数及《全球海洋中心城市报告》，香港是位列新加坡、伦敦和上海之后全球排名第四的航运中心。

此外，2019年，香港在世界航运排名前35个国家和地区里，平均船舶规模排名第一。从船队整体情况看，香港在任何统计口径下的船队价值、吨位、数量均居全球前列，表明香港在海运硬件设施方面以较大的优势领跑全球。

另外，香港海运货物结构正在转型。2020年，香港港口集装箱吞吐量为1791.6万标准箱，尽管全球排名呈下降趋势，但其海运货值在不断上升，从2011年的7.1万亿港元上升到2020年的8.2万亿港元。这表明香港海运货物结构正在转型，产品正在向高附加值攀升。

香港的国际空运实力也全球领先

香港作为国际航运中心，不仅在海运方面实力领先全球，在空运能力方面也处在世界领先地位。

香港国际机场是集海、陆、空联运于一体的现代化国际空港。2019年，香港国际机场拥有航空航点220多个、航线约230条、航空公司120余家。2002—2009年，香港国际机场货运量均位列全球前二；2010—2019年，香港国际机场货运量连续10年排名全球第一。

香港航运业依然具有不可替代的优势

虽然近年香港在港口集装箱吞吐量方面已经被上海、深圳、宁波-舟山以及新加坡等城市超越，但香港仍拥有其他城市不可替代的独特优势。

从制度优势看，香港具有“一国两制”的体制优势，同时又是全球最自由经济体。香港司法独立，并使用国际通用的普通法，还拥有国际公认的自由港地位。另外，低税率及简单税制、清关简易便利、港币可以自由兑换等都是香港的独特优势。

此外，香港已与40多个国家和地区签订了避免双重课税的协议，包括“一带一路”沿线国家和地区及其他经济体。香港与航运行业关系最密切的巴西和澳大利亚等国家的课税宽免谈判也正在积极进行之中。

香港还是国际金融中心及亚洲国际船舶融资中心。香港特区政府2020年6月发布了备受期待的《2020年税务（修订）（船舶租赁税务宽减）条例草案》，为在香港的船舶租赁公司提供优惠的税务条件，有助于促进香港成为国际船舶租赁活动的首选地。

目前，虽然上海、深圳等一些内地城市在排名上超越了香港，但香港凭借与内地相比具有绝对优势的税收制度、营商环境、外汇制度、金融环境、法律环境（使用普通法）和航运人才，其国际航运中心地位仍是不可替代的。

» 第三节　香港国际贸易具有的国际优势

香港自由贸易港的优势不可替代

中国改革开放之前，尤其是在朝鲜战争后，欧美等西方国家对中国内地实施严密封锁，香港几乎是内地对外联系的唯一渠道。改革开放后的20世纪80年代直至20世纪末，随着中国经济的迅猛增长，香港这个内地主要对外开放和联结国际市场的桥梁、纽带和大通道，其国际贸易量及在全球贸易中的地位迅速提升，成为全球最重要的国际贸易中心之一。

进入21世纪后，随着内地的全面开放和中国加入世界贸易组织（WTO），内地包括上海、广州、深圳、宁波等在内的很多主要港口城市的国际贸易量飞跃式增长，使得香港作为中国主要对外贸易口岸的地位大大下降，也使香港在全球贸易中的地位受到很大影响。但是即使如此，香港今天在国际贸易方面雄风犹在，仍然具有自己独特的国际优势。

这主要是因为，香港和汉堡、鹿特丹、新加坡、迪拜等一样，是全球最主要的，也是最成功的自由贸易港之一。

第一，香港的港口效率在世界范围内仍首屈一指。一般来说，到达香港港口的集装箱在半天之内就可以完成货物装卸和通关，若遇到紧急情况，装卸货物最短只需半个小时。

第二，1986年4月23日，关贸总协定确认香港为一个单独关税区。所谓单独关税区，就是指尽管它不是一个主权国家，却仍然可以决定自己的关税水平。而香港的关税几乎是零。换言之，香港作为自由港实施典型的零关税政策，一般进口或出口货物均无须缴付任何关税；同时，香港不设增值税和营业税，境外所得利润也不纳税。因此，由世界银行与国际金融公司（IFC）联合发布的《2014赋税环境报告》认为，香港是全球赋税环境最佳地区之一。

第三，香港港口的通关程序十分简便，大大提高了港口效率。在香港，转运货物、过境货物、除汽车外的私人行李、价值4000美元以下的邮包等均不需要报关。除常规通关方式外，香港海关推出了一系列便捷的通关策略，比如海易通计划、以自愿和信任管理为基础的香港认可经济营运商计划等。世界经济论坛2017年9月发布的《2017—2018年全球竞争力报告》中，继续将香港通关便利排名列为全球第一位。此外，香港于2018年分阶段推出贸易单一窗口计划，让业界通过“一站式”电子平台向政府提交进出口贸易文件，以进一步减轻贸易管制负担，提高清关效率。

第四，香港连续多年被评为全球最自由经济体，实行完全自由的金融货币政策。只有在香港，资本项下的人民币才可自由兑换。因而，香港在投资便利化和贸易自由化方面，具有内地城市所不具备的显著优势。

总之，尽管香港的国际贸易中心地位受到国内外不少城市的冲击，但是香港作为几十年来世界最成功的自由贸易港，它所具有的上佳的赋税环境、简便的通关程序、自由的金融政策和完全的资金流通，使其国际贸易中心的地位仍然不可替代。

在当前国际环境下，香港所具有的优势更是不可替代

以2018年为例。2018年，香港货物贸易进出口总额接近1.2万亿美元，约占内地外贸总额（4.62万亿美元）的26%。其中，香港出口商品总额约为5692.4亿美元，占整个中国出口额（约2.5万亿美元）的23%左右；香港进口商品总额约为6275.2亿美元，占整个中国进口额（约2.12万亿美元）的29.6%左右。

2018年，香港从内地购入约2743.6亿美元商品，其中331亿美元是通信设备，258亿美元是集成电路设备，167亿美元是计算机设备，这些商品都是经过香港转口到全球市场的。香港是内地对外贸易的重要中转站。

事实上，即使没有近年来的中美贸易摩擦，中国也非常需要香港这个重要的国际贸易中转站。

这是因为中国虽然进入了WTO，但也仅仅是加入了这样一个世界性的贸易组织，世界上还有一些更自由、更开放的贸易协定中国没有加入。甚至在WTO中，中国内地的关税等级仍然是比较高的。许多发达国家对中国内地的进口有一定的限制，比如关税、进口配额等。但中国香港不一样，中国香港作为一个单独关税区，它本身就是很多国际自由贸易协定的成员，它的出口货物能享受到更多的配额、更加优惠的税率。中国内地的产品，先进入中国香港，换个包装打个标签后，再由中国香港出口到世界各地，就会在一定程度上绕过部分发达国家对中国内地进出口的限制，减少由中国内地直接出口的关税，甚至巧妙地避开贸易摩擦。

更何况，现在美国等西方国家对中国进行全面打压、封锁和“断供”，在这样严峻的国际形势下，香港作为中国特殊的对外开放渠道和最重要的出口及转口贸易大港，它的重要性和特殊作用是国内任何一个港口都无法替代的。

» 第四节　香港的大学教育优势与国际人才优势

由于香港100多年前就受到英国的管治，因此它是中国最早与西方经济和文化融合之地。尽管香港受到西方国家管治造成其发展中的许多问题，但是不容否

认，香港在接受西方经济、社会、文化的优秀遗产方面，至今仍走在全国前列。尤其是在大学教育领域，香港荟萃中西文化，极具国际化优势，非常适合国际型人才、创意型人才的培养和成长，吸引了大批国际型人才汇聚于此。因此，香港在大学教育领域和培养引进国际顶尖人才方面具有独特的优势。

香港七大国际名校

香港虽是弹丸之地，但是由于它吸收了西方办学办教育的优势，而且办学历史悠久，它所拥有的七大国际名校至今都名列世界1000强，可以说超过了内地大多数知名大学。

在2022年的QS世界大学排名①中，香港7所国际知名大学中有5所进入了世界100强，其中香港大学排在世界第22位，排在内地两所最著名的大学——清华大学（第17位）、北京大学（第18位）和世界著名的美国哥伦比亚大学（第19位）、普林斯顿大学（第20位）和康奈尔大学（第21位）之后，世界知名的日本东京大学（第23位）之前。另外4所进入世界100强的香港名校是：香港科技大学（第34位）、香港中文大学（第39位）、香港城市大学（第53位）、香港理工大学（第66位）。香港浸会大学和岭南大学虽然没有进入世界100强，但也位于世界1000强优秀大学之中：香港浸会大学排在世界第287位，而岭南大学排在世界第581～590位。

如果拿香港的大学的世界排名与内地名校相比，在2020年的QS世界大学排名中，除了香港大学排在除清华大学、北京大学之外的内地所有名校之前外，香港科技大学排在复旦大学之前，香港中文大学排在上海交通大学之前，香港城市大学排在浙江大学之前，香港理工大学排在中国科学技术大学、南京大学之前，香港浸会大学排在西安交通大学和南方科技大学之前，即使是排在世界第581～590位的岭南大学，也排在中国人民大学、大连理工大学、华南理工大学和暨南大学之前。

此外，还有一个指标可以衡量香港名校在世界高等教育领域的地位，那就是

① QS世界大学排名是位于伦敦的QS全球教育集团每年发布的排名，是参与机构最多、世界影响范围最广的排名之一，与泰晤士高等教育世界大学排名，U.S.News世界大学排名和软科世界大学学术排名被公认为四大较为权威的世界大学排名。

香港名校在世界著名大学排名中的变化。我们看到，近年来几乎香港每所大学排名都在提升之中。拿2019年QS世界大学排名与2022年QS世界大学排名相比，香港大学从2019年的世界第25位上升到2022年的世界第22位，香港科技大学从世界第37位上升到世界第34位，香港中文大学从世界第49位跃升到世界第39位，香港城市大学从世界第55位上升到世界第53位，香港理工大学则从世界第106位大幅跃升到世界第66位，岭南大学从世界第601～605位跃升到世界第581～590位。只有香港浸会大学的排名出现了下降，从2019年的世界第277位下降到2022年的世界第287位。

香港还有一所大学值得我们关注，那就是香港教育大学。香港教育大学虽然没有进入世界1000强，但是它所拥有的教育学专业在亚洲排在第2位。

香港教育和人才的国际优势

香港的大学教育之所以有这样突出的成就和优势，就是因为香港拥有良好的高等教育基础和开阔的国际视野。香港各高等院校都致力于国际化教育，以及培养国际通用型人才，香港各大学的教学内容和师资结构以及学术交流都有明显的国际化特色，香港的大学大多是国际或区域高校组织成员，和内地以及北美、欧洲的著名高校都保持着密切的交流和合作，这不仅提高了香港的大学的学术水平和学校知名度，使大学的教育质量获得国际认可，同时也使国际性成为香港高等教育的一个显著特色。

此外，在专业服务领域，香港在亚洲地区拥有无可比拟的人才优势。一直以来，香港在国际金融、贸易、物流、旅游、城市管理、物业管理等方面的专业服务优势在亚洲地区都是无可比拟的。这一优势的取得主要是因为香港拥有一大批国际金融、国际贸易、城市管理等方面的高级人才和高素质的会计师、律师、评估师等专业服务人才。这些人才成就了香港这座国际型城市，而这座国际型城市又吸引和培养了这些国际型人才。

» 第五节　香港经济的局限性

今天的香港在金融、航运、国际贸易和国际型人才教育领域具有不可替代的优势，但是这并不代表香港的经济也具有同样的发展优势，也同样形势大好和令人称赞。恰恰相反，香港的经济存在很大问题，其深层次的矛盾不但使香港产业的转型升级近20年来停滞不前，而且造成香港贫富悬殊的深层次社会矛盾愈演愈烈，导致社会底层百姓的不满情绪越来越大，甚至爆发了2014年非法“占中”和2019年“修例风波”等极端恶性事件。

也许有人要问：为什么香港具有国际优势和国内其他地区的不可替代性，经济却发展不起来呢？后文将会对此作详细分析，在这里，只讲几个要点。

第一，包括金融、航运和国际贸易在内的香港所有优势产业都是高端服务业。香港自20世纪80年代到90年代将制造业转移出去后，就成为一个服务业占90％以上的服务经济社会。其中一部分是少数专业人士所从事的金融业、航运业、国际贸易和规划、设计、法律、财会、咨询、测量等高端服务业，另一部分则是大多数普通老百姓所从事的餐饮、零售、旅游、娱乐、生活服务等普通服务业。在香港，除了这两大类服务业之外，另外一个支柱产业就是房地产业。进入21世纪的第一个10年后，香港的制造业从产值到就业只占到香港经济总量的5％以下，可以说基本上没有制造业了。

第二，从经济学原理上来讲，人类进入工业化时代后，只有属于第二产业的生产制造业才是创造人类财富的主要经济活动。当然属于第一产业的农业也是创造人类财富的经济活动，但到了工业化时代，农业也进入机械化、自动化、标准化、规范化和产品化等工业化生产阶段。而属于第三产业的服务业，则是为人类的生产制造活动以及为人们的吃、穿、住、行、玩等生活活动服务的经济活动，因此是不创造财富的经济活动。

第三，当香港进入一个以不创造财富为主的经济形态时，它所得到的主要社会收益就变成了通过金融、航运和国际贸易等高端服务业主要为香港本土之外经济实体服务所获取的收益，以及通过普通服务业主要为境外游客（近年来主要是内地的自由行访客）服务所获取的收益。由于香港土地面积狭小、人口不多、资源匮乏，所以它的内需市场是极其有限的，它本身的经济基础也是十分薄弱的。这就导致香港这种非生产性的经济形态成为一种非常脆弱的经济形态，它所依赖的非生产性的经济收益也是十分不稳定的经济收益。即在它本身没有可依靠的能够创造财富的产业活动的情况下，它要将自身的经济命运系于自身之外的经济实体资源。一旦自己的服务经济所依赖的外在实体（境内外制造企业和境内外游客）出现问题，香港经济立刻就面临严峻困难的局面。新冠疫情发生后，绝大多数内地访客不能进入香港，导致香港普通服务业“哀鸿遍野”，就是鲜明的证明。

第四，这种以服务业为主的经济形态还有一个最大的问题——就业问题。不只是中国香港，即使是所谓进入以服务业为主的后工业化时代的欧美发达国家，同样遇到严重的就业问题，因此近年来让制造业回归本国的“再工业化”才成为以美国为首的欧美发达国家涌起的一股势不可挡的潮流。从根本上来说，这是因为就香港的这两类服务业（其实不只是香港，世界上所有以服务业为主的经济形态都是以这两类服务业为主）来说，金融、航运、国际贸易以及专业服务等高端服务业，就业的门槛都很高，要求从业人员有很高的学历和专业水平，加之这些行业的电子化、自动化水平很高，完全属于资金密集型和技术密集型行业，因此其就业通道十分狭窄，能够吸收的就业人数极其有限。而另一类服务业，是从业人员以普通老百姓为主的餐饮、零售、旅游、娱乐、生活服务等普通服务业，其经营方式或是中小微企业形态，或是家庭经营式形态，真正能够大规模用人的企业很少，因此这类经济形态也不能有效地满足新生成的就业需求。这就导致香港的就业问题越来越严重。可以说，香港经济畸形发展所导致的严重就业问题，是香港社会深层次矛盾的根源之一。

此外，香港普通老百姓的工资水平长期停滞，也是这个问题的另一表现。尽管香港高端服务业这些年来始终在国际上占有相当的地位，这些行业从业人员的收入水平涨幅不低，但是毕竟在高端服务业就业的人员是少数的高级白领。而对于大多数在普通服务业和香港另一支柱产业房地产业就业的普通人来说，由于这些产业的发展水平极其有限，他们的工资水平在20年内的涨幅微乎其微（后面我还会列举这方面的具体数字）。

第五，正因为香港的这种经济形态造成的就业问题十分严重，同时部分底层老百姓收入水平长期停滞，才导致香港社会贫富两极分化问题越来越严重，而由此产生的社会深层次矛盾也越来越尖锐。后文将会专门对此进行论述，在此不再赘述。

第六，香港的这种经济形态导致香港本土产业升级换代的长期停滞。有些人说：香港的金融、航运、国际贸易和专业服务都升级换代了，为何说香港本土产业没有升级换代呢？其实这就又回到了前面的问题。因为高端服务业再升级，也是为本土之外的其他实体经济服务，而对本土经济并没有多少提振作用。在20世纪各领风骚、风生水起的“亚洲四小龙”，唯有香港现在没有一家像样的全球性高科技企业，没有一个在世界上叫得响的品牌产品，已经被亚洲其他“三小龙”远远地甩在后面。

由此可见，香港现在的经济形态尽管有值得骄傲的优势，但也有非常严重的问题。我们现在要研究的就是，如何既发扬香港的经济优势，又克服香港的经济弊病，从而使香港经济重新走上世界巅峰。

第二章

香港经济之殇

» 第一节 香港制造业的没落

20世纪70—80年代鼎盛期的香港制造业

香港的制造业发展始于20世纪50年代，20世纪70—80年代发展到鼎盛时期，当时，香港拥有17个支柱产业、200多万名产业工人。仅以当时香港的第一支柱产业服装业为例。1950年，香港只有41间制衣厂，雇用1944名工人，约占香港制造业工厂总数的2.8%和占香港制造业雇员总数的2.4%。到了1975年，已有8047间制衣厂（占制造业工厂总数的25.9%），聘用25.76万名工人（占制造业雇员总数的37.9%）。25年间，服装业企业增加了近200倍，工人数量增加了近133倍，服装业成为香港17个支柱产业中最大和最重要的行业，出口量排名第一，并占据了欧美成衣市场的一半份额①。

20世纪80年代中期是香港制造业发展的高峰期，1984年制造业总产值占本地生产总值的比重达24.3%，制造业雇用的工人占香港总劳动人口的41%，香港工业发展盛极一时，推动香港经济起飞。

20世纪80—90年代香港制造业大举北上

20世纪70年代末，内地开始实行改革开放，随之而来的是香港制造业开始大举北上，大多数香港厂商将生产基地北移至内地，主要是珠江三角洲地区。但是就当时制造业资本的发展来看，这种产业转移，只是把生产环节撤离香港，大多数高附加值的相关服务，如接收订单、产品设计、原料和零配件供应、市场推销及产品出口、资金、运输、保险、仓储等整个产供销及指挥中心都在香港，因而形成了后来港台中小企业普遍实行的“前店后厂”模式。由此，香港的企业家普遍拓展了更大的市场，也累积了更多的财富。

仅仅10多年前，香港企业在珠三角还是一个庞大的群体，根据香港工业总会

---

① 《独立经济学者李少魁：香港制造业空心化的前车之鉴》，http://finance.sina.com.cn/china/dfjj/2019-04-29/doc-ihvhiqax5660412.shtml，2019年4月29日。

的统计数据，2007年珠三角的港资企业有5.7万家，占全部外资企业（含港资部分参与企业）数量的72%。但是时至今日，这些以加工贸易为主业的香港中小企业大多数已经在内地消失。主要是经过2008年的金融危机之后，在珠三角的港资企业每年减少10%～20%，除了经营不善倒闭了一部分外，其余大部分都将生产设施转移到了南亚、东南亚一带，像纺织业就集中迁往孟加拉国、柬埔寨等国家。

20世纪90年代后香港制造业急速式微

由于香港的制造业大举北上，因而制造业对香港经济的贡献率从1984年的34.5%急剧下降到1994年的9.2%，制造业的就业人口也从1987年的91.91万人急剧下跌到1996年的34.05万人。1996年，以贸易、金融、运输、旅游等服务业为主的第三产业取代制造业成为香港第一产业①。

制造业北移后的产业空心化恶果迅速显现。香港工业部门的雇员曾占香港总就业人口的一半左右，因此对香港社会具有很大的稳定作用。但1995年初，香港的失业率高达3%以上，加上7%左右的就业不足率和多达20余万人的半失业者，造成了一系列社会问题。高失业率出现的原因是制造业规模的急剧收缩。

以香港纺织业为例

纱厂、纺织厂曾是香港工业黄金年代的标志，纺织业一度是香港风靡一时的重点产业。自20世纪50年代开始，香港工业发展兴盛，屯门大兴纱厂、荃湾南丰纱厂及长沙湾香港纱厂并列为三大纺织厂。当年，很多年轻女工夜以继日地在工厂里穿梭忙碌，在车间隆隆的机器声伴奏中，编织出一个个有苦有乐的香港故事。

20世纪60年代，香港每年生产的棉纱量超过2亿磅，至20世纪70年代达到高峰期，产量突破4亿磅。其中，大部分用于本地织布及制衣业，亦有出口至英国、马来西亚、印度、泰国等地。截至1970年，纺织及成衣业在高峰时期的员工人数占香港总劳动人口的43%。

① 《独立经济学者李少魁：香港制造业空心化的前车之鉴》，http://finance.sina.com.cn/china/dfjj/2019-04-29/doc-ihvhiqax5660412.shtml，2019年4月29日。

然而，自20世纪80年代开始，因棉花价格和营运成本上升，以及纺织业重心逐渐转移至内地，香港纺织业逐渐式微。多家龙头纱厂纷纷转型发展房地产，如南洋纱厂及南海纱厂于1982年均以卖地及物业发展抵偿纺织业务亏损。2008年，南丰纱厂停止营运后成为货仓，之后发展为地标式保育项目。

事实上，纺织业的衰落只是香港制造业发展的一个缩影。穿胶花、剪线头、串珠子是20世纪香港人的集体回忆，亦成就了曾经享誉全球的“香港制造”。1989年，香港本地的制造业机构超过5万家。

自20世纪80年代起，工厂纷纷外移，叱咤一时的香港制造业逐渐式微，金融业和以旅游为核心的服务业兴起，制造业在香港本地生产总值中的占比少于1%。根据香港特区政府统计处数据，2018年香港制造业的雇员约有9万多人，只占香港总就业人口的2.4%，相比之下，20世纪90年代高峰时期曾接近90万人①。

规模小和技术落后始终是香港制造业的痼疾

香港制造业最主要的形态，是租一套单位，编排几个工人，计件或计时结算薪水。20世纪50年代在仓库里开厂，20世纪70年代在工业大厦里开厂。由于工人还要顾家或兼职，所以小工厂都在市区。这和制造业典型的“园区+宿舍+车间+烟囱”的形态全然不同。经过发展，到了20世纪90年代，香港制造业仍然固守这一形态，低门槛，小规模，不投资技术，不建立品牌，只接劳动密集型产品订单，按订单招人开工。这样的模式，客源和开工时间都不稳定，也就不可能去扩张。它的好处是留着后路，有钱可以挣，如果环境不好，可以随时关厂改行。

即使是在20世纪70年代末电子业已成为香港制造业的第二大支柱，当时的高科技产品传呼机（BB机）产销两旺时，香港制造业的劳动密集型产业产值占比依旧高达92%，和10年前相比只降低了3个百分点。1970—1980年，制造业所占比重从最高峰的30.9%下降到23.7%，工厂反而在1981年增加到4.6万家，雇员达到90万人，平均每家工厂只有20人②。

① 朱丽娜：《343万市民争领“黑科技口罩” 香港力推高端制造“再工业化”》，https://static.nfapp.southcn.com/content/202005/20/c3552866.html，2020年5月20日。

② 夏迎时：《香港70年制造业兴衰》，https://user.guancha.cn/main/content?id=201675&page=0，2019年11月22日。

2021年：极度萎缩和落后的香港制造业

2021年11月29日，香港特区政府统计处发表了2020年经济活动按年统计调查——工业的结果。根据这一结果，我们对2020年香港的制造业发展情况作出以下分析：

第一，2020年香港制造业总收益为2450亿港元，占香港当年本地生产总值（27107.30亿港元，折合24103.74亿元人民币）的9.04%。众所周知，几年前，香港制造业占本地生产总值的比重只在2%左右，但2020年占比大大提升。之所以如此，是因为2020年暴发的新冠疫情使国内外游客剧减，导致在香港本地生产总值中占比很高的旅游业和餐饮、零售等服务业急剧萎缩。相比之下，香港的中小制造企业受到的疫情影响要小得多。

第二，香港的制造业企业只有6900家，只占香港已注册130万家企业的0.53%；2020年，香港制造业从业人员只有8.26万人，只占香港总就业人口（380万人）的2.17%。可见，香港制造业在香港经济中是多么微不足道。

第三，香港平均每家制造业企业的就业人数只有12.1人，说明香港几乎所有的制造业企业都是中小微企业，规模可谓小得可怜。这也说明，上面所讲的香港制造业的痼疾不但没有克服，反而在加剧。

第四，香港制造业规模最大的四个行业分别为：食品、饮品及烟草制品业，金属制品、机械及设备业，化学、橡胶、塑料及非金属矿产制品业，纸制品、印刷及已储录资料媒体复制业。这些行业与20世纪80年代香港中小加工贸易企业进入内地时几乎没有任何差别，不但完全是传统行业，而且几乎都是夕阳行业。这四大传统行业增加值占整个香港制造业增加值的85.7%，可见香港制造业发展水平之低。与20世纪七八十年代相比，香港的制造业40年来几乎没有变化，与现在的亚洲其他"三小龙"相比，已经明显落后。

第五，香港2020年制造业的总收益虽然较2019年上升了8.4%，但是运营成本及雇员薪酬较2019年上升了9.4%；而具体到每家企业，则平均运营成本较2019年上升了15.7%至3380万港元。在这种情况下，2020年香港制造业的利润总额较2019年下降了7.3%；平均每家企业的盈余总额较2019年下降了2.0%至200万港元。制造业的盈余总额占2020年总收益的5.5%，较2019年下降了0.9个百分点。这就说明，香港的制造业环境在不断恶化。即使在香港社会剧烈动荡、新冠疫情冲击和国际环境日益恶化的情况下，香港的制造业营商成本仍在逆势上扬，导致企业的亏损加剧，这说明香港本土制造业的前途越来越堪忧。

第六，按香港制造业的四大主导行业来看：2020年香港制造业占比最大的食品、饮品及烟草制品业的利润率只有14.2%，行业增加值则较2019年下降了12.3%至105亿港元；而香港制造业中技术含量最高的金属制品、机械及设备业的利润率只有1.4%，行业增加值较2019年下降了13.2%至79亿港元；化学、橡胶、塑料及非金属矿产制品业的利润率为14.6%，行业增加值较2019年下降了7.9%至51亿港元；纸制品、印刷及已储录资料媒体复制业的利润率则仅为8.8%，行业增加值较2019年下降了10.2%至33亿港元。这说明香港现在占主导地位的四大制造行业不但落后，而且利润率极低，成长性很差，甚至处于不断下滑的态势。

» 第二节 香港产业空心化造成经济衰退和停滞

香港“去工业化”带来的“无根底”繁荣

事实上，香港的制造业转移确实曾给香港带来过一段短暂的繁荣。随着香港制造业的北移，香港的第三产业飞速成长。从数据上看，1980年至1997年亚洲金融危机之前这段时期，曾是香港历史上发展最快的阶段，年均增长率高达17%，人均本地生产总值增长了6倍多，当时世界上罕有地区可以与之相比。这段时期，香港经济发展的主要拉动力是服务业，而其中金融、保险、地产、商业服务等现代服务业的增长率更是高达21%。在这段时期，香港本地生产总值相当于内地生产总值的1/5，达到不可想象的历史最高比值。

正是由于20世纪八九十年代的超级增长，香港成为国际金融中心。超过500家银行在此聚集，世界百大银行中有85家进入香港。这里有亚洲第二大股票市场、世界第二大外汇市场、世界第三大黄金市场。以此为基础，香港的基金管理、股票分析、融资策划、商业服务领先整个亚洲。世界著名的顾问公司、法律咨询公司、会计公司，都将香港作为重要基地。香港在短短20年内实现了跨越式的成长[①]。

正因如此，这段繁荣给当时的香港特区政府和很多香港人带来兴奋和乐观的预期，认为中国香港与欧美发达国家一样，进入了一个以服务业为主的“后工业化”发达社会发展阶段。殊不知，中国香港的这种繁荣与欧美发达国家当时所谓的“后工业化”繁荣一样，实际上是一种“无根底”的繁荣。因为中国香港的这种繁荣是建立在它与中国内地“前店后厂”的基础上的，正如欧美发达国家的这种繁荣是建立在其跨国公司所推行的全球化将世界上发展中国家和地区都当作它们的“制造工厂”的基础上的一样。

当时的香港制造业虽然迁出，在珠三角雇用的工人数量庞大（仅1996年就超过500万人），但香港作为整个产业链中的“前店”，将研发、设计、营销等高端部门留在了香港，所以当时很多人包括学界的许多专家学者都认为，香港本土没有制造业并不代表香港没有制造业，它仍然有制造业，只不过是将自己的制造业以“前店后厂”的模式放在一界之隔的内地华南地区而已，这仍然不失为一种合理的产业布局。这种认识误区只有在1997年亚洲金融危机以及2008年世界金融危机爆发后，才被发展的客观规律所打破，从而让人们深刻地理解和认识到：本土有制造业与本土没有制造业对本国（本地区）的经济影响完全不同。这也正是以美国为代表的欧美发达国家在经历所谓“后工业化”繁荣之后，现在突然都吵着要“再工业化”，要“让制造业重归本国”的道理所在[②]。

香港20世纪80—90年代实现超级繁荣还有一个重要的原因，就是内地在1978年改革开放后，实现了地区生产总值年均两位数的高速增长，香港作为内地将近20年的最主要的进出口贸易和转口贸易中心、最重要的引进外资渠道、最重要的货物转运中心，理所当然地具有了在国际贸易、金融和航运方面的全球超前地位。

---

① 陈经：《香港产业发展路在何方？》，https://baijiahao.baidu.com/s?id=1652399157816138967&wfr=spider&for=pc，2019年12月9日。

② 这种布局俨然就是欧美跨国公司全球化布局的一个缩影。至今还有人认为，香港还有制造业。殊不知，这样一种“前店后厂”的产业格局，与本土拥有制造业完全不同，后来爆发的所有经济隐患，概存于此。

其实，1997年前的香港虽然处于经济繁荣之中，却也并非没有隐忧。其中很重要的一个就是广为人知的股票和房地产泡沫。香港近20年的高端服务业繁荣造成香港财富骤增，大批人暴富后的资金没有实体经济可以作为投资的出路，因而大量转向股市和楼市，1987—1997年，短短十年间香港房价就上涨了10多倍。

香港的这段经济繁荣被1997年席卷亚洲的金融风暴所终结，香港本土经济的脆弱性和繁荣的“无根底”性暴露无遗。

一方面，亚洲金融危机造成香港经济的惨跌：股市崩盘和楼市暴跌。尤其是1998—2003年的短短五六年间，香港房价下跌超过60%，以房子作为不动产投资的大量香港市民财富严重缩水，资不抵债和破产现象广泛存在于香港大众之中，对香港底层民生经济的破坏至今都难以恢复。

另一方面，1997年的亚洲金融危机是中国内地与“亚洲四小龙”经济发展的分水岭。在此之前，中国内地基本上是跟在“亚洲四小龙”之后亦步亦趋，以“亚洲四小龙”为榜样，全面引进港资、台资，大力发展出口导向型加工贸易产业。但由于在1997年亚洲金融危机中，中国内地是整个东亚地区唯一没有受到严重冲击的经济体，因此这个危机反而给了中国内地一个极大的发展机会，以至原来欧美发达国家给“亚洲四小龙”的大量订单和市场，都转向了中国内地，使得中国内地在极短的时间内就在产业发展规模、发展水平和发展质量上迅速超越了原来的这些“师傅”，并且很快就走上以加工贸易为主的产业转型升级之路。特别是2001年加入世贸组织后，面向全球资本和全球市场开放的机会使得“中国制造”迅速从贴牌和代工的生产阶段，走上自主生产、自主品牌阶段，其后又快速进入自主创新阶段，乃至2010年，中国打破了美国140多年的独占地位，一举超过美国成为世界第一大工业生产国。

而1997年亚洲金融危机后内地制造业的这种发展状态，对于香港来说却是比亚洲金融危机更大的冲击。众所周知，在亚洲金融危机时，香港在中央的大力支持下，打了一场赫赫有名的“港币保卫战”，使得香港在亚洲金融危机中所受到的冲击远小于亚洲其他“三小龙”。但是1998年后内地制造业发展的这种状况，却使香港所谓“前店后厂”的模式彻底改变：香港绝大多数企业所从事的以出口导向型加工贸易产业为主的贴牌、代工的低端产业，不断退出内地主要工业城市，深圳就是最好的代表；同时，香港包括国际金融、国际贸易、国际物流、国际航运等在内的“前店”主要行业的服务模式也随着内地经济发展水平和质量的飞速提升而不断走向新的高端化，再也不是以为出口导向型加工贸易产业服务为主的模式。这一切都导致香港“前店后厂”模式的彻底分离和断裂。于是，香港以“前店后厂”模式拥有制造业的“神话”彻底被打破，香港经济终于尝到了自身没有制造业的苦果。因此，可以说，香港“去工业化”的这种繁荣，是一种短暂的“无根底”繁荣。

香港与内地的经济发展速度比较

目前，国际竞争的焦点集中在高科技产业发展上，但科技发展只能建立在实现制造业升级的手段上。而香港本土没有制造业，就失去了推动高科技产业发展的基础和动力，从而也就失去了整体经济提升和发展的主要动力，结果是经济增长后劲不足，整体经济发展水平滞后。下面，我将用中国香港经济与中国内地经济作比较，与亚洲其他“三小龙”经济作比较，来清晰地说明这一点。

1978年，内地刚刚开始改革开放时，香港经济水平遥遥领先。当年，香港本地生产总值为274.72亿元人民币①，高于当时内地省（区、市）地区生产总值排名第一的上海（272.81亿元人民币），更是比当时排名第二的北京（108.80亿元人民币）高出1.53倍。

但40多年过去，到了2020年，香港本地生产总值为2.41万亿元人民币，和内地各个城市的地区生产总值相比，只能排第6位。超过香港的内地城市有5个，分别是上海（3.87万亿元人民币）、北京（3.61万亿元人民币）、深圳（2.77万亿元人民币）、广州（2.50万亿元人民币）和重庆（2.50万亿元人民币）。

1978年香港本地生产总值是北京地区生产总值的2.53倍，现在反过来了，北京地区生产总值已经是香港本地生产总值的1.5倍。与深圳相比，反差更大。1979年，深圳经济特区刚刚建立，当年地区生产总值只有1.96亿元人民币，香

① 1978年，香港本地生产总值为183.15亿美元，按1978年人民币与美元汇率1.5：1折算，香港当年本地生产总值为274.72亿元人民币。

港的经济总量是深圳的117.6倍[①]；到了2021年，深圳的经济总量已是香港的1.15倍。

如果按制造业产值来比较，香港与内地城市相比，排名就更落后了。2020年香港的制造业产值为217.49亿美元，折合1463.70亿元人民币，与内地城市相比，只能排在第47位的济宁（1499.35亿元人民币）和第48位的中山（1455.74亿元人民币）之间。换言之，香港的制造业水平只能与内地的二、三线城市相比，而且将很快被更多的二、三线城市超越。如果再拿深圳的制造业与香港相比，则香港的制造业水平甚至不如深圳的南山区和宝安区。

由此可见，香港的经济发展水平，如与改革开放后的内地城市相比，是大大地落后了，甚至落后于当年贫困落后的中西部地区；而它的制造业水平，则更是下滑到内地三线城市水平之下了。

当然，如果从人均地区生产总值来看，香港还是最高的。2020年，香港人均本地生产总值为32.30万元人民币，内地没有一个城市能超越，内地人均地区生产总值最高的深圳为20.59万元人民币；即使是台湾，人均本地生产总值也不敌香港，只有18.20万元人民币。

但是后面我将讲到，实际上这个人均地区生产总值并不能代表香港居民的真实生活水平，由于香港的贫富差距问题严重，因此部分底层老百姓的实际生活水平，远远不及与其一河之隔的邻居深圳。

中国香港与亚洲其他“三小龙”的经济发展速度比较

众所周知，中国香港与韩国、新加坡和中国台湾在20世纪60年代后期欧美制造业大转移时期迅速崛起，形成了以欧美为中心的出口导向型加工贸易产业基地，到20世纪七八十年代甚至90年代发展到顶峰，被世界称为“亚洲四小龙”。但到20世纪90年代上半期，香港的制造业生产基地几乎全部转移到珠三角地区后，香港的本土经济就开始停滞和不断萎缩，这一点也可以从它与亚洲其他“三

① 2018年4月2日搜狐网推出的《深圳崛起之谜 38年GDP增长1.1万倍 香港增长18倍》一文中说，1979年香港本地生产总值约合1117亿元人民币（实际为337.95亿元人民币），作者应该是用错了汇率数据。后来发表的很多文章，都采用了这个错误的数据。

小龙”的对比中明显地看出来。

表2-1中，我选择了三个有代表性的年份进行对比，1978年是内地改革开放起始之年，1997年是香港回归祖国的一年，2020年是最近发展的一年。

表2-1 中国香港与韩国、新加坡及中国台湾地区生产总值比较

单位：亿美元

年份	中国香港	韩国	新加坡	中国台湾
1978	183.15	519.72	75.17	272.97
1997	1773.53	5697.55	1001.24	3000.05
2020	3465.86	16378.95	3399.98	6693.21

数据来源：快易理财网。

从表2-1可以看出，1978年，韩国是中国香港的2.84倍，中国台湾是中国香港的1.49倍，而中国香港则是新加坡的2.44倍；到了1997年，韩国已经是中国香港的3.21倍，中国台湾已是中国香港的1.69倍，而中国香港是新加坡的1.77倍；到了2020年，韩国已是中国香港的4.73倍，中国台湾已是中国香港的1.93倍，而中国香港是新加坡的1.02倍。可见，与这些“小龙”相比，中国香港的经济增长速度下滑得多么明显。这期间，这些“小龙”同样经受了内部的社会动荡和1997年亚洲金融危机、2008年世界金融危机的打击。特别是1997年亚洲金融危机时，韩国、新加坡和中国台湾所遭受的经济打击远远超过中国香港。但是中国香港由于制造业的空心化导致经济增长速度严重下滑，令人扼腕叹息。

如果再拿中国香港的制造业与其他“小龙”相比，我们所看到的结果就更明显了。

我们知道，1984年是中国香港制造业发展的顶峰时期，其制造业产值为81.43亿美元。从表2-2可以看出，1984年韩国的制造业产值是中国香港的4.13倍，而中国香港则是新加坡的1.17倍；但是到了2000年，韩国的制造业产值已经达到中国香港的9.65倍，新加坡的制造业产值也反超中国香港，达到中国香港的1.50倍；到了2020年，韩国的制造业产值已经达到中国香港的24.54倍，新加坡的制造业产值也已达到中国香港的3.81倍。尤其令人惊讶的是，从2000年到2020年，整整过去了20年，中国香港的制造业产值只增加了10亿美元。

表2-2 中国香港与韩国、新加坡制造业产值比较

单位：亿美元

年份	中国香港	韩国	新加坡
1984	81.43	336.54	69.44
2000	207.42	2002.53	311.84
2020	217.49	5336.70	828.41

数据来源：快易理财网。

以上，我们比较的还只是经济总量和工业总产值，如果再比较高科技产业发展水平和所拥有的世界级大企业及名牌产品，中国香港与其他“小龙”的差距就更大了。

以韩国为例。2017年，韩国的国内生产总值（GDP）高居世界第11位，电子产业、钢铁产业、造船产业、汽车制造产业、纺织产业、石化产业、工程机械产业、海工装备产业成为其支柱产业，尤其是电子产业、汽车制造产业、造船产业等雄踞世界前列，韩国的手机、电视、汽车等都拥有享誉世界的知名品牌。2016年，韩国的工业增加值为4937亿美元，超过英国、加拿大，排在世界第5位。有15家韩国企业位居2017年世界500强企业之列，其中12家属于韩国的三星、现代、SK、LG和乐天五大企业集团，这五大企业集团所创造的产值在韩国的国民经济中所占比重超过60%。韩国现在的制造业拥有京仁工业区（最重要的工业区）、东南沿海工业区（第二大工业区）、釜山工业区（最大港口和重要工业中心）以及新建的工业城浦项（钢铁）、蔚山（石化、造船、汽车）、昌原（机械）、巨济和忠武（造船）、丽水（炼油、石化）、马山（机械、纺织）、里里（纺织）等。

再看中国台湾。台湾近20年来积极培育技术密集型新兴产业，电子制造、半导体、精密机床等领域全球领先。台湾的电子制造业代表公司包括鸿海精密、英业达、和硕联合科技等。2018年，全球前五十大电子组装厂商的营收3000多亿美元中，台湾厂商的全球占有率高达75%，前十大厂商中有4家来自台湾，包括鸿海精密、和硕联合科技、纬创资通和新金宝集团，台湾已成为世界最大的科技产品制造业聚落。在半导体领域，目前台湾已成为全球集成电路（IC）芯片制造

第一大地区、IC设计第二大地区，代表公司包括台积电、联发科、联电等。2018年，全球半导体材料总产值达519亿美元，台湾地区的半导体材料就占到114.5亿美元，占全球的22.1%，这也是台湾连续9年居全球第1位。在精密机械领域，中国台湾在20世纪90年代初期就已经与德国、日本、意大利并称为世界“四大机床”制造基地，当前，已成为世界中高端精密机械的主要产地之一，机床出口额仅次于日本、德国、瑞士，排名全球第4位，中国台湾的精密机械包括数控机床、磨床、加工中心、攻牙机、制鞋机等各种工业加工机械及其配件。除了以上三大世界级产业外，台湾在石化产业、橡胶工业、新能源产业、生物医疗产业等方面均有建树，台塑集团、正新橡胶、台湾化学纤维都是世界知名企业。而台湾太阳能光伏的产值与产能均居世界第2位，全球前二十大光伏企业中，台湾企业有7家，合计占据全球20%的市场份额。此外，中国台湾医疗水平世界一流，在亚洲，与日本并驾齐驱。中国台湾在器官移植、肿瘤治疗、整形外科等领域均居世界领先水平，新药研发实力在亚洲仅次于日本，居亚洲领先水平。

中国香港与新加坡的产业发展比较

在中国香港与亚洲其他“三小龙”的比较中，它与新加坡的比较最有说服力。这两个经济体在很多方面的相似度很高，它们之间的比较特别能说明问题，因此在本书中我将其单列出来。

第一，两个地区都面积狭小，中国香港陆地总面积只有1106平方公里，而新加坡则更狭小，只有724平方公里。第二，迄今为止，两者都是世界上著名的自由贸易港及航运中心、金融中心和贸易中心。第三，两者都具有独特的地理区位优势，中国香港主要是背靠内地，新加坡则主要扼守马六甲海峡，这种地理上的区位优势给两者带来别的国家和地区经济发展中难以得到的巨大有利条件。第四，两者都是在20世纪60年代开始起步，20世纪70年代和80年代后成为世界著名的出口加工产业基地，与韩国、中国台湾一起，共同成为全球瞩目的“亚洲四小龙”。

然而，由于中国香港自20世纪80年代起将制造业大规模地转向中国内地，20世纪90年代后又抛弃了制造业，转而只以第三产业作为自己的主导产业，而新加坡始终坚持发展自己的制造业，且不断进行产业转型升级，因而两者现在的经济发展水平已经出现了十分明显的差别，新加坡呈不断上升的势头，中国香港则停滞不前甚至不断下滑。在制造业产业发展方面，两者更是判若云泥。

从经济总量上来讲，前文已经讲到，1978年中国香港的地区生产总值是新加坡的2.44倍，而到了1997年中国香港是新加坡的1.77倍，再到2020年中国香港是新加坡的1.02倍。换言之，目前，中国香港的经济总量已经与新加坡持平，这种趋势持续下去，新加坡的经济总量很快就会追上甚至超过中国香港。

制造业总产值更是如此。1984年中国香港制造业发展顶峰时期，其产值是新加坡的1.17倍；到2000年，新加坡的制造业产值已经反超中国香港，达到中国香港的1.50倍；而到了2020年，新加坡的制造业产值已达到中国香港的3.81倍。

如果以现在的制造业水平来看，中国香港则更是无法与新加坡相比。

我在前文中提到，中国香港到了2021年，制造业企业只有6900家，仅占香港已注册130万家企业总数的0.53%。制造业从业人员只有8.26万人，仅占香港总就业人口（380万人）的2.17%；而且这些企业都是中小微企业，平均每家企业的就业人数只有12.1人。此外，香港制造业最大的四个行业（食品、饮品及烟草制品业，金属制品、机械及设备业，化学、橡胶、塑料及非金属矿产制品业，纸制品、印刷及已储录资料媒体复制业），不但谈不上什么高科技发展和产业升级，而且与20世纪80年代的工业发展水平几乎没有什么区别。

而新加坡则是从20世纪60年代的劳动密集型产业起步，始终坚持产业转型升级，到20世纪八九十年代开始大力发展资本和科技密集型产业，进入21世纪后更是大力发展世界领先的高新技术产业，一步一个脚印地完成凤凰涅槃式的转变。

目前，半导体产业是新加坡重要的支柱性产业，占到电子制造业58%的份额。新加坡半导体的产能在全球的比重早在2009年就已经上升至11.2%，因此，新加坡成为全球半导体行业的产业重地。无论是IC设计、IC芯片制造，还是封装和测试，新加坡的半导体产业已经形成了一个成熟的产业链生态环境，几乎全球的芯片巨鳄都已在新加坡设厂，因此，非常紧密的产业链不仅为企业寻找到了自己的产业定位，同时也加速了电子产业的全球一体化进程。新加坡经济发展局（EDB）的报告显示，到21世纪第一个十年末，新加坡半导体企业的数量已经超过300家，这些企业来自欧美及日本等世界多个地区，其中包括：40家IC设计公司，14家硅晶圆厂，8家特制晶圆厂，20家封测公司，以及一些衬底材料、制造设备、光掩膜等产业链周边企业。英飞凌之前表示将再度投资1400万新加坡元，扩大自己在新加坡的研发基地。正因如此，新加坡电子产业以32%的比重遥遥领先于化工、交通、生物医药等其他产业。全球电子行业排名前50位的著名企业都将研发中心或亚太总部迁移至新加坡，新加坡在全球后端半导体设备方面拥有10%的市场占有率。新加坡精密工程业的强大技术及环境吸引了全球十大晶圆制造设备公司中的9家公司向其进行大型采购。

另外，新加坡在精密工程业具有的独特优势，使其在这一领域拥有全球领先地位。新加坡的精密工程业发展始于20世纪70年代，如今已拥有约2700家规模不等的公司，包括中小型企业和大型跨国公司，且已成为新加坡经济的重要引擎之一，其产值占国内生产总值的25%左右。同时，新加坡也成为很多跨国公司的区域总部及重要的研发中心。新加坡的精密工程业覆盖了从承包制造商到全面解决方案供应商（比如具有设计、测试、生产和供应链管理能力的供应商）等各类公司；新加坡在精密工程业所拥有的独特优势，让新加坡在全球航空航天、半导体设备、石油与天然气设备等领域获得全球领先地位，新加坡目前已占据世界制冷压缩机市场的10%、助听器市场的30%、世界半导体引线焊接机市场的70%。新加坡已成为亚洲领先的石油与天然气设备的生产基地、全球航空航天维护修理和大修基地。

新加坡的第三大产业是炼油石化产业。炼油石化产业是新加坡的重要经济支柱，新加坡的石化产业早在2011年时产值就高达770亿美元，占当时国内生产总值的34%。新加坡的炼油石化产业主要在新加坡裕廊工业区，新加坡裕廊工业区是仅次于美国休斯敦和荷兰鹿特丹的世界第三大炼油中心。新加坡还是世界石油贸易枢纽和亚洲石油产品定价中心。此外，新加坡是全球最大的自升式石油钻井平台制造国，独占全世界70%的市场份额。新加坡炼油厂的加工能力和复杂程度在全球居领先地位，新加坡成为世界平均炼油规模超过2000万吨/年的两个国家之一，另外一个国家是美国。

特别值得一提的是，由于新加坡国土面积狭小，为发展石化产业的用地，新加坡从1995年就开始填海造陆，并且把七个小岛合并成一个大岛，打造成了总面积32平方公里的裕廊岛，这个工程于2009年完成，比原计划提前了20年。新加坡在裕廊岛建立起裕廊工业区，给石化产业提供了一流的硬件条件。现在，新加坡的裕廊工业区已经享誉全球。

新加坡充分应用了天时地利人和，在缺乏足够的国土与资源的情况下，仍然能够在困境中解决问题，被称为没有一滴油的世界第三大炼油国。

» 第三节 产业空心化造成香港社会深层次矛盾

制造业流失后的产业空心化导致香港就业困难

20世纪八九十年代香港制造业大规模北移珠三角地区后，香港的制造业就没有了，造成了严重的制造业空心化。最直接的结果就是香港就业出现严重问题。

直到今天，这种情况不但并未改善，反而日益严重。由于内地改革开放后的大发展以及国际环境的变化，香港的高端服务业面临日益严峻的挑战。就拿香港的国际金融中心地位来说，上海、深圳，以及东京、新加坡等，都在挤压它的发展空间。它的国际航运中心和国际贸易中心地位也是如此。过去，在内地改革开放后很长一段时间里，香港一直是内地通往世界的主要国际经贸通道和投资通道，因此它的航运业、物流业、国际贸易业非常发达，也不用愁它的扩展和吸纳就业的能力。但现在已经大大不同了，许多内地中心城市尤其是沿海开放大城市如北上广深，都已成为内地的主要国际投资和经贸渠道，香港对内地的经贸、投资、物流的主渠道作用已经严重边缘化。上述这些状况，都导致香港这些领域的发展渠道在不断收窄，就业人员在不断减少。

现在支撑香港大部分就业人口的零售、餐饮、酒店、娱乐、旅游等普通服务业也是如此。由于这些普通服务业这些年来主要靠内地游客的自由行来支撑，所以一旦遭遇类似新冠疫情“大封关”导致内地到港游客数量暴跌的情形，香港经济和社会民生就会“哀鸿遍野”。

其实，我几年前就曾发文说过，中央送给香港的“大礼包”——自由行是把双刃剑。它提振和刺激了香港普通服务业的发展，为大多数在其中就业的普通香港居民带来了收入，带来了财富，也给香港经济带来了活力。但是发展到后来，负面效应开始显现出来：自由行的内地游客不仅抢购了香港人的部分生活必需品（例如奶粉等），而且由于内地游客中有不少人的生活习性与香港人有很大不同，因而在一定程度上影响了香港的社会秩序，导致自由行引发的矛盾越来越明显，不少香港人越来越不欢迎内地人去香港旅游和采购，许多内地人也越来越不愿去香港“自由行”，事实上2015年后内地访港旅客的数量已经逐年减少，再加上香港近年来的社会动乱，访港游客人数更是逐年剧减。

2020年香港经济的发展困境说明了什么呢？说明没有制造业的香港经济是何等脆弱，以普通服务业和房地产作为吸纳就业人口主要手段的香港经济是何等脆弱，主要依靠内地访港游客自由行的香港经济是何等脆弱。说明虽然香港目前仍具备国际金融中心、国际航运中心和国际贸易中心的优势，但其社会经济基本层面的矛盾和问题已经很严重了。

香港的贫富差距

2016年5月，根据彭博亿万富翁指数和国际货币基金组织（IMF）对香港本地生产总值的预测，香港前十大亿万富翁的净资产总和占其本地生产总值的35%，而在内地，这一比率只有1.4%。在另一个经济增长较快的亚洲大国——印度，这一比率为5.2%。欧洲这一比率最高的是瑞典，为25%；其次是瑞士，为9.2%；紧接着是俄罗斯，为8.8%[①]。

2017年6月28日，《华夏时报》发文指出，2013年9月28日，香港特区政府公布了首条官方贫困线，收入低于香港居民收入平均水平50%的即为贫困。以此标准衡量，2017年香港的贫困人口为101.8万人，占总人口的19.6%。而与此同时，香港这样一个弹丸之地，却产生了为数众多的世界级富豪，2016年《福布斯》的数据显示，全香港较有钱的50个人所掌握的财富达到1.38万亿港元，是2016年香港特区政府可动用财政储备的1.37倍。而到了2021年，即使是在香港遭受极其沉重的疫情打击，经济下滑、百业凋零、民众生计困苦的情况下，《福布斯》公布的2021年全球富豪榜中仍有23名香港人打入全球500强，身家由50多亿到300多亿美元不等，而且新上榜富豪人数和富豪总人数均创新高。

下面我们再从具体的收入水平来看。2018年10月11日，《文汇报》和界面新

① 《香港贫富差距令人咋舌！十大富豪资产相当于GDP的35%》，https://www.sohu.com/a/77148684_114984，2016年5月25日。

闻的报道指出，2016年，全香港最富裕的10%住户的每月收入中位数（不包括外籍佣工）是最贫穷的10%住户的43.9倍，即最贫穷的10%家庭需要工作3.7年才能换取最富裕的10%家庭一个月的收入，较2006年的33.9倍大幅扩大了10倍。报道还指出，全香港最贫穷的10%住户的每月收入中位数虽然由2006年的2250港元轻微增加14%至2016年的2565港元，同期最富裕的10%家庭的每月收入中位数却大增了47%至11.2万港元①。

从2006年至2016年的10年间，全香港最贫穷的10%住户的每月收入平均值只增加了310港元，增长了14%，相当于10年间最低收入百姓的收入水平几乎停滞。大多数百姓的收入水平在10年里几乎完全停滞或只有微小上升，而极少数房地产和其他产业大亨的财富则快速增长，2006年富者收入已经是穷者收入的33.9倍，10年间又扩大了10倍。

再看香港的基尼系数。基尼系数是国际公认的表示收入分配公平程度的指标，最大值为1，最小值为0，数值越高表示收入分配不平等越严重。联合国有关组织规定：基尼系数低于0.2，表示收入绝对平均；基尼系数为0.2～0.3，表示收入比较平均；基尼系数为0.3～0.4，表示收入相对合理；基尼系数为0.4～0.5，表示收入差距较大；基尼系数在0.5以上，表示收入差距悬殊。另外，国际公认基尼系数还有两条标准线：基尼系数0.4是警戒线，表明收入差距已经比较大，需要注意避免由于收入分配不公平引起的社会动荡；而基尼系数0.6则是危险线，表明收入已经出现严重的两极分化，将会引发社会大众的不满，导致严重的社会动荡。那么，香港的基尼系数已经到了什么程度呢？香港特区政府统计处的数据显示，在20世纪70年代，香港的基尼系数还徘徊在0.43左右，虽然已经到了收入差距比较大的程度，但是还算比较温和；但20世纪80年代香港的基尼系数开始显著攀升，从1986年到1996年的10年间由0.45大幅跃升至0.52，从收入差距较大迅速转为收入差距悬殊。此后，香港基尼系数就一直处在0.5以上的水平，2017年6月28日《华夏时报》发文指出，香港特区政府公布2016年基尼系数为

① 转引自《香港贫富差距有多大？这些数据惊呆你！》，https://www.sohu.com/a/258752986_355797，2018年10月11日。

0.539，比2011年上升0.002，创45年以来新高，显示香港的贫富悬殊情况愈来愈严重，而且日益接近0.6这条危险线。

在这里，我特别提醒读者注意，香港的基尼系数开始显著攀升的20世纪80年代，正是香港的制造业开始向内地转移的时间；而香港基尼系数从收入差距较大转为收入差距悬殊的10年（1986年至1996年），也正好是香港制造业大规模向内地转移并基本退出香港的10年；此后没有制造业的香港，就始终处于收入差距悬殊和贫富分化的状态。这并不是巧合，而正说明香港制造业空心化后，不仅给香港经济带来了衰退，而且给香港社会带来了贫富分化。

前文曾经讲到，2020年香港的人均本地生产总值为32.30万元人民币，从数据上看，香港是全球最富有的地区之一。然而，通过对香港社会贫富悬殊状态的分析可以看出，香港部分底层老百姓的实际生活水平是相当低的，根本不能算作富有，不要说比不上欧美发达国家民众的生活水平，甚至远远不及内地老百姓的小康生活水平。

2020年9月24日，知乎上发表了一篇佚名网文，讲到香港地区的贫富差距全球第一。据这位作者统计，搜狐上列出的2018年香港富豪一共是57人，他把这些人的财富总数加在一起，与香港本地生产总值进行了一番对比，发现这些香港富豪占据香港所有社会财富的比例竟然高达88.49%。这位作者还说，这些人也有不少资产在香港之外，比如，李嘉诚也在中国内地和英国投资。但是他认为，这些富豪占据了社会财富的绝大部分是肯定的。而且据他计算，香港人均本地生产总值仅为5762.05美元，按照2020年汇率计算，折合人民币只有39182元。这就是说，截至2018年底，香港每一个普通的老百姓，占据社会财富的平均值不到4万元。由此他感叹说，香港地区的贫富差距之大，真是超出了想象[①]。

当然，就这篇网文来说，我们还不能判断其所引用数据和分析的准确性和客观性，但它所陈述的事实应该是无误的。

① 《香港地区的贫富差距全球第一，令人震惊！》，https://zhuanlan.zhihu.com/P/258956551，2020年9月24日。

香港社会最大的痛点：住房问题

2016年，有报道指出，香港的房价在2003年至2015年9月间上涨了370%，香港的房价是全球87个大都市区中最高的[①]。

2017年6月28日，《华夏时报》发文指出，香港的贫困人口只是相对贫困，在香港福利制度的庇护下，这些人的生存基本没有问题，因此在香港不存在挨饿受冻、看不起病、上不起学等人们通常理解的贫困情形。然而，根据香港树仁大学的一项调查，有76%的香港成年市民认为现在的生活"颇痛苦"及"非常痛苦"，而在这些人中，大部分人认为，住房问题是导致其生活痛苦的最重要原因。

在香港，一家四五口人住在四五十平方米的房子里是大部分人的生活常态。但就是这样的居住条件，也往往要耗尽很多人一生的积蓄和精力，每平方米动辄10万港元以上的房价，使得终身为"房奴"成为普遍现象。房价的高昂，压缩了很多梦想，导致香港年轻人的创业愿望普遍很低，"上楼"才是最实际的"香港梦"。房价的高昂，也提高了营商成本，业主加租成了很多中小企业的噩梦。

对很多香港人来说，更现实的选择是通过向政府申请公屋或居屋来解决住房问题。目前，香港大概一半的人口住在公屋或居屋里面。但问题是：一方面，要住政府的房子，有资产和薪金的限制，高于一定的金额就不能申请，出现了所谓的"夹心层"，他们没有资格申请公共房屋，而私楼的价格又高不可攀。另一方面，因为房价越来越高，申请公共房屋的人也越来越多，一些年轻人刚过18岁就开始申请，导致轮候的人越来越多，目前据说已经接近30万人。但公共房屋的供应有限，在环保组织等团体施加的压力下，香港特区政府越来越难找到合适的土地来建公共房屋，这样一来，公共房屋的轮候时间就变得越来越长。

既没钱买私楼也申请不到公共房屋的底层人士，唯一的选择就是笼屋。典型的笼屋不到100平方米，需要分隔出10个卡位，每个卡位分为上下两层，只能坐着，无法站立。而就是这么一点儿栖身之所，大部分笼屋居住者也需要靠综援[②]才

---

① 《香港房地产市场量价齐跌 抄底的机会到了？》，https://jiemian.com/article/582825.html，2016年3月23日。

② 综援，综合社会保障援助的简称，是香港社会福利制度中的一项收入补助。

能住得上。据香港社区组织协会统计，2017年香港有10万人住在笼屋里[①]。

香港的产业转型升级为何没有完成

现在，我们来分析另外一个深层次的问题：亚洲其他“三小龙”都完成了产业的转型升级，从而使经济发展的水平和质量都达到了一个新的高度，香港的产业转型升级为何没有完成？

应该说有很多原因，我在这里只讲一个很重要的原因，而且是很少有人提到的原因。那就是香港背靠内地，也成了一把双刃剑。

从好的方面来讲，它背靠内地，在区位上是一个很大的优势，是亚洲其他“三小龙”都不具备的重要优势；然而，也恰恰是它背靠内地的这个区位优势害了它。

一是由于它背靠内地，而且多年来都是内地通往国际市场的主要通道，甚至在很长一段时间里是内地开展国际贸易和引进投资的唯一渠道，香港经济依靠这个中介地位，根本不需要转型，就能够轻轻松松地赚得盆满钵满，它没有转型的压力，所以也错过了经济转型的最佳时期。

二是正因为它紧靠内地，所以它的制造业向内地尤其是珠三角地区转移具有最佳条件和最低成本；加上香港营商成本比当时的内地要高得多，香港的中小型加工贸易企业把生产基地转移到珠三角地区可谓“如鱼得水”，香港只需将具有高附加值的相关服务如生产接单、产品设计、市场推销、原材料供应等产供销及指挥中心留在香港就可以了。这种“前店后厂”模式，给香港的企业家带来更低的运营成本、更廉价的劳动力、更广阔的市场，因而也带来更加容易赚到的巨额财富。在这种情况下，就出现了当时绝对没有预料到的两大恶果：其一，香港的制造业几乎全部退出了香港本土，产生了严重的产业空心化，给香港本土的就业和税收留下了不可弥补的“后遗症”；其二，香港的商人和企业家本来就有“赚快钱”的历史传统，现在既然能够不通过痛苦坎坷的转型升级也能赚大钱，那又何必费那个劲？没有转型的压力，当然就不愿意转型升级，由此再次错过了经济

① 赵灵敏：《豪宅对笼屋 香港贫富悬殊之最大痛点何在？》，《华夏时报》2017年6月28日。

转型的最佳时期。

加之香港政府从港英时期直到香港回归后的很多年里，始终奉行所谓的“积极不干预”政策，就是基本上把一切经济发展事务都交给市场，交给企业，任其自由发展。在这几十年里，关于香港的经济发展，既没有制定长远的发展规划和战略，也没有制定产业扶持政策，甚至不听专家们对香港经济发展的重要的意见和建议，因而又错过了无数产业转型升级的好时期。例如20世纪90年代，香港曾提出要搞高科技产业，搞数字经济，但不是吸引海外和内地的高科技企业来搞，反而是交给大地产商来搞，所谓的数码港最终还是成了地产项目。

总之，正是因为香港的制造业没有了，出现了严重的产业空心化，因而与内地和亚洲其他“三小龙”相比，它的经济出现了长期的衰退和下滑，它的社会因此而贫富悬殊、两极分化，这种状况又造成香港的社会矛盾不断激化，社会撕裂不断严重，所以才会出现社会动荡的局面。正因如此，笔者才认为，制造业空心化是香港经济之殇和香港社会之殇。

第三章

从欧美发达国家『再工业化』看中国香港的必由之路

» 第一节　欧美发达国家“去工业化”导致恶果丛生

从上面的章节中，我们已经看到，香港制造业转移后，产业空心化给香港经济带来的苦果和恶果。那么，香港怎样才能从根本上克服产业空心化所带来的经济负面影响呢？只有一条路，那就是让制造业重回香港，走“再工业化”的必由之路。这一点，欧美发达国家已经作出了生动的榜样。

欧美发达国家“去工业化”的实质是跨国公司在全球产业布局的结果

众所周知，美国早在1894年就成了世界第一大工业国，正是其制造业的强大地位，使它在20世纪初成为世界第一强国，尤其是“二战”后，强悍的实体经济使美国在全球拥有了政治、军事、经济的统治地位，建立了美元霸权。

然而，从20世纪60年代末70年代初开始，欧美大跨国公司开始在全球寻求最佳资源配置，进行全球性投资和产业布局，并将制造业向全球各发展中国家和地区转移，而将科技研发、高端服务等产业留在本国，致使全球分工体系和贸易格局发生了深刻变革，启动了欧美发达国家主导的、延续至今的一波经济全球化过程。

随着以美国为代表的发达经济体逐渐向价值链的市场、研发两端延伸，而把低附加值、处于中间环节的制造业导出，事实上在全球形成了欧美发达国家与发展中国家“前店后厂”的格局，也使得欧美发达国家开始从拥有生产优势的制造业大国发展模式转型为以先进高端服务业为主导、以科技研发为核心、以金融操控为本质的新型资本发展模式。这样一种发展模式一度被称为“后工业化时代”的标志，并且被欧美发达国家的许多学者称为“真正进入现代化发展阶段”的标志。一时间，这种“现代化”理论被许多国家的学界奉为经典，引起学界的广泛热议。

欧美发达国家“去工业化”带来没有预料到的产业空心化恶果

随着以美国为主的欧美发达国家经济快速“脱实向虚”，其制造业开始急速萎缩。20世纪50年代初，美国制造业增加值曾占世界总和的近40%，到了2002年这一比例降至30%，到了2012年更是跌至17.4%。2010年，美国跌落了保持长达100多年的全球制造业第一的宝座，被中国所取代。

美国的服务业得到超常发展。在美国经济向服务化转变的过程中，其金融自由化得到快速发展，使美国经济快速向金融化方向发展。随着美国经济金融化，资本的趋利性被进一步激发出来，大量资本被投向回报率畸高的金融业，进而使美国经济呈现出明显的虚拟化特征。美国经济的虚拟化发展，不但使制造业越来越受到各种资源特别是金融资源的冷落，而且使各种资源不断地从制造业流出，结果导致以制造业为核心的实体经济处于“失血”状态。

而与美国制造业急剧萎缩相对应的是其金融业的膨胀，美国的金融业在1980年开始超过制造业，并伴随制造业的不断转移和资本全球化的急剧扩张，不断获得空前的发展和膨胀。美国的经济结构和利益结构也随之改变，华尔街成为美国经济的重心所在，甚至成为全球经济的重心所在。

进入21世纪后，美国的这种畸形结构越来越严重，制造业转移出去后的产业空心化恶果日益显现。

第一，产业空心化最直接的恶果表现在就业上。正如前文分析香港制造业转移后产业空心化存在的弊病一样，在美国也是如此。尽管美国通过全球化产业布局，将制造业配置到发展中国家和地区，通过处于价值链高端的科研、高端服务业获得了大量的利润，但是制造业的外迁却使美国的大量普通工人失去了工作岗位，从而导致失业率迅速攀升。1979—1993年，美国制造业流失了230万个工作岗位；此后的2005—2009年，美国制造业就业人数累计减少235万人。

第二，正如前文分析香港产业空心化一样，由于美国国内实体经济流失，人们手中暴增的财富没有足够的投资机会，因而大量涌向房地产和股市，从而导致房地产和股票价格暴涨。再加上美国金融业独大，华尔街成为美国经济的核心力量，政府对金融业的监管力不从心，使得各种金融衍生品纷纷涌现，金融杠杆率不断攀升，最终结果是，债务积累的不可持续性和资产价格泡沫的破裂，引发了2007年的美国次贷危机，并从美国扩展至全球，导致世界金融危机爆发，演变成一场世界范围的经济衰退。这场金融危机的爆发，完全暴露了美国经济中的金融服务业过度膨胀、实体经济空心化及资产价格严重泡沫化等问题，并导致美国经济的普遍衰退和失业人口剧增。

第三，与前文分析香港产业空心化的恶果一样，美国同样尝到了“去工业化”后产业空心化的另一恶果，那就是产业发展相对放缓且被后进国家迅速赶超。其实道理也很简单，产业的提升、转型、升级、换代，一定是与实体经济联系在一起的。尽管美国掌握了高端的科技研发成果，但是当这些最先进的科技研发成果转化为产品时，只能在工厂中完成，在发展制造业的过程中完成。当本国没有实体经济时，那么，再高级的科技研发成果也要到本国以外的生产基地去完成。当这些生产基地还完全是美国跨国公司在全球的附属企业时，这当然不会成为问题。然而一旦像中国这样的国家不再成为美国跨国公司的附庸，不再只做跨国公司的贴牌和代工产品，开始进入自主生产、自主研发、自主品牌阶段时，这种科技研发成果的外溢效应，就成为具有后发优势的国家追赶欧美发达国家的利器。尤其是对于过去一贯自诩信奉自由市场经济的美国来说，本国的政府当然不能对处于本国以外的企业进行干预。但是对于中国这样实行举国体制的国家来说，一旦选定发展的目标，就集中所有优质资源，举全国之力大干快上，如此才能在2001年入世时还只是世界第六大经济体，在短短10年后的2010年就超过日本，成为世界第二大经济体。而且现在发展速度直逼美国，使美国上下都感到巨大的威胁和恐慌。

事实上，现在以美国为首的欧美发达国家坚决要让制造业回归本国，要实施“再工业化”战略，很大的原因就是它们认为中国超常规的跨越式发展已经严重威胁到它们在全球的经济地位。它们必须使制造业重回本国，必须使本国“再工业化”，这样才能将目前世界上最先进的高科技产业、新兴产业和未来产业的发展命运牢牢地控制在自己的手中，才能像中国一样通过政府的政策和支持（当然它们是以国会通过法案和签署总统令的方式），来以举国之力发展自己的尖端产业，同时也才能有效地通过各种封锁、打压、断供的方式，来控制它们手中所掌握的尖端科技研发成果，以防止外溢，实现以无情的手段对中国等后发展国家进行“卡脖子”的最大效果。

第四，最近几十年来，以后发优势赶超先进发达国家的发展模式已经悄无声息地在发展中国家和地区持续发酵，形成了巨大的认知效应，凭借这种模式获得巨大发展的国家成为发展中国家和地区学习的榜样，从而导致20世纪70年代这一波全球化发生了质的变化，跨国公司在全球进行资本和产业布局的“前店后厂”模式已经或正在被打破。金砖国家等许多新兴经济体正在迅速崛起，赶超欧美发达国家的浪潮此起彼伏，这也是近年来欧美发达国家开始启动和越来越迫切地实施本国“再工业化”战略的根本原因。因为当越来越多的跨国公司在国外的生产制造基地不再是它们的“后厂”和附庸时，它们的“前店”模式也就失去了作用，它们就必须让制造业重回自己的国家，通过“再工业化”重新掌握本国的生产制造能力和水平，让本国的生产制造能力和水平继续在全球范围处于高端和领先的地位，这样它们掌控和驾驭全球其他国家和地区的霸权地位才不会受到威胁和颠覆。

第五，这次新冠疫情全球大流行，也让各国政府和跨国企业更深切地认识到构建自主可控产业链的重要性。越来越多的国家加大了吸引本国企业回流本土的政策力度，推动产业链回流。全球产业链正在向在本区域内整合与在关键领域本土化的方向重构。

欧美发达国家的“再工业化”是“一石三鸟”

欧美发达国家的“再工业化”是“一石三鸟”，一是解决本国产业空心化问题，实现本国经济“脱实向虚”，解决本国经济过度金融化所产生的一系列严重问题。二是解决本国日益严重的就业问题，这已经成为令发达国家政府最头痛的内政问题之一。当年美国的共和党候选人特朗普之所以能够最后击败当时似乎已经胜券在握的民主党候选人、华尔街精英的代表希拉里当选美国总统，主要就是因为他喊出了要让美国制造业转移后大批失业的“铁锈地带”白人工人实现再就业的竞选目标，因而获得美国大量普通白人民众的选票。三是解决本国产业发展的转型、升级、换代，继续保持世界领先地位的问题，唯有“再工业化”，才能让欧美发达国家继续保持全球的霸权地位不被威胁和颠覆。

这就是近年来欧美发达国家掀起“再工业化”强劲潮流的实质。而欧美发达国家实施“再工业化”战略，实际上就是宣布所谓后工业化时代“神话”的破灭，宣布所谓发达国家经济结构“脱实向虚”是“现代化经济结构真正标准”这个伪命题的破灭。

» 第二节　美国的“再工业化”

奥巴马政府的“再工业化”

惨痛的教训使美国经济开始谋求转型，从过度依赖金融和虚拟经济重新转向实体经济。2008年，奥巴马上台后，为应对美国经济中制造业的危机，提出了“再工业化”的口号，试图扭转美国制造业衰落的趋势。为此，奥巴马政府一改自由市场理论，积极主动干预，实施了一系列力度空前的非常规财政政策和货币政策，把重振制造业、降低失业率作为美国经济复苏的突破口，明确提出“再工业化，制造业回流，五年出口倍增，降低失业率”等目标；以出口驱动取代消费驱动，通过财政支持、贸易保护等手段重塑制造业，尤其是高端实体制造业。

美国的“再工业化”战略，实质上就是要让制造业回归美国，旨在重塑美国的实体经济。这是对之前美国业已形成的以科技研发、资本市场和高端服务业为主的虚拟经济和制造业日趋空心化经济形态的根本矫正。2014年，美国总统科技顾问委员会就指出，有三大原因促使美国重振先进制造业的领导地位：一是必须为美国创造大量高质量的国内就业机会；二是必须将美国的科研、高端服务业优势汇聚在美国本身的产业升级和领先方面，使它们能够发挥综合创新的协同效应；三是必须确保美国能够继续在高科技产业、新兴产业中的尖端技术领域保持领先地位，以保证美国能够继续保持全球霸权地位①。美国奥巴马政府提出的《先进制造业国家战略计划》指出，未来20年打造美国高端制造业，就是力争在各国新一轮先进制造业竞争中取得优势地位，其核心是统领高端制造业。

① 刘平：《奥巴马欲重振美国先进制造业领导地位》，《中国青年报》2014年3月6日第8版。

奥巴马政府提出的“再工业化”目标，最具标志性的是2010年8月11日生效的《美国制造业振兴法案》，该法案旨在帮助美国制造业降低生产成本，增强国际竞争力，提振实体制造业，创造更多就业岗位。自2009年底开始，奥巴马政府发布了一系列关于美国“再工业化”规划的关键文件。奥巴马在2012年的国情咨文中更是详细阐述了“制造业回归本土”“技术密集型新兴产业”“更为强硬的贸易措施”等内容，涉及税收、补贴、法规修订等多个方面。

奥巴马政府以能够创造大量就业岗位的制造业为抓手实现美国经济复兴的政府战略选择打算分三步走：短期目标是遏止企业大面积破产、员工大批失业等经济下滑的颓势；中期目标是实现实体经济尤其是制造业振兴，让美国人快速回到工作岗位，引领经济进入复苏轨道；长期目标是加大投资和创新力度，发展新兴制造业，抢占未来国际竞争制高点，并以此为基础构建全新、强劲、更具竞争力的美国经济。而以2010年的“出口倍增计划”（五年内出口翻一番）为代表，“增加投资，拉动就业，推动制造业复苏”成为这一时期美国经济的重中之重。

奥巴马政府积极发展高附加值的先进制造业、智能制造产业、新能源产业、生物技术产业、信息产业等新兴产业，旨在重新拥有具备强大竞争力的新工业体系。美国正式启动高端制造计划，包括在纳米技术、高端电池、新能源技术、新材料技术、生物制造、新一代微电子研发、高端机器人等领域加强攻关，这将推动美国高端人才、高端要素和高端创新集群发展，并保持在高端制造领域的研发领先、技术领先和制造领先。

2011年美国研发投入占到全球份额的33%左右，2012年美国再次增加了国家科学基金会、国家标准与技术研究院所等重要科学部门的预算，开发先进制造技术，并启动先进制造技术公会项目，该项目旨在采用公私合作伙伴方式来增加制造业研发投资，缩短从创新到投放市场的周期，以尽快抢占新一轮全球经济增长过程中的高端产业和价值链中的高端环节。

特朗普政府的“再工业化”

对特朗普个人而言，“再工业化”承诺是其胜选的关键。在竞选过程中，特朗普一方面将炮火对准华盛顿与华尔街的政治、金融精英，另一方面主打“美国制造”来深挖民主党阵营传统票仓。

在特朗普看来，美国实体经济不振的根本原因在于美国经济遭到“掠夺”，以中国为主，包括日本、德国等欧洲贸易伙伴在内的这些国家，都在以操控汇率的方式绞杀“美国制造”的竞争力，进而导致美国对贸易伙伴出现巨额贸易赤字，从而对美国的制造业造成巨大伤害，并且抢夺了美国工人尤其是“白人兄弟”的饭碗。对特朗普团队而言，只有通过强硬手段与以中国为主（也包括日本和欧洲一些贸易伙伴）的国家打贸易战，对以中国为主的国家的高端产业进行全面打压、封锁，对凡是对美国制造业和高端产业、高端技术有威胁的企业进行“长臂管辖”，让所有这些对美国制造业和高端产业、高端技术有威胁的经济体“服软”，美国的实体经济才可能真正走上复苏道路，美国的霸权地位才可能得到保持和巩固。

此外，对于美国的国内企业，特朗普也运用“胡萝卜加大棒”的两手策略。一方面，为了扶持美国制造业发展，特朗普将联邦企业所得税税率从之前的35%降至15%；另一方面，以恐吓的方式抑制就业机会和投资外流。例如，特朗普批评美国通用汽车公司将工作外包给工资较低的邻国墨西哥，威胁要对通用汽车公司在墨西哥制造的紧凑型汽车征收“巨额边境税”，同时提议对美国企业的海外利润一次性征收10%的税收，以此将流到海外的制造业重新带回美国。

拜登政府的“再工业化”

拜登执政后，明确提出中国是唯一能够综合运用经济、外交、军事和技术力量对美国造成持续威胁的战略竞争对手，应对中国“挑战”已成为美国政界和学术界涵盖左派、中间派、右派的基本共识；拜登政府还变本加厉地对中国采取单边主义和霸凌主义做法，无限度地对中国的经济和高科技实施打压。

但拜登政府有一点与特朗普政府不同。特朗普政府在采取对华强硬政策的同时，也在不断疏远和制裁盟友，而且从国际组织中不断“退群”。然而拜登上台后，重新拉拢组织盟友和伙伴建立“抗中联盟”，并联合盟友与伙伴更新其在国际组织中的角色，以挽回被特朗普损害的美国在“友邦”中的声誉，从而进一步全面巩固和扩大美国对华的全球战略优势。

此外，拜登的“再工业化”政策，强调国内加大基础设施改善力度、扩大社会性支出和重建美国高科技产业经济等“重建更美好世界”的国内经济再增长计划，通过加大对国内基建及对未来全球产业发展具有核心意义的芯片、可再生能源、新材料、生命科学等技术、产品和关键行业的投资，来提升美国的国内经济竞争力，以“极限竞争”的思维和“小院高墙”的方式在科技领域与中国展开战略竞争，加大对核心科技的保护力度，拉开与中国的技术差距，以维持对中国的长期竞争优势。

美国推出“再工业化”战略后的经济回升效果

2008年奥巴马上台后提出了“再工业化”的口号，实施了一系列力度空前的非常规财政政策和货币政策，明确提出“再工业化，制造业回流，五年出口倍增，降低失业率”等目标后，在其执政的8年间，美国逐渐走出经济衰退，制造业就业规模开始扭转原来的颓势，截至2015年，制造业就业累计新增70万人，道琼斯工业平均指数上涨了10000多点。国内的贫困人口占比出现下降，就业岗位连续75个月增加，4.9%的失业率位于9年最低点。

2011年，美国出口额达到创纪录的1.27万亿美元，而制造业产品约占出口总额的60%。美国2014年的商品出口总值相比2010年增长了27%，虽然未能实现2010年奥巴马提出的“出口翻番”的目标，但商品贸易逆差总额小幅收窄。

自2009年开始，美国企业把生产线从低工资国家迁回美国的报道就屡见于报端。2011年底，苹果公司斥资5亿美元在北卡罗来纳州建立数据中心，还将iPhone 4和iPhone 4S的内部芯片放在三星的得克萨斯州工厂制造。无独有偶，福特也宣布把1.2万个工作岗位从墨西哥和中国迁回美国。

波士顿咨询公司（BCG）发布了一系列研究报告，认为美国制造业回流是一个很重要的趋势；在BCG2012年4月主导的一项网上调查中发现，公司价值超过100亿美元的美国企业中，有37%正在着手或考虑将其产品生产从中国移回美国；2014年4月，BCG又发布了一份制造业竞争力指数报告，美国排名第二，仅次于中国。

» 第三节 “再工业化”成为当今欧美发达国家的共同选择

事实上，欧美发达国家的国情不同，其“去工业化”与“再工业化”的过程和程度也不尽相同。

在美国启动重振制造业计划的同时，欧盟各国政府也制定并实施了重振工业或打造未来工业的政策。欧盟各国政府在重振制造业上的努力大约开始于欧债危机最严重的2011年，其初衷是应对新兴工业国特别是亚洲制造业的崛起对欧洲制造业的冲击。因为据测算，欧洲工业产值虽然只占欧洲国民生产总值的15%，但80%的创新和75%的出口都来自工业领域。在认识到“去工业化”的危害后，欧盟各国推出各自的工业振兴计划，其中德国提出的“工业4.0”战略在全世界引起极大的反响。当然，欧元区制造业的反弹并非德国一枝独秀，法国、意大利、西班牙等欧盟大国制造业近年来也日益好转，持续处于扩张状态。

德国的“再工业化”

在欧美发达国家中，德国是一个从始至终都重视制造业的国家。一方面，“德国制造”闻名世界，德国的工匠精神成为其最优秀的历史传承；另一方面，德国政府历来极为重视制造业并给予极大的政策支持。德国联邦政府和各州政府均大力支持高校、研究中心等有助于制造业创新的各类机构，各州政府还对此类机构给予适度的财政补贴，以强化研发型、技术型人才保障。

因此，自20世纪70年代起，虽然受美国、英国等国家的影响，德国的经济开始出现由工业化转向第三产业化的结构调整，但与美国根本不同的是，德国的第三产业中金融业占比较小，而相当大一部分都是与第二产业联系更为紧密的工业服务业。这一点也足以说明，德国在欧美发达国家中对制造业的重视程度要远高于其他国家。

随着全球经济形势的变化，德国同样受到“去工业化”后产生的问题困扰，特别是后发优势国家的赶超，给德国本土制造业尤其是劳动密集型制造业造成了很大的竞争压力，这也迫使德国开始实施自己的“再工业化”计划。为此，德国政府颁布了诸多举措以带动德国工业的稳步发展，其中，2013年颁布的工业4.0战略以及2019年颁布的《国家工业战略2030》为世界所关注。德国的“再工业化”更加注重技术密集型产业和新兴产业。

法国的“再工业化”

2013年，法国经济部推出“新工业法国”计划，梳理出智能汽车、机器人研发、新式高铁等34个优先开发项目。然而，近2年来，这一计划虽取得一些成果，但广撒“胡椒面”的弊端日益凸显，优先开发项目太多，反而导致核心产业发展动能不足、方向不明。

2015年，法国经济部再出新政，对原来“新工业法国”的“再工业化”计划进行大幅调整。“新工业法国”Ⅱ计划出现一个值得关注的新动向：法国的“再工业化”开始效法德国。通过此次调整，法国“再工业化”的布局优化为“一个核心，九大支点”。“一个核心”就是所谓的未来工业，主要内容是实现工业生产向数字化、智能化转型，以生产工具的转型升级带动商业模式转型。“九大支点”包括新能源开发、可持续发展城市、环保汽车、网络技术、新型医药等，一方面旨在为未来工业提供支撑，另一方面重在满足人们日常生活的新需求。

时任法国经济部部长马克龙在官方文件中明确声称，通过这一调整，法国未来工业的发展方向就是能够与德国“工业4.0平台”自然对接。同时，在具体操作上，法国政府也制定了学习德国的详细路径。

法国调整“再工业化”计划，旨在在本国产业向数字化生产转型和推广机器人使用等方面学习德国，加强两国在新型制造业多个领域的合作，从而加强法德在欧洲“再工业化”进程中的轴心作用，引领欧盟新的智能化技术革命，推动欧盟保持和提升在先进制造业方面的优势。

英国的“再工业化”

英国是世界上第一个开始工业革命的国家，曾有着“现代工业革命的摇篮”和“世界工厂”的美誉。但是到了20世纪80年代，英国政府开始推行“去工业化”战略，通过对产业结构进行再布局和重新调整，不断压缩钢铁、化工等传统制造业的发展空间，将汽车生产等许多传统产业迁移到劳动力和生产成本都比较低廉的发展中国家，而集中精力发展虚拟经济。1990年，制造业在英国经济中的比重还有22%，而到了2008年世界金融危机前，这一比例还不到10%；工业从业人员也从20世纪80年代中期的500多万人下降到不足300万人。当世界金融危机袭来时，英国遭受重创，经济陷入深度困境，政府这才恍然大悟，意识到强大的工业才是发展的硬道理，才是强国富民的根本，而虚拟经济如同浮萍，经济发展任何环节的小小风暴，都会使它遭受毁灭性的打击。因此，世界金融危机爆发后，英国的政府官员、研究机构和专家学者等纷纷呼吁重新回归制造业。英国商会主席弗罗斯特强调："工业在英国遇冷多年，人们一窝蜂地涌向服务业，英国经济严重失衡，英国需要一个强大的工业，政府应该转变理念，重新出台新政策。"在此背景下，"再工业化"被英国政府提上日程。根据英国制造商协会2011年公布的统计数据，约有1/7的英国生产商正在将生产业务迁回本土。

2017年11月，英国政府发布《工业战略：建设适应未来的英国》（工业战略白皮书），其核心内容有二：一是增大制造业在经济结构中的比重。为此，英国政府重点扶持制造业，并将已经转移到其他国家的工厂、生产线和业务越来越多地搬回本国，以图恢复昔日"世界工厂"的雄风。二是打造高端制造业，在创新、升级上做足文章，从而更好地适应新形势发展，以抢占制造业新的制高点。

» 第四节　可供中国香港借鉴的欧美发达国家"再工业化"主要经验

综观欧美发达国家这些年来的"再工业化"举措，我认为，有三条共同的做法和经验值得中国香港"再工业化"学习和借鉴。

第一，制定顶层战略规划。

近年来，美德英等欧美发达国家推进"再工业化"很重要的一条经验就是制定本国工业发展规划，致力提升制造业在国民经济中的比重，维持本国制造业在全球或区域制造业版图中的领导或领先地位，扩大提高制造业的就业规模和岗位收入，使制造业成为解决就业问题、促进地区繁荣的基础。值得注意的是，这一点恰恰与这些国家长期以来倡导的政府不干预企业和市场的自由市场经济理论相悖，而与它们经常批评的中国强政府体制以及重视制定战略规划和产业政策来引导国内相关产业发展的做法相一致。

比如，自2009年底开始，奥巴马政府发布了一系列关于美国"再工业化"规划的关键文件。特朗普政府更是明确将发展美国制造业，扩大制造业就业规模，"让美国再次伟大"作为施政纲领。2018年10月，美国白宫发布《先进制造业美国领导力战略》，提出"实现美国在各工业行业保持先进制造业的领导力，以确保国家安全和经济繁荣"的总目标，并从新技术、劳动力、产业链三个维度来确定三大分目标。拜登政府同样通过和发布一系列总统令和法案，强化美国的"再工业化"政策，强调加大基础设施改善力度、扩大社会性支出和重建美国高科技产业经济等经济增长计划，通过加大对国内基建及对未来全球产业发展具有核心意义的芯片、可再生能源、新材料、生命科学等技术、产品和关键行业的投资，来提升美国的经济竞争力。

又如，2010年7月，德国政府推出《德国2020高技术战略》，将旨在保持"德国制造"国际竞争力的"工业4.0"列为十大未来项目之一。这个战略分为两大主题：一是智能工厂，重点研究智能化生产系统及过程，以及网络化分布式生产设施的实现；二是智能生产，主要涉及整个企业的生产物流管理、人机互动以及3D技术在工业生产过程中的应用等。德国的这一战略被国际上称为德国的"工业4.0"战略，并认为"工业4.0"是继机械化、电气化和信息技术之后，以智能制造为主导的第四次工业革命。"工业4.0"主要是指通过信息通信技术和虚拟网络-实体物理网络系统的结合，使制造业向智能化转型，实现集中式控制向分散式增强型控制的基本模式转变，最终建立一个高度灵活的个性化和数字化的产品与服务生产模式。2018年9月，德国政府发布《高科技战略2025》。该战略聚焦三大行动领域，即"解决社会挑战""构建德国未来能力""树立开放创新和冒险文化"。2019年2月，德国发布《国家工业战略2030》，总体目标是稳固并重振德国经济和科技，保持德国工业在欧洲和全球竞争中的领先地位，并提出到2030年德国工业增加值占GDP比重提高至25%、占欧盟国家比重提高至20%的具体目标。

再如，2017年11月，英国政府发布《工业战略：建设适应未来的英国》（工业战略白皮书）。白皮书从劳动生产率、盈利能力和创新能力三个角度出发，从重视研发投入、重视基础设施建设和重视营商环境三个维度具体实施，通过重视创新的各项条件，实现创新能力的提高，继而推进劳动生产率的提高，并最终提高企业的盈利能力和职工的收入水平，旨在让英国到2030年发展成世界上最具创新力的国家。

还如，2013年，法国经济部推出了“新工业法国”计划，梳理出智能汽车、机器人研发、新式高铁等34个优先开发项目。2015年，法国经济部再出台“新工业法国”Ⅱ计划对原“新工业法国”计划进行调整，将法国的“再工业化”布局优化为“一个核心，九大支点”。2016年2月，法国又公布了未来工业标准化战略。这一系列顶层战略规划的主要内容，就是要实现工业生产向数字化、智能化转型，加强法德两国在新型制造业多个领域的合作，从而加强法德两国在欧洲“再工业化”进程中的轴心作用。

第二，大力吸引制造业回流。

从欧美发达国家所采取的“再工业化”举措中，我们看到一个共同的重要行动，那就是要让制造业回流到本国，而不是本国政府加大各种政策力度，把更多的资金和科研成果投入位于境外地区的本国制造企业中去。这是对“再工业化”的一个根本认识。

欧美发达国家通过很多措施引导企业回流本国。欧美发达国家通过减税来减轻企业负担，引入国际资本，促进制造业回流。财政政策是美国推进“再工业化”的核心政策，特朗普政府通过大力度的税收改革吸引制造业回流美国本土。2017年12月，美国出台《减税与就业法案》，将企业所得税最高税率从35%降至21%，这是美国税收制度30多年来最大幅度的修改；同时对美国企业的海外利润一次性征税后，允许其将海外利润汇回美国，鼓励美国跨国企业将资金回流美国，增加美国本土投资，进而实现重振美国制造业的目的。2017年，英国将企业所得税税率从之前的20%降至19%，并从2020年4月1日起降至17%。其他国家也纷纷通过提供更具竞争力的税收环境降低企业经营成本，吸引制造业投资。2018年，经济合作与发展组织（OECD）成员的平均法定税率已降至23.7%。

除减税外，美国还通过其他四种方式来实现本国制造业生产能力的恢复和增强，有些措施尽管不是实际地把海外企业迁回到本土，但从加强本土制造业的意义上来看，也不失为一种制造业回流的特殊方式。

一是直接引导境外企业回流。这种方式是美国制造业和国内供应链发展的最优选择。比如，美国两家大型丁腈手套制造企业——联合安全技术公司和仁科公司的制造业回流，不仅推动了美国制造业发展，还增加了美国从贸易伙伴购买原材料和零部件的数量。

二是吸引外企在美国直接投资。该方式同样有助于美国制造业发展和供应链提升。美国自2010年以来从海外召回的130万个工作岗位中，约有50%可归于外企在美直接投资。在填补供应链缺口时，外企直接投资往往是产品和工艺技术的最佳来源。比如，宝马、丰田、奔驰等大型外企在美国直接投资建设的汽车装配厂为美国吸引了许多来自上述企业所在国的供应商前来投资，LG集团等外企则选择与美国本地的通用汽车公司进行合资建设，这些都有利于美国的制造业发展。

三是近岸外包。从本质上来说，美国的近岸外包主要是指面向加拿大和墨西哥等邻近国家的外包。墨西哥的劳动力成本比竞争对手更低，是美国服装和其他组装业务（包括航空航天和汽车）的绝佳劳动力来源。美国将原面向亚洲的离岸外包转变为面向墨西哥的近岸外包，从而大大有助于改善美国的出口状况，增强其国内供应链，事实上也达到了制造业回流的效果。

四是通过采用新技术降低制造业企业成本①。2014年6月，美国总统行政办公室发布了一份题为《美国制造：美国制造业的创业和创新》的报告。该报告指出，美国制造业在扶持和驱动美国创新、增强制造能力方面起了关键作用，"新的技术正在降低企业设计、测试和生产新产品所需的花费并缩减了时间，从而给美国的制造业创造了新的优势来源"。

总体来说，美国制造业回流的趋势正不断增强。2010—2021年，因美国本土企业回流和外企在美直接投资而产生的新工作岗位数量已经从6000个增加到近26万个。美国在2021年的制造业就业人数比之前所作预期高出近600万人。

此外，全球新冠疫情暴发，导致各国供应链产生巨大压力甚至断裂，也加剧了欧美各国制造业回流的势头。疫情期间和疫情后，美国又有大批企业回流。有数据显示，疫情后，来自回流企业和外企的投资公司达1484家，创下美国近年来

① 《闫哲|美国制造业回流态势及其对策》，https://www.163.com/dy/article/HEE92T770515E3KM.html，2022年8月10日。

的最高纪录。这次危机显然已经让美国意识到本土制造业薄弱的缺陷，所以才会更加积极地召回企业。跟踪企业回流趋势的美国非营利组织“回流倡仪”2022年发布的报告显示，2021年美国企业回流的趋势有所加快，当年美国有望通过企业回流或外商直接投资增加22万个就业岗位，高于2020年16万个的最高水平。“回流计划”旨在促进企业回流并帮助制造商在美国国内建厂。报告还称，2021年上半年新增的就业岗位中，通过企业回流新增的岗位占62%，其余部分是外商投资创造的新岗位。新增就业岗位最多的领域包括芯片、电动车电池、个人防护装备（PPE）、药品和稀土，这些行业的全球供应链在过去2年出现了中断。按照美国有关机构所言，从中国回流的企业占据美国回流企业总量的46%，其次就是墨西哥、加拿大以及印度。

除美国之外，欧盟也推出了一系列欧洲工业复兴的“再工业化”计划。早在2013年11月25日，《金融时报》就报道称，英国商业部下属的制造业顾问服务协会对500家中小企业的调查表明，15%的受调企业计划将位于中国等地的生产转移回英国国内，仅有4%的受调企业计划将生产转移到海外。报道表明，虽然制造业回流规模还不大，但趋势在加快。对于回流的原因，26%的受调企业将海外生产成本上升列为首位，改善质量和减少交付时间也是主要考虑因素。该协会主席表示：“五年前，很多英国企业将生产转移至远东和东欧，现在越来越多的企业倾向于回国生产。”英国主要零售商之一约翰-路易斯（John Lewis），计划在未来2年内将英国制造商品的销售比例提高15%。电子商务企业Bathrooms.com正将半数订单从中国转向英国米德兰地区，借此将从设计到交付的时间由6个月减少至6周。不过，卡特彼勒公司正计划将小型柴油机生产从北爱尔兰转移至中国。该调查还显示，英国制造企业的信心正在恢复。56%的受调企业在过去半年中增加了销售额，51%的企业计划扩大对生产设备的投资，较1年前增长了10个百分点。

新冠疫情也加快了日本“再工业化”和将产业链回流国内的进程。2020年4月7日，日本政府公布即将实施史上最大规模的经济刺激计划，其中有22亿美元集中用于鼓励提高日本本土的生产制造能力，并且试图将具有生产制造能力的产业从中国迁出，回到本土发展。

第三，加快科技创新，抢占新一轮产业革命制高点。

欧美发达国家的“再工业化”还有一个共同点，那就是通过“再工业化”加快科技创新，抢占新一轮产业革命的制高点。

2018年10月5日，美国发布《先进制造业美国领导力战略》，强调美国在全球科技创新中居于领导地位，提出开发和转化新的制造技术，教育、培训和集聚制造业劳动力，拓展国内制造供应链的能力三大战略目标，并提出智能与数字制造、先进工业机器人、人工智能基础设施、高性能材料、半导体设计供给和制造等13个优先支持领域。

2018年9月5日，德国政府颁布《高科技战略2025》，确定了12个重点工作领域，明确跨部门的综合性科研与创新政策目标、重点以及阶段性标志成果，确定了德国政府未来几年科研与创新政策的战略框架。2019年5月8日，德国总理默克尔提出到2025年使研发支出占GDP的比重提高至3.5%的目标。

2017年1月，英国公布现代工业战略“绿皮书”，并出台一系列促进科技创新的举措来实现战略目标，其政策核心是加大对科研和创新的投资。应对策略包括：加大研发投入，确保英国科研继续在世界上领先。2020—2021年，追加47亿英镑投入，相当于政府研发支出增长20%，通过政府投资和改进税收政策拉动私人投资科研和创新。

另外，新冠疫情也再次推动了全球产业链数字化和智能化升级，提高了数字解决方案、工具和服务的使用率，也加速了全球经济向数字化过渡。数字经济改变的不仅仅是经济模式，还将改变人的思维方式和行为习惯，智能制造和制造智能装备更离不开数字化技术的支撑。因此，数字经济将会为欧美经济的发展尤其是为制造业的转型升级带来革命性的动力。当前世界正迎来以大数据、云计算、人工智能、数字制造、工业机器人等为特征的新一轮科技革命和产业变革，未来欧美各国产业结构转型升级将更多地依靠技术创新来实现。

为实现这一目标，欧美各国将通过技术创新改造提升传统产业、加快发展现代服务业，促使各个领域向着绿色化、精致化、高端化的产业制高点迈进。同时，欧美各国还在加快推进数字基础设施建设，升级互联网和移动通信带宽，发展数字经济、数字金融；促进数据资源整合，开发大数据分析价值，并重视数据安全防护工作；通过知识产权保护，激发创新活力，确保创新成果更快地推广和分享。

为实现这一目标，欧美各国还大力激励私营部门创新。包括：加强研究与实验税收抵免；支持创新的企业家；确保适当的创新框架条件；将公开的政府数据授权给创新人员；从实验室到市场，资助研究商业化；支持区域性创新生态系统的发展；帮助创新的企业在国外竞争。在全球一体化及建设创新型国家的大环境下，创新人才培养也已上升到国家教育战略高度。各国纷纷出台人才培育计划，通过奖励激发民众的创造力，并依靠多种方式挖掘创新人才，造就新一代具有高度科学素养的国民[①]。

① 黄剑辉、李岩玉、董运佳、郭晓蓓、王润、黄赫、施元雪、刘昊：《欧美“再工业化”最新进展及对我国的启示与借鉴》，https://www.sohu.com/a/398509720_618573.html，2020年5月29日。

第四章

香港经济的『再工业化』

» 第一节　香港错失回归后产业科技转型良机

香港“数码港”计划的失败

香港回归初期的世纪之交，正是信息科技产业革命火爆全球之际。香港特区政府也推出了发展信息科技的产业规划，提出要建设占地24公顷、投资158亿港元的“数码港”计划。如果当时香港能够抓住这次机会，可能会形成一次难得的产业转型升级。可惜的是，香港虽然资本雄厚，但由于“去工业化”造成的产业空心化，缺少能够发展出IT产业的龙头企业和相应的产业链、供应链等产业环境；同时政府既没有真正地实施规划与政策，也没有抓住这个难得的时机与当时正在轰轰烈烈搞IT产业的深圳和其他珠三角地区开展科技领域和产业领域的合作，甚至没有很好地利用香港在全球具有优势的高校资源，致使香港的信息科技发展计划浮于表面，脱离产业发展核心，既没有发展出相应的企业群，也没有找到合适的市场，更没有开发和生产出有影响力的软硬件产品，最终结果是又发展成了一个房地产项目。

2005年3月《南方周末》发表的一篇文章，很生动地描述了香港“数码港”计划的遭遇。文章说，在遭受亚洲金融危机后，时任香港特首董建华认识到了香港的产业空心化问题，他试图发展新型的制造业，推出“中药港”“数码港”等计划，并试图重振电影工业，意在推动香港成为国际信息科技中心，并帮助香港向高附加值的产业升级。但由于这些项目投资巨大，回报期漫长，又不可能由政府的公共支出来承担，因此他期望香港的大公司承担起历史使命。于是香港“数码港”计划就落在了盈科集团肩上。盈科集团当时提出总投资140亿港元建“数码港”的计划，使香港成为互联网新经济的“神话之城”。盈科集团的并购活动轰动全球，移动互联网公司（TOM）上市亦盛况空前。然而，这一领域里最有野心、最理想化的传奇故事最后却以幻灭收场，最终的结果是科技股变成了令人嘲讽的“科幻股”，变成了实实在在的又一只地产股①。这也说明香港业界对信息科技产业革命的战略眼光和考量水平完全没有跟上IT时代，大大落后于内地和国际先进水平，从而反映了香港科技与产业基础落后的严重缺陷。

香港错失内地制造业产业升级的良机

香港产业转型痛失的另一良机是2000年后内地企业开始的制造业产业升级。

如前所述，20世纪90年代，港资企业在内地尤其是珠三角地区的制造业中占有极重要的地位，但是总体产业水平不高，属于劳动密集型的加工贸易企业，主要生产出口到欧美市场的贴牌和代工产品。1997年亚洲金融危机后，整个内地尤其是珠三角地区（如深圳）的制造业迅速走上了发展高科技产业和自主生产、自主创造之路，如果广布珠三角地区的香港企业能够及时跟上这股技术升级的潮流，香港的制造企业和产业也会有很大的发展。但香港商人和企业家历来有“赚快钱”的传统，注重的主要是生产订单和市场营销利润，对企业研发缺少本能的兴趣和关注。特别是由于背靠中国内地，在亚洲金融危机中，中国香港的企业不但没有受到大的冲击，反而获取了从韩国、新加坡和中国台湾大量转出的欧美国家的生产订单和产品市场。香港的企业既没有受到经济危机的打击，同时又有了轻松“赚快钱”的良机，所以在产业发展上根本“不思进取”。久而久之，内地制造业企业不断升级，而港资企业日益脱离技术大潮，原有的产业链优势逐渐瓦解，制造业水平至今仍基本停留在劳动密集型的加工贸易产业水平上。

韩国、新加坡和中国台湾这些原来的亚洲“小龙”，在1997年亚洲金融危机中经济受到沉重打击，在极其严峻的经济困境和挑战下，只能痛苦地抛弃过去那种产业模式，置之死地而后生，艰难地转向发展高科技产业的升级换代之路，最终得以成功。现在这些国家和地区的高科技产业、新兴产业、世界级企业和名牌产品都在世界崭露头角，甚至在某些领域雄霸一方。

① 李海鹏、余力：《董建华七年：1997—2005》，《南方周末》2005年3月17日。

» 第二节　2015年香港特区政府首提“再工业化”

2008年世界金融危机后，欧美发达国家都已痛感“去工业化”给国民经济带来的后患，掀起了“再工业化”浪潮。香港的虚拟经济有着同样的痛感和转变需要。

金融危机后，香港金融、贸易及旅游三大传统引擎先后放缓，香港经济过度依赖房地产和金融业的状况开始备受批评。香港工业总会2015年发布的《珠三角制造研究系列：香港工业未来的出路》指出，由于香港本土制造业都在内地，因此香港厂商进出口皆不经香港，要么将物料和机械直接运往内地，要么直接使用内地制造的设备，其产品亦不再经香港出口，令香港四大支柱产业中的物流业和贸易业不断变弱。

香港产业结构的这种变化还直接体现在就业人群的变化上：一方面是多年从事制造业的、缺乏高等教育的大量香港本地普通百姓；另一方面则是拥有高学历，可从事高增值、高水平服务行业的少数外来高端人群和年轻人。而就业人群变化的结果就是就业与收入的差距和社会贫富差距不断加大的残酷现实。为此，香港也开始希望进入“再工业化”新时期。

2015年11月，香港特区政府正式组建成立了创新及科技局，首次提出香港“再工业化”的目标，旨在统筹和推动科技发展，振兴高新技术产业。

2016年4月，时任香港特别行政区行政长官梁振英提出，面对激烈的竞争环境，工业创新刻不容缓，需要推动香港“再工业化”，并在当年的施政报告中提出，要推动香港“再工业化”，发展高增值科技产业和高增值生产工序，特别是智能生产和科技研发。施政报告还提出，要拿出超过46亿港元的拨款和基金等来支持香港的“再工业化”，其中预留20亿港元给香港特区政府创新及科技局，以投资收入资助高等院校进行科技研发及应用研究；另外预留20亿港元成立创科创投基金，以吸引私人风险投资基金投资于创科类初创企业；再预留6亿港元成立创科生活基金。

» 第三节 对香港“再工业化”的认识误区

虽然香港特区政府提出了“再工业化”的口号和目标，但是对香港“再工业化”之路应该如何走，各界众说纷纭，莫衷一是，其中还有不少认识误区。

认为香港不应“再工业化”，而应继续做大做强服务业

有学者认为，香港的产业结构不存在太大问题，未来也不太可能去实施“再工业化”。香港有广大的内地作为腹地，这可以帮助香港灵活地应对危机。香港应继续加大服务业的比重。

他们认为，那些认为香港要警惕产业空心化、香港在缺乏实体经济支撑的情况下难以应对突如其来的金融风险等观点，都是对香港的误解。在他们看来，香港的产业结构不存在太大问题，香港的主要优势在于它有内地作为腹地，因此，香港应继续巩固国际航运中心、贸易中心、金融中心地位，专门去服务内地的制造业等实体经济。另外，他们认为，寸土寸金的香港现在已不适合进行“再工业化”。这是因为：一是香港没有那么多土地，连发展创新科技、提供公屋的土地都比较稀缺，去发展占地面积较大的制造业就是空谈；二是香港并没有从事制造业的大量员工，相对来讲比较缺乏劳动力；三是从每平方米的产出来说，制造业的产出比是不划算的。

将香港“再工业化”理解为可利用网络在全球进行生产制造

有香港本土的官员认为，香港踏上“再工业化”之路，不是要将劳动密集型的低技术制造业搬回香港，而是要结合高端科技，发展智能化、高技术的制造业。他们认为，科技研发和制造不一定受地域限制。除了在本地推动科研和高增值制造业发展，也可以利用全球网络，善用不同地方的科研人才和融合不同地方的科研成果，并协调各地的生产线，将高增值的生产工序集中在香港进行。在香港特区政府的大力推动下，香港的创业生态环境不断改善，香港成为国际上增长最快的创业中心之一，不少海外的初创企业和人才都被香港优越的地理位置和营

商环境吸引，带着尚属雏形的产品甚或是“一条好桥”（粤语方言，指一个好主意、一个好创意）落户香港，将香港作为进一步研发和测试的基地，再配合内地的生产线，进军亚洲以至世界各地市场。一直以来，香港企业都成功利用这些市场优势，加上出色的供应链管理，有效地管理采购、生产、货运和营销各个环节，将世界各地的产品带到不同的市场。

这种观点实际上是认为，香港的“再工业化”不必将制造业回流香港，只要利用现代的全球网络，在香港建设研发、测试基地，把高增值的生产工序集中到香港，然后再利用内地及其他国家和地区的香港企业实际生产线提高产品的质量和产量，就可以实现香港的“再工业化”。殊不知，这样的“再工业化”与现存的产业空心化并无二致。

认为境外企业应算香港工业，也可作香港“再工业化”的基础

有观点认为，现时的经济数据未能全面反映产品制造过程中香港内外所作出的经济贡献。由于香港经济统计中将制造业局限于在香港有工厂登记的企业，而在产品制造过程中的生产性服务业，如设计研发、生产管理、品牌管理、检测、贸易、物流运输及售后服务等的产值则被整合在总体服务业内，导致公众无法准确解读香港工业的经济贡献。长远而言，中国香港应参考中国内地、中国台湾以及新加坡等经济体，修订统计方法，包括在服务业中再细分生产性服务业作统计，因应经济活动，适时更新行业分类，并收集离岸工业活动的数据等，方能全面反映香港工业的价值和影响力，作为制定“再工业化”蓝图及长远绩效指标的基础。

该观点还认为，香港人工成本高昂，完全没有竞争优势，而且工业用地不足，因此香港特区政府在推动“再工业化”时，只需集中鼓励高增值、智慧化的生产线回流香港，香港只要基础科研做得好，就可以跑“第一棒”，然后把应用科研成果转化和生产交棒给深圳和珠三角地区的其他城市，到了市场推广、专业服务和上市融资等香港较有优势的领域时可由香港重新接棒。

这种观点实际上是认为，现时香港工业的统计方法有误，不能只计算香港本土生产制造企业的产值，而要把在内地及世界其他国家和地区的香港制造企业的产值都统计进去，甚至要把香港本土为工业服务的生产性服务业产值也统计进

去，这样才能全面反映香港工业的价值和影响力，并将此作为香港推动“再工业化”的基础。也就是说，并不需要将制造业回流至香港，只要将香港的基础科研和专业化服务及市场营销做好，提升包括境外香港制造企业在内的香港整体工业在经济结构中的比重，就可以使“再工业化”成为香港新的经济增长点。

强调“再工业化”还要进一步做大做强高端服务业

有一种观点认为，香港只要尽量发展一些跟支柱产业有关的生产性服务业（比如产品检测、高档服装设计、健康产业等）就可以了。香港的“再工业化”就是要向知识型、服务型高增值产业转型，主要是创新科技产业、创意产业，以及知识型服务业。除了金融服务业外，科技服务、专业服务等都应是香港经济在转型过程中重点发展的方向[①]。

这种观点，实际上还是香港做大服务业在“再工业化”口号下的一个翻版，认为只要香港尽量发展一些金融服务、科技服务等生产性服务业，向知识型、服务型高增值产业转型，就是香港实现“再工业化”了。

将香港“再工业化”理解为主要是为粤港澳大湾区作贡献

2021年5月，香港生产力促进局总裁毕坚文在接受专访时表示，在国家“十四五”规划中，香港作为创科中心，希望由创科带动工业发展。现在，香港的创科土壤很好，香港生产力促进局致力为香港工商业界提供多元化的科技研发服务，引领数码转型，协助企业以“工业4.0”和“企业4.0”迈向“再工业化”，走出逆境，策划未来。近年来，香港生产力促进局致力协助港商通过物联网、机器人、大数据等高端技术进行“再工业化”。香港不但拥有国际认可的研究成果，也在粤港澳大湾区发展中担当“超级联系人”的角色，定能加快科技和产业升级。香港生产力促进局亦积极与本地及海外科研机构合作，推动粤港澳大湾区更多相关应用，构建智慧产业，为经济注入新动力[②]。

---

① 赵实、赵博文：《香江廿年⑦|香港经济转型：高增值创新科技产业是最好的出路》，https://www.thepaper.cn/newsDetail_forward_1718053，2017年6月26日。

② 何洁霞：《“再工业化”带领“香港制造”进入新里程》，《经济导报》2021年5月10日。

这种观点与前面所指出的一些误区观点一样，还是认为可以运用物联网、机器人、大数据等高端技术协助远在本土之外的大湾区港商，以此来实现香港的“再工业化”。

》第四节　香港著名学者对香港“再工业化”的两个重要观点

应与深圳合作建高科技产业园并吸引外商在港投资建厂

香港知名学者周八骏指出，推动香港“再工业化”，除了加快建设深港科技创新合作区外，另一途径是吸引西方跨国公司直接在香港投资设厂。因应美国政府调整其全球战略和对华战略，不愿意放弃中国大市场的西方大企业加快了直接投资中国的步伐。香港作为中国的一部分，已同内地在《内地与香港关于建立更紧密经贸关系的安排》（CEPA）框架内实现商品贸易自由化，有其规章制度上的优势，较内地大城市更能吸引西方跨国公司的直接投资。

他还建议，在大屿山近海填海造地，发展创新科技产业集群和相关企业集群。他指出，大屿山的地形地貌同香港岛被开发前的地形地貌是同一类，且是香港岛面积的约2倍，大屿山近海填海造地可由政府出资，大屿山建设创新科技产业集群和相关企业集群可由私人投资，尤其是吸引西方跨国公司直接投资。

他还认为，香港是自由港，西方跨国公司在香港投资设厂所需进口物资以及产品从香港输出，无须缴纳关税。这是香港与内地大城市相比的优势①。

香港只能靠中资企业来搞“再工业化”

香港著名经济学家陈文鸿2020年1月10日在《大公报》上发文指出，在今天，基本上不可能期望单靠香港特区政府与本地企业来突破当前困境。香港要突破困境只能借助外力，但这些外力必须对香港有归属感，有长期发展的决心和能力。香港不能靠外商，而只能依靠中资企业，以这些中资企业对国家和香港特别行政区的政治和社会责任、庞大的经济与国际力量来推动香港升级转型。一是以

① 周八骏：《中国扩大开放是香港再工业化契机》，《大公报》2018年11月15日第A12版。

此带动香港企业参与，为香港企业指出发展的方向与门路；二是以它们的成绩来倒逼香港特区政府改变态度，认真投入，改造香港“扭曲”了的经济结构①。

» 第五节　香港特区政府推进“再工业化”的若干重要举措

2002年香港首建科学园

香港科学园于2002年正式开幕，占地总面积22公顷，是一个以高科技及应用科技（包括电子、生物科技、精密工程、信息科技和电信）为主题的研究基地。截至2021年3月，园内共有23幢设备完善的大楼，建筑面积共40万平方米。该科学园与多家国际领先科研设备和软件的研发商合作，设置顶尖实验室，提供先进科研器材及技术专才。园内设有各类科研实验室，包括生物样本库及生物医学信息平台、机器人技术促进中心、传感器封装集成实验室等，为园区公司提供进行研发、整合、组装及验证的完善设备。2016—2021年，香港科学园已成功吸引28所由世界级大学和科研机构与香港本地大学合作创建的研发实验室进驻，园内科技和初创企业已由700家增至1000家，吸引了逾1.6万名创科人才。

与深圳市政府在河套地区合作兴建港深创新及科技园

2016年3月，香港与深圳达成了在落马洲河套地区开发建设港深创新及科技园的共识。2017年1月，在深港合作会议上，两地政府正式签署了《关于港深推进落马洲河套地区共同发展的合作备忘录》，明确联手打造港深创新及科技园。目前，位于深圳河河套地区香港一侧的港深创新及科技园正在兴建之中。这个香港当下面积最大的创科园区，相当于3个位于香港白石角的香港科学园，后者现有约900家科技企业和初创企业，根据香港特区政府发布的数据，这里培育了4家独角兽企业。即便如此，与深圳河北岸的深圳科创园区300公顷的面积相比，港深创新及科技园仍要小很多。因此，香港特区政府的选择在于通过全面融入国家发展，与深圳良性互动，促进科创产业发展，推动香港的“再工业化”。

---

① 陈文鸿：《香港产业升级转型急需助力》，《大公报》2020年1月10日第A12版。

建立创科园区，发展高科技产业

2017年6月，香港特区政府创新及科技局副局长钟伟强在接受媒体采访时，从基础设施、研发技术、财政支持、人才培训四个方面介绍了该局如何推进落实香港的“再工业化”进程。

基础设施主要体现在扩建香港科学园以及建设港深创新及科技园两个方面，尤其是后者——这座占地87公顷的科技园被称为香港历来最大的创科平台，未来有望发展成为先进的研发基地，助力香港提升制造能力。

研发技术主要体现为在香港的5所研究中心重点推进工业化相关研发，协助企业向高增值生产或“工业4.0”方向转型，并推动更多研发成果商品化；依托创新科技基金以及适当的税务和财政优惠，鼓励更多的私营企业进行研发。

财政支持主要体现在香港财政预算2016年在创科领域投放180亿港元，2017年又预留出100亿港元。

人才培训主要体现在着力培养跨行业、跨界的复合型人才，进一步激发青年潜力。香港还与美国麻省理工学院合作，在香港成立了该校的首个海外创新中心。

截至2016年底，香港已建有16所获科技部批准成立的国家重点实验室伙伴实验室以及6个国家工程技术研究中心香港分中心，香港特区政府每年还拨款1亿多港元支持香港与内地的大学机构合作与人才流动。

不走过去的老路，专注于高端制造

香港特区政府创新及科技局局长杨伟雄多次强调，香港“再工业化”并非走回头路，更不是让劳动密集型的传统制造业回流香港，“再工业化”是建立高增值的制造产业，这才是香港“再工业化”的内涵。杨伟雄认为，香港“再工业化”进程有四大方向：一是扭转“去工业化”的趋势，推动工业研发、工程设计及高增值产业发展；二是释放人力资源或劳动力，从事高增值工作或工序；三是协助现有行业利用创新及科技升级转型；四是创造新的先进制造业及完整的产业链，如生物医药、机器人技术、智慧城市、金融科技等，并制定相关的发展标准，搭建相关的平台[①]。

① 张庆波：《“再工业化”，为香港未来发展储能》，《人民日报》2018年6月7日第020版。

与德国成立科创中心

2018年10月11日，香港生产力促进局与德国弗劳恩霍夫生产技术研究所合作成立的科创中心在香港开幕。时任香港特别行政区行政长官林郑月娥出席开幕式并致辞。

林郑月娥表示，科创中心的成立是一个好时机，香港特区政府正大力推动香港“再工业化”。林郑月娥在2018年施政报告中也提出，将投入20亿港元设立“再工业化资助计划”，并拨款20亿港元给香港科学园，以资助生产商在港发展智能生产线。

当天，香港生产力促进局宣布推出三项新措施，包括弗劳恩霍夫生产技术研究所在德国境外设立的首个科创中心正式启用。科创中心将有2名德国专家驻场，为中小企业创办工作坊，帮助香港公司由代工生产转型为自有品牌生产，以助企业采用创新工业技术，建立“香港制造”的品牌。这一计划预计每年能够助力20～30家企业。

同时，香港生产力促进局与国际著名学府德国亚琛工业大学科技学院签署合作备忘录，在香港科学园成立人工智能及机器人研发中心，将针对智慧生产及智慧服务进行研发。

此外，香港生产力促进局还与香港13家主要商会及专业机构签署“再工业化和工业4.0”约章，提出共同促进粤港澳大湾区内企业“再工业化”和转型至“工业4.0”①。

兴建先进制造业中心和微电子中心

2020年香港特区政府分别在将军澳和元朗两个工业邨兴建了先进制造业中心和微电子中心。前者已于2022年4月建成开幕，后者将在2024年投入使用。根据媒体报道，从多家电子制造业企业反馈的情况看，这两个中心对于这些企业而言，是“具备吸引力的”。

① 年永刚：《香港生产力促进局采取措施推动香港再工业化》，https://baijiahao.baidu.com/s?id=1614028672986729812613348&wfr=spider&for=pc，2018年10月11日。

香港特区政府对香港“再工业化”的其他助力

香港特区政府的数据显示，第五届香港特区政府执政四年间，对于创科领域的总投资超过1300亿港元。林郑月娥在2018年的施政报告中表示，要保持良好势头，锐意建立更完整的创科生态圈，令“再工业化”植根香港，并与深圳以至粤港澳大湾区的创科发展相辅相成，使创科成为香港经济新动力，使香港成为“十四五”规划下的国际创科中心。为此，该届香港特区政府提出设想，在下一届任期内，将创新及科技局扩大为创新科技及工业局，凸显由创科推动香港“再工业化”的发展①。

2021年10月7日，香港特区政府创新及科技局局长薛永恒在记者会上发言指出，2021年的香港施政报告提出很多具有前瞻性和突破性的创科措施，为香港发展成为国际创科中心作出部署，包括增扩土地发展基建、推动研发汇聚人才等。科研发展需要基建作为支撑，过去几年香港特区政府不断投入资源。2021年施政报告还提到，香港科学园的扩展工程正全速进行，数码港第五期工程也已展开，同时，香港特区政府也正研究加快位于落马洲河套地区的港深创新及科技园建造工程。薛永恒认为，香港正处于创科发展的黄金时期，大量企业或本地初创企业需要基建协助发展，而香港已有足够的基建支撑创科及“再工业化”发展。在未来的10年至15年，香港特区政府还将推动更多基建落地②。

建立北部都会区大力度解决香港“再工业化”问题

2021年10月6日，时任香港特别行政区行政长官林郑月娥在香港特区立法会作任内最后一次施政报告。林郑月娥表示，香港特区政府会持续从基建、人才、资金、技术及科研五大方面推动“再工业化”，“令我们的产值链更为完备及经济更为多元”。要做到这一点，首先需要解决的仍是香港的空间和土地问题。于

---

① 《343万市民争领“黑科技口罩”香港力推高端制造“再工业化”》，https://static.nfapp.southcn.com/content/202005/20/c3552866.html，2020年5月20日。

② 《薛永恒：香港有足够基建支撑创科及再工业化发展》，https://www.chinanews.com.cn/ga/2021/10-07/9581081.shtml，2021年10月7日。

是在施政报告中，林郑月娥正式提出了北部都会区规划。

这是香港特区政府迄今以来解决“再工业化”问题最重要和最根本的举措，本书将在后面对此作专门的分析和解读。可以说，香港的北部都会区发展策略，是香港“再工业化”的一个划时代里程碑。

» 第六节　香港“再工业化”存在的主要问题

香港特区政府近年来对香港的“再工业化”作出了不少努力，也采取了一系列举措，但是从效果上看并不尽如人意，香港政界、商业界和学界为此提出了一些诉求与批评。

香港业界对政府的诉求与批评

香港特区政府在2016年的施政报告中提出“再工业化”；2017年4月宣布成立创新、科技发展及“再工业化”委员会，旨在从较高层次统筹推动创科发展及“再工业化”；2020年7月推出“再工业化资助计划”，以配对形式资助生产商在香港设立新的智能生产线。可以说，政府在基建、资金等政策上提供了支持，奠定了一定的基础，但因欠缺具体的规划和发展指标，导致推动产业时政策过于零散，具体措施落实力度不足，总体发展进度缓慢。因此，即使“再工业化”政策已提出多年，制造业在2021年的香港本地生产总值中仍只占不到1%，金融、旅游、贸易及物流和专业服务四大产业却继续占香港本地生产总值的60%。

2022年5月，香港特区立法会通过了陈祖恒议员提出的“制订全盘工业蓝图，推动香港工业发展”的议案，促请香港特区政府抓住机遇，推动科研及工业技术融合，将科研成果商品化，敦促2022年第六届香港特区政府新成立的创新科技及工业局[①]推出措施推动香港工业发展。

① 这是香港特区政府多年来第一次在创新科技机构的名称中加上“工业”的概念，也说明香港特区政府对“再工业化”在认识理念上的进步。

陈祖恒认为，全球工业及科技急速发展，工业结合创科发展是大势所趋，多个地区、国家或城市均采取主动、进取的策略，制订全面及长远的工业发展蓝图，优化税务政策及营商环境，以抢占世界市场。

香港特区政府应制订全盘及前瞻性的工业发展蓝图，优化各项工业及创科的资助计划及有关用地、人才、税务、法规等的政策；积极推动及支援工业上中下游（包括科研、应用、制造及生产性服务业等）的发展；优化"再工业化"政策，除支援智能生产的新兴工业外，亦支援传统工业的区域产业链进行"再工业化"，加大力度支援及推广本地设计和品牌，提升"香港制造"的地位，将之推广至国内和国际市场。香港特区政府还应从多方面推动香港工业融入国家工业的"十四五"规划。

香港商业界也纷纷通过不同渠道发声，呼吁香港特区政府聚焦及支持香港"再工业化"。这显示在经历了一段困难时期后，香港社会对经济复苏、再出发的期盼愈加强烈，业界积极探索工业与科技结合的新工业化道路，尝试改变香港单一的经济结构、找到新的经济增长点，并提出了清晰的需求和期盼。业界强调，需要香港特区政府改变过去政策零散的做法，从政府层面制订全盘及前瞻性的工业发展蓝图，持续积极地主导、支援和协助业界，并从市场、资金、人才和科技四个方面对症下药，利用好国家政策优势，发展香港特色的"再工业化"[①]。

陈文鸿教授2020年1月在《大公报》著文尖锐地指出，产业结构升级转型不可能用钱买回来，需要知识、资金、人才、战略、组织与国际关系和脉络。香港特区政府除了有充裕的财政储备之外，其余均欠缺，最后只懂得拨款成立基金，却无运作的战略、策略与步骤，也没有如新加坡、韩国那样成立公营科研机构主动地推动科研发展以带动社会发展。香港企业，包括在珠三角设厂的港商，则习惯了来样加工的"赚快钱"模式，没有长期发展的心态与规划，太过着重个人或家族的收益，没有企业观念，因而很轻视科研价值和不愿意投资于产品研发。政府官员如此，企业和投资者也如此，加上香港经济长期依赖金融业、地产业，回

① 《中评观察：香港冀从"再工业化"中寻出路》，http://gb.crntt.com/doc/1063/7/6/7/106376784.html?coluid=93&kindid=20691&docid=106376784&mdate=0528003412，2022年5月28日。

归20多年来，香港便白白浪费了产业升级转型的大好时机①。

香港“再工业化”面临的问题

第一，正如前文所述，香港特区政府在“再工业化”问题上缺乏长远的战略，没有制订全盘及前瞻性的工业发展蓝图，所制定的政策和规划过于短视和缺乏宏观政策指导，结果是政策赶不上变化、赶不上预期。香港特区政府只有制定长远的发展规划，重视工业的发展，使厂家有利可图，才能吸引企业回流。

第二，香港特区政府效率不高，事事要“等”。由于香港没有吸引企业回流的长远发展规划、有效政策和应有的效率，很多香港企业不愿回流设厂。对于企业来说，融资、投资优惠和部门沟通等都需要政府有很高的效率，这应当是政府整体政策的一个部分，政府不能期望只简单地制定优惠政策就能解决问题。在这一方面，新加坡的经验值得借鉴。在新加坡，政府各部门之间的沟通非常迅速。新加坡政府的专业部门与企业之间保持经常性沟通，政府有关部门只要认为企业的投资项目可行，便会给予相应的配合和优惠，这是一种整体的政策。

第三，自香港的制造业转移后，香港本土的投资环境出现了很大的变化，更多地开放给国际机构来香港投资，而对制造业来说，投资环境则更为恶劣。有香港企业家指出，对于资金密集型制造业来说，香港是没有发展条件的——因为银行宁愿贷款给人买楼也不愿意贷款给人买机器；即使贷款，买机器的利率也要高于买楼的。此外，实际上香港特区政府对在本土发展制造业也不鼓励，没有一个政府部门能为企业向银行作信贷担保，或作企业调查然后对银行作出承诺。银行向企业放款时主要是靠业务经理的评估，而香港银行的业务经理大多对工业认识不深，不能作出正确的评估。另外，香港特区政府虽然也拨款成立了基金，但却缺乏足够的运作战略、策略与步骤，很难发挥这些基金的作用。

第四，香港特区政府近年来力推的各种科技研发，欠缺与工业实体经济的结合。“再工业化”必须是工业实体与创科发展互相紧扣，应充分利用珠三角产业配套的优势，打造具有国际竞争力的香港本土产业链，重点打造香港自己的工业

① 陈文鸿：《香港产业升级转型急需助力》，《大公报》2020年1月10日第A12版。

品牌。与此相应的是，香港特区政府始终没有在招商引资和招才引智方面制定出完整配套的政策，各种扶持“再工业化”的政策和措施过于零散，所支持的“再工业化”企业也都是中小企业，不能形成龙头企业，并以龙头企业带动形成企业群和产业链。中国香港应该如新加坡、韩国那样成立公营科研机构以推动科研和产业发展，不能只靠政府官员来推动香港的“再工业化”。

第五，企业最看重的是成本，香港虽然也有工业园区，但地价和租金仍相对偏高，同时融资也不容易取得。除此之外，由于缺乏相应的产业配套，香港很多科研成果在商品化方面遭遇瓶颈，这同样是香港科创产业发展的一大短板。任何科研成果的商品化，都意味着需要找到投资者投资，产品必须获得市场接纳，但香港的科创企业缺乏产品落地生长的土壤，政府的政策支持都是针对研发阶段的，缺乏实际产业和市场的支持，因此产品一出来，创业者可能就会马上面临厂房租金昂贵、融资困难、管理及工程人才难求、产业配套不全等一连串难题，从而陷入坠落悬崖的绝境，导致香港实际产业的“再工业化”困难重重。

欧美发达国家之所以能够比较成功地实现本国的“再工业化”，最重要的是有三个共同点：第一，政府能够制定详尽的顶层战略、发展规划和一系列具体政策。第二，大力吸引境外的本国制造企业回流，而不是把更多的资金和科研成果再投入到位于境外的本国制造企业中去。尤其美国，除了通过减税或其他措施直接吸引海外的制造企业回流美国本土外，还大力吸引外企在美国直接投资，用这种方式来提升和发展美国的制造业和供应链；同时采用近岸外包方式，把原来置于世界其他地区和离岸外包的本国制造企业迁移到与本国边境一线之隔的墨西哥，事实上也达到了制造业回流的效果。第三，将科技创新与本土的产业提升相结合，从而抢占新一轮产业革命的制高点。

而这三点恰恰是目前香港“再工业化”的短板，导致香港尽管提出了“再工业化”的目标，近年来也作出了越来越多的努力，但是不仅收效不大，而且进度十分缓慢。正如香港学者陈文鸿所说，香港的这些短板问题靠自身的条件和资源根本无法解决，只能靠与内地的合作来解决，而最有效的解决方法，就是与毗邻的兄弟城市深圳进行全面和深度合作，这种合作不只是科研的合作，更重要的是高科技产业的合作。这也是本书要阐述的中心观点。

第二篇

深港合作的回顾、反思与新篇章

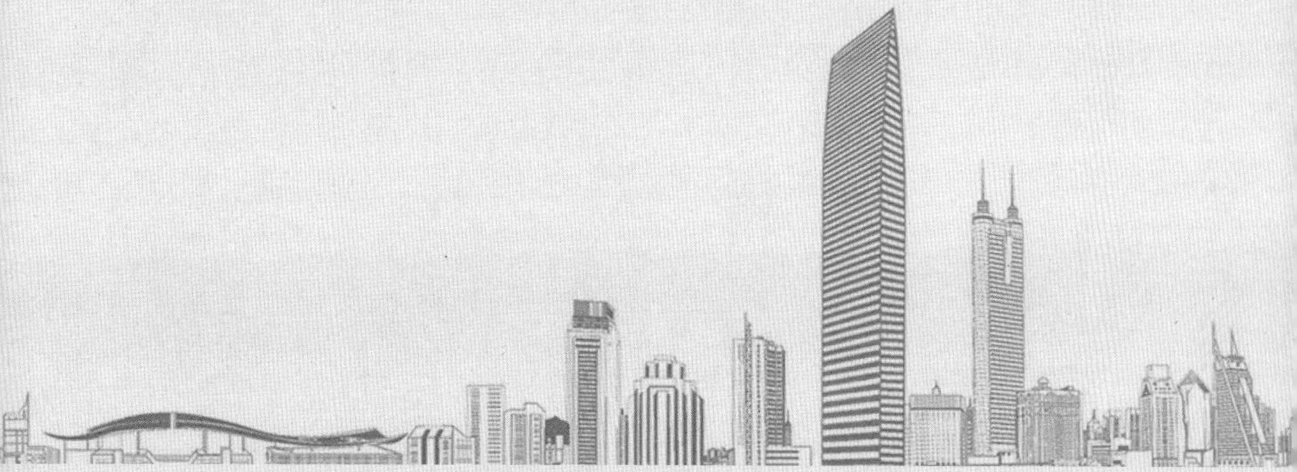

第五章

1980—2020年：深港合作40年进程回顾

» 第一节 深港合作的特殊性

自20世纪70年代末我国改革开放开启以来，香港就以其独特地位——当时内地与国际市场连接最重要的甚至是唯一的通道、纽带和桥梁——而受到内地青睐，成为内地各省（区、市）和各大城市争相合作的对象。粤港合作、浙港合作、冀港合作、闽港合作、川港合作、穗港合作、京港合作、沪港合作等屡见不鲜，而且几乎每个主要省（区、市）都在香港设有自己的办事处，进行宣传本省（区、市）、联络海外、招商引资等工作。这种热络的关系持续了很多年。然而，近10年里，随着内地的大开放和大发展，这种合作关系因香港地位相对下降、香港社会内部出现种种变化而逐渐冷淡下来。

只有深圳和香港合作与其他省（区、市）不同。根本原因是深圳与香港只有一河之隔，从深圳经济特区建立起，深圳就与香港紧紧地联系在一起，而且随着时间的推移，两地经济和社会生活的相互结合日益彰显。别的省（区、市）与香港的合作主要是在投资、贸易、技术、人才培养、文化旅游、基础设施等方面，甚至粤港合作、穗港合作也是如此。只有深圳，这种合作是一个共同都市圈的逐步形成，这才是深港合作最重要的特点，是深港合作不同于香港与内地任何其他地区合作的根本所在。

而这种共同都市圈的形成过程，是一种不以人的意志为转移的内在发展的客观规律。所谓深港合作，只是顺势而为，通过政府、民间、企业、市场等各方面的合作，采取更多更好的措施，来明确它、推进它、加速它、完善它。而一旦香港和深圳的优势相结合，形成一个真正的都市圈，它必然成为一个在中国乃至世界都熠熠生辉的国际大都市圈，为整个中国和世界的发展带来新的亮点，成为中国乃至世界经济增长的又一重要推动器。

» 第二节　香港对深圳的重要影响

香港是深圳早期改革开放的重要借鉴和榜样

深圳是中国建立的第一个经济特区，是中国改革开放的窗口和试验地，也可以说，中国的改革开放是发端于深圳的。而在深圳改革开放和建立社会主义市场经济体制的过程中，香港发挥了巨大的借鉴和榜样作用，这也是邓小平等中央主要领导人把中国第一个经济特区建立在紧邻香港的深圳河一侧的题中之义。

第一，深圳在全国率先探索和建立社会主义市场经济体制、充当全国改革试验场的过程中，均不同程度地借鉴了香港多元化、自由开放的市场经济模式。香港经验对深圳建立和完善市场体系、市场经济运行机制和宏观经济调控系统，均产生了不同程度的影响。

第二，深圳在发展成为全国对外开放格局中的重要窗口和进入国际市场的通道时，不仅主要参照和借鉴了香港自由港政策来制定对外开放政策和措施，从而使深圳始终成为全国对外开放的最前沿，而且在很大程度上借助于香港这一国际金融、贸易、航运、信息中心的支持，成为内地进入国际市场和国外进入内地市场最为畅通的双向通道之一。

第三，深圳经济及城市高速成长，得益于香港经济结构调整后制造业北移，以及外资的大量进入，这不仅从总体上推动了深圳经济与城市的高速成长，而且间接影响到深圳的经济增长方式、产业结构、区域发展进程、城市建设以及企业运行模式的确立。

那么，香港在哪些方面对深圳的改革、开放、产业发展、城市管理和社会治理等起到了重要作用呢?

助推深圳管理体制改革实现突破

第一，助推深圳土地管理体制改革实现突破。1987年，深圳市颁布《深圳经济特区土地管理体制改革方案》，提出土地所有权与使用权相分离，全面有偿使用土地。以公开竞投为主，竞投、招标和行政划拨相结合的方式转让土地使用权，在全国率先建立国有土地使用权有偿出让制度，开放土地市场。同年，深圳市政府举行国有土地使用权公开拍卖，这是新中国历史上国有土地拍卖“第一槌”，是对国有土地传统管理方式的重大改革和突破。这一做法借鉴参考了香港制度。当时港英政府的土地制度是所有权归英国国王、使用权可以有限出让，土地使用受到明确限制和严格管理。而内地的土地所有权归国家所有，不能转让，不能出卖。深圳参照香港模式取得的主要突破是，土地所有权不变，仍为国家所有，但是使用权可以按不同年限和具体用地条件，实行有偿使用或有偿出让。深圳的土地管理改革，直接触发了1988年的宪法修改。1988年通过的《中华人民共和国宪法修正案》将第十条第四款由原来的“任何组织或者个人不得侵占、买卖、出租或者以其他形式非法转让土地”修改为“任何组织或者个人不得侵占、买卖或者以其他形式非法转让土地。土地的使用权可以依照法律的规定转让”。由此，我国在制度层面正式建立了国有土地使用权出让制度，并最终形成今天的土地使用权格局。这一重大突破，香港功不可没。

第二，助推深圳就业和薪酬管理制度改革实现突破。就业和薪酬管理制度是市场经济的基本制度之一。缺乏合理的就业和薪酬管理制度，就无法充分发挥人才的积极性，经济发展就缺乏动力。深圳经济特区成立初期大胆借鉴了香港的做法。一是实行了企业高管聘任制。即企业高级管理人员从过去由上级主管部门直接委派改为聘任，一般任期为2年，取消职务终身制。聘书上写明职责、权利、待遇、解聘条件和续聘条件等内容，公开透明。这一改革试验为职业经理人市场的建立和企业治理模式向公司治理模式转型奠定了基础。二是实行了企业员工劳动合同制。在当时全国干部人事制度尚未走出计划经济体制的情况下，“停薪留职、档案暂存在人才交流中心、全员合同制”这些借鉴自香港的做法在深圳悄然兴起。从20世纪80年代初至1992年，深圳从内地引进技术干部约25万人，接收大学应届毕业生8万多人，为城市发展奠定了人力资源基础。三是实行了多元工资制度。蛇口工业区最早实行多元工资制度，按照十类工资区的标准支付基本工资及1～1.5倍的工业区补贴，这是内地工资体系走向现代制度的开始。深圳的这些做法，迅速经由各省（区、市）在深圳设立的办事处［深圳经济特区成立后，全国27个省（区、市）在深圳设立了办事处］扩散到各地，被广泛学习借鉴。四是实行了公务员招聘制。2010年，深圳借鉴香港经验在全国率先公开招聘首批行政执法类公务员，聘任制公务员主要按照公务员法和聘任合同进行管理，其聘任年限、职位、职责要求、工资、福利、保险待遇、违约责任以及聘任合同的变更、解除、终止条件均由聘任合同规定。此后，国内许多地区也开始公开招聘公务员，均参考了香港的经验和深圳的做法。国家聘任制公务员也开始进入法规制定及推广阶段。2011年，中共中央组织部、人力资源和社会保障部、国家公务员局印发《聘任制公务员管理试点办法》。2017年，中共中央办公厅、国务院办公厅印发《聘任制公务员管理规定（试行）》，上述地区率先探索的成功经验被采纳。

第三，助推建筑工程招投标管理制度改革实现突破。香港建筑市场面向世界开放，政府对建筑业中的本地企业和外来企业一视同仁。香港长期实行公开公平的招投标管理制度，所有政府投资的工程都必须通过招投标选择承建商，法规完善，评审严格，合约至高无上。1981年，深圳率先引入香港建筑工程招投标管理制度，改变计划色彩明显的行政分配工程项目的管理模式。1982年，深圳市政府颁布《深圳经济特区建筑工程施工招标投标暂行办法》，把建筑工程施工招投标作为制度固定下来，实行“设计搞评选，施工搞投标，承包单位层层包”的工程招投标制。1983年，广东省建设委员会在全省普及推广深圳建筑工程招投标的经验。1989年，深圳率先实行国内工程量清单计价。2014年，深圳成为全国首个建设工程电子招标投标创新试点城市。通过学习借鉴香港经验，深圳推动全国建筑市场建立了相对完善的招投标管理制度，推动国内招投标体制机制创新和完善。

第四，助推深圳行政管理体制改革实现突破。一是优化政府机构职能。香港特区政府行政层级少，部门精简，运作高效。深圳学习借鉴香港行政管理的经验，不断减少直接管理、微观干预和事前审批准入，强化间接管理、宏观调控和事中事后监管，突出发展战略、规划、政策、标准等职能，推进政府治理能力现代化。如率先启动商事登记制度改革，降低商事登记门槛，减少政府对市场的干预。2009年，深圳启动“大部门制”改革，按照“市场、服务、效率”三大取向，对政府机构和职能进行大幅度退、转、减、合，共减少15个政府部门，精简幅度达到1/3。这一行政管理架构持续至今，并不断优化。香港特区政府内部局署之间有纵向的统辖与监督关系，在政府行政决策和执行过程中，则特别注重部门间的协调。通过推行“大部门制”改革，深圳市政府大量的职能和事项向社会组织转移，行政效能提速，社会活力释放。在向香港学习借鉴的过程中，深圳的行政治理体系和治理能力现代化水平不断提高，同时也为内地完善行政管理体制、转移政府职能、加强社会管理提供了经验借鉴。二是建立廉洁政府和完善政府公共关系管理。根据透明国际发布的数据，自1995年透明国际首次公布清廉指数排行榜以来，香港一直位列全球较廉洁的20个经济体之中。香港的廉洁政府建设成为内地完善政府监察制度的重要参考。20世纪90年代，深圳借鉴香港廉政公署以及新加坡反贪局的做法，在全国率先成立政府监察局，加强对政府运作的内部监督。2014年，前海学习借鉴香港的做法，成立廉政监督局，在全国首次建立统一的廉政监督体制和运行机制，廉政监督局集纪检、监察、检察、公安、审计等职能于一体，实现从多头监督向一体化监督的转变。

第五，助推深圳城市规划与城市更新制度改革实现突破。香港是全球城市管理的典范，其规划体系与规划标准对内地城市具有较高的参考价值。1989年，参照香港规划体系，深圳编制了《深圳市城市发展策略》，以区域规划为重点，提出“全境开拓”的发展策略。同年颁布的《深圳市城市规划标准与准则》，则参考了《香港规划标准与准则》。1997年，新版《深圳市城市规划标准与准则》主要参考了国家城市规划标准与准则，但在用地分类、医疗设施等方面仍借鉴了香港等发达地区的标准。深圳的“三层次五阶段”规划编制体系，其内容与香港规划体系几乎无异。即使1998年颁布的《深圳市城市规划条例》囊括了国内现行的规划体系，其结构仍然与香港类似。深圳是首个进行地方规划的特区城市，其城市规划的发展历程代表了中国城市规划的发展历程。目前，深圳的城市规划已经从技术性转向制度性，这种转变受到香港等地区的城市规划的影响。在城市更新方面，香港为深圳立法提供了参考蓝本。香港的市区更新采用两种模式，即政府主导的市区重建和私人主导的重新发展。面临搬迁难题时，前者依据《收回土地条例》收回土地，但须限定为为公共用途而征用；后者依据《土地（为重新发展而强制售卖）条例》协助私人重新发展，但须履行严格的法定程序和步骤，并充分保障小业主的正当权益。借鉴香港经验，深圳于2009年颁布的《深圳市城市更新办法》率先提出“城市更新”的概念，是国内首部系统规范旧城改造工作的政府规章。此后，深圳又出台了《深圳市城市更新办法实施细则》《关于加强和改进城市更新实施工作的暂行措施》及相关配套文件，在历史用地处置、地价政策、旧工业区综合整治、小地块更新等方面进一步创新政策，多项制度探索在全国属于先行先试。在探索于全国层面以市场化方式推动棚户区改造、探索土地增值收益分配等方面，深圳也为内地其他城市提供了有益的借鉴。

协助深圳培育市场主体和发展相关产业

对内地特别是珠三角地区，香港现代企业制度具有明显的溢出效应。很多香港企业成为珠三角地区企业特别是深圳企业的标杆，而成功的深圳企业又成为内地其他城市企业的效仿对象，如地产业以新鸿基为标杆的万科、银行业以汇丰（恒生）银行为标杆的招商银行、保险业以香港外资保险公司为标杆的平安保险等。此外，深圳证券交易所的最初方案来自新鸿基。香港为内地培育市场主体和发展相关产业作出了重要贡献。

第一，资本市场。资本市场是香港全球金融中心的重要标志之一。香港资本市场成熟的架构体系和管理制度，为内地建立适合自身实际情况、与世界接轨的多层次资本市场提供了借鉴。1990年12月1日，深圳证券交易所试运作。此前的1988年，深圳选择新鸿基作为筹备发展资本市场、建立证券交易所的参谋和顾问。之所以选择新鸿基：一是因为地缘关系，香港同深圳来往方便，便于及时交流与流通；二是因为香港和内地文化习俗相通，经济交往频繁，金融方面可借鉴之处较多；三是因为语言相通，沟通方便；四是因为香港交易所采用国际标准，制度完善，规则明确。1988年6～9月，新鸿基先后为深圳办了4期学习班，由新鸿基高级主管包括常务董事讲解资本市场知识，介绍香港和境外资本市场发展的历史和现况。深圳还邀请香港交易所专业人士和证券商共同讨论各国法律法规及各国交易所管理和组织架构的利弊。1990年3月，深圳证券交易所筹备组编制的《深圳证券交易所筹建资料汇编》主要参考了香港证券交易所的法律法规和章程，也借鉴了其他国家和地区的规则，成为筹建深圳证券交易所和上海证券交易所的指导纲领。从一定意义上来说，如果没有香港，内地很难快速建立起相应的资本市场，即使能够建立，也难免会走弯路。

第二，供应链产业。香港作为全球供应链的重要节点，其发达的供应链管理制度对内地物流业转向现代供应链产业发挥了重要作用。利丰集团的供应链管理是典型的香港风格的供应链管理，特点是快捷、全球化和创业精神。利丰集团统筹并严格管理整个生产流程，从事从产品设计、原材料采购、生产管理与控制到物流、客户服务等工作。深圳市怡亚通供应链股份有限公司（简称“怡亚通”）、深圳市创捷供应链有限公司等内地企业，纷纷对标利丰集团，对从设计、采购、管理到服务整个链条进行全球化布局。怡亚通于2007年在深圳上市，成为内地第一家上市供应链企业，目前已经发展为以生产型供应链服务、流通消费型供应链服务、全球采购中心及产品整合供应链服务、供应链金融服务为核心的全球整合型供应链服务平台。

第三，法律服务业。香港律师事务所独立的公司化管理制度，对内地法律服务业及律师事务所市场化发展起到重要的推动作用。长期以来，内地律师事务所由国家出资设立，由司法行政机关组建，并隶属于各级司法行政机关，本质上也是行政机关。1993年，深圳以香港为样本，率先进行律师事务所制度改革。许晓光等三位律师于1993年6月向深圳市司法局提出辞职，并申请成立广东信达律师事务所。当年10月，广东省司法厅批复，该所在行政和业务上受深圳市司法局领导和管理，经济上实行独立核算、自负盈亏，律师不具备国家干部身份、不领取国家工资。1993年，广东星辰律师事务所等10家律师事务所成立，成为新中国第一批按照国际惯例实行合伙制的律师事务所。深圳的改革，掀开了内地律师事务所向市场化、现代化转变的序幕。

第四，物业管理产业。香港的物业管理基于比较完备的法律体系，《香港建筑物管理条例》《保安及护卫服务条例》《噪音管制条例》《空气污染管制条例》《小额钱债审裁处条例》等众多法规，清楚地规定了物业管理中业主、物业管理公司、租户各自的权利和义务，以及违反条例的处罚等内容。1981年，深圳市物业管理公司成立，成为内地第一家物业管理企业。1994年，深圳市人大通过《深圳经济特区住宅区物业管理条例》，推行通过招投标确定物业管理单位的做法。这是内地第一部物业管理法规，其中物业的概念等许多内容都来自香港，该条例成为国家物业管理条例的蓝本。截至2016年，通过深圳市住建部门认定的物业服务企业共1904家，物业管理专业化水平不断提高。万科物业借鉴以新鸿基为代表的香港物业管理模式，在客户服务意识、社区文化建设等方面提升管理服务水平，体现了规范、创新的专业理念。1998年，建设部向全国推介中海物业管理（深圳）有限公司、万科物业管理公司的经验，这些经验中包含诸多香港元素。

第五，轨道交通及机场运营业。香港铁路有限公司（简称“港铁公司”）是世界上为数不多盈利的铁路公司，原因在于其独特的“地铁+物业”发展模式：香港特区政府将地铁沿线土地开发权按较低价格折成股份入股，成为港铁公司的大股东。港铁公司通过地铁沿线土地开发实现沿线土地增值收益，弥补地铁运营亏损和投资新线建设，实现地铁物业开发、运营、建设的良性循环和滚动发展。深圳地铁集团借鉴港铁公司“以地养铁”模式，陆续开发地铁沿线优质地块。此外，港铁公司直接运营深圳地铁4号线（龙华线），实行“铁路+物业综合发展经营”模式，全面引入港铁公司物业管理、商业经营、社区服务理念，将香港先进的开发理念、精雕细琢的建筑细节、安全可靠的产品品质、优质的城市生活引入深圳，带动深圳的城市经济发展，提高深圳的城市生活品质。

助力深圳提升社会管理和公共服务水平

第一，行业协会、法定机构、事业单位方面的改革、提升与完善。

一是行业协会方面的改革、提升与完善。香港的行业协会发展较早，注册登记非常简单，在促进行业与政府相互了解方面起到桥梁作用，为香港的经济建设和行业发展作出了重要贡献。1986年，深圳市电子行业协会率先成立，此后，装饰、机械、家具、食品、纺织、服装、化工、建材、钟表、医药等行业协会陆续成立。2005年，《深圳市行业协会暂行办法》出台，旨在规范行业协会的组织和行为，保护其合法权益，使行业协会改革成果法定化。截至2017年，深圳共有行业协会840家，占全市社会组织的7%。借鉴香港的行业协会发展经验，深圳着力推动行业协会登记管理体制改革，承接政府转移职能，构建行政司法监管、社会公众监督、社会组织自律、党组织保障“四位一体”的综合监管体系，在国内率先彻底实现行业协会民间化、市场化改革，实行政社分开，并引入竞争机制，探索“一业多会”。2013年以来，先后出台《深圳经济特区行业协会条例》《关于构建社会组织综合监管体制的意见》《深圳市社会组织抽查监督办法》等法规政策文件，引导社会组织参与社会管理和公共服务，初步形成政社协同治理新格局。近年来，深圳重点推动行业协会去行政化、去垄断化改革，其成功经验为内地其他城市所借鉴。

二是法定机构方面的改革、提升与完善。香港法定机构根据法律、法规或规章成立并受监督管理，具有机构法定、运作独立、治理规范、权责相应的特点。机构法定化保证了机构的相对稳定性和独立性、人事管理及薪酬福利制度上较大的灵活性和自主性。按照“一机构一规章”或“一机构一法规”的原则，每个法定机构的设立、职责任务、管理运作、监督机制等都有相应的规章细则，作为法定机构设立、运作的依据，因此法定机构的治理更规范、权责更明确，政府与法定机构能够充分实现政事分开。2007年，深圳借鉴香港的做法，推行法定机构改革试点，作为深圳第一家法定机构试点单位，深圳市城市规划发展研究中心（现为深圳市规划国土发展研究中心）于2008年成立，实行法定机构管理方式和运行机制。在此期间，广州、珠海、顺德等地陆续开展法定机构试点工作，各试点城市均注重学习借鉴香港法定机构的做法和经验。2010年，深圳市前海深港现代服务业合作区管理局挂牌成立，率先探索构建市场化政府管理运行新模式，在实行企业化管理、市场化运作的基础上，力求实现政府、市场、社会良性互动，构建“政府职能+前海法定机构+蛇口企业机构+咨委会社会机构”市场化政府治理机制。2011年，深圳出台《深圳经济特区前海深港现代服务业合作区条例》及《深圳市前海深港现代服务业合作区管理局暂行办法》。

三是事业单位方面的改革、提升与完善。2006年，深圳在全国率先启动事业单位改革，重点是事业单位分类改革。借鉴香港法定机构的做法，把事业单位分为三类：部分单位转为国有企业，部分单位回归政府部门，部分单位保留事业单位性质。改革后，约2/3的事业单位保留事业单位性质，约1/3的事业单位转为国有企业（120多家），个别事业单位回归政府并承担政府职能。从总体上来看，深圳事业单位分类改革较为成功，为全国的改革提供了经验。国务院后来出台的全国事业单位分类改革方案，基本是在深圳方案的基础上制订的。

第二，义工组织、社区服务和公益组织的建立、提升与完善。

一是义工组织的建立、提升与完善。作为全国志愿服务发源地之一，深圳于1989年率先启动志愿服务工作，此后一直保持全国领先地位。深圳诞生了内地第一个法人志愿服务组织、第一批国际志愿者、第一部地方性志愿服务法规、第一个“义工服务市长奖”、第一张证卡分设多功能电子义工证等。2018年，深圳注册志愿者158万人，占常住人口总量的13%，位居全国前列，志愿服务组织1.2万个，志愿项目74万个，服务时长约为5300万个小时。香港义务工作者登记制度具有志愿者规范化管理、来源代表性强、累计服务时间长、人员培训专业等特点，对深圳义工组织的诞生与发展有着直接影响。在学习借鉴香港经验的基础上，深圳的义工发展形成了自己的特色：在立法方面，2005年深圳颁布的《深圳市义工服务条例》是国内首部义工立法，是鼓励和规范义工服务活动、推动义工服务事业健康发展的保障；在专业化方面，深圳支持和发展专业志愿服务组织，鼓励专业人才加入志愿者队伍。深圳的义工组织，是其他城市学习借鉴的对象。

二是社区服务的建立、提升与完善。香港为内地社区管理服务提供了诸多经验。深圳坪山新区社区服务中心借鉴香港社会服务模式及注重精细化、人性化的做法，由政府整合场地设施并提供资金支持，以民办专业服务机构为主体，以社工等专业人才为骨干，为当地社区居民提供精准服务。2007年，深圳引进香港社工督导人才，指导深圳一线社工学习香港的专业方法、社工文化和服务理念，一方面为深圳社工提供专业指引，另一方面协助深圳培养本土督导人才。在香港社工督导人才的帮助下，深圳本土督导人才队伍迅速成长。2014年，深圳在全国率先实现本土社工督导人才全覆盖，并率先推出社工中级督导，为全国社工督导树立了标杆。此外，多位香港社工在深圳多个社会组织担任顾问、理事，为深圳社会组织提供支持和帮助。通过深圳这一窗口，香港社工服务进一步向广州、东莞、佛山等周边地市扩展。

三是公益组织的建立、提升与完善。香港公益组织在内地的发展历程大体上分为五个阶段：1978—1983年是第一阶段，香港人以个人名义或以家族基金会、商会和同乡会的名义开始对内地进行捐助；1984—1994年是第二阶段，香港公益组织进入内地开展扶贫、助残、社会服务、社区发展等公益项目；1995—1997年是第三阶段，进入内地开展项目活动的香港公益组织数量迅速增加；1998—2007年是第四阶段，香港回归祖国后，众多香港公益组织抓住机遇拓展内地工作，大批项目和资金进入内地；2008年至今是第五阶段，香港公益组织内地工作重心从直接执行转向提供公益支持。在内地公益组织培养发育方面，香港公益组织发挥了重要而积极的作用。展望未来，在内地公益组织“走出去”进程中，香港公益组织仍将扮演关键的引导者与重要的合作者角色。

第三，城市交通管理的改革、提升与完善。

香港交通标志系统具有科学、合理、清晰等特点，道路交通标线齐全清晰；指路标志设置清晰，系统性强；交通标志信息量大，很多都是图案和文字配合使用；根据道路功能和路幅宽窄设置不同类型的交通标志，内容连贯明了。深圳的交通标志系统学习借鉴了香港的经验：一是将部分高速路标志引入快速路。高速路常常设有对下一出口距离的预告性提示，而且是三级提示，即多次提醒、更新距离的长度，这一做法也适用于城市快速干道。二是交通指示牌与大型交通枢纽内部区域进行接驳。机场、火车站和高铁站等大型综合体内部区域划分明确，社会车辆、公共交通车辆、的士、旅游巴士等在这些地方有各自的停留区域，深圳在道路上就提供区域内具体的路线指引，让车主提前做好准备。此外，深圳地铁导视系统借鉴香港风格，选用灰色基调，此举被内地多个其他城市效仿。深圳在学习香港的基础上不断创新完善，有效提升了城市交通管理水平。

第四，城市商业形态的改革、提升与完善。

Shopping Mall是以大型零售业为主体、众多专业店为辅助业态和多功能商业服务设施形成的聚合体，英文原意为“散步道式的商店街”。Mall原意是林荫道，Shopping意为逛街购物，Shopping Mall即购物犹如在林荫道上闲逛一样舒适惬意，其实就是集美食、娱乐、购物于一体的超大规模购物中心。这种商业模式于20世纪初产生于美国，20世纪七八十年代盛行于欧美，进入日本、东南亚等国家和地区后也受到欢迎。一个真正意义上的Shopping Mall大体包括主力百货店、大型超市、专卖店、美食街、快餐店、高档餐厅、电影院、滑冰场、茶馆、酒吧、游泳馆、主题公园等，另外还配有停车场。这样大的购物空间及各种娱乐设施，即使逛上一天也逛不完，最适合全家出动。一个Shopping Mall其实是一个小型社区，提供吃喝玩乐“一站式”服务。在建筑物遮蔽下，不论天气如何，都可以进行购物、游玩、休闲或聚会。近年来，Shopping Mall席卷中国。深圳的Shopping Mall深受香港的影响，有的是香港公司直接建设经营，有的由香港团队设计及承包经营，还有部分学习借鉴香港的做法，如万象城、KK Mall等。率先引进香港城市商业形态的深圳，不断升级Shopping Mall形态，大有超越香港的趋势。深圳陆续开发的京基、欢乐海岸、海岸城、星河、九方、海雅、卓悦汇、宝能、金光华等大型购物中心，既融汇了香港国际化的商业形态和服务理念，也体现了深圳自身商业形态的因素和特色。因应网购盛行的发展趋势，欢乐海岸、海上世界等的生存和发展主要不是靠卖东西，而是靠提供体验式服务，这已经不是商业形态硬件风格的简单创新，而是商业形态的升级[①]。

» 第三节 1979—2000年是深港经济和社会合作的“蜜月期”

综上所述，香港在深圳的早期发展历程中确实发挥过极其重要的作用，特别是2000年之前。2000年，是深圳经济特区建立20周年，也是香港回归祖国后不久的时间，正是深圳与香港经济合作的“蜜月期”。

香港是深圳这个时期发展的重要支撑和紧密的合作伙伴

1979—2000年，深圳经过20多年的发展，已从昔日的边陲小镇发展为有400多万人口、基本实现现代化的城市，其主要经济指标跃居全国大中城市的前列，人均地区生产总值、人均可支配收入、出口额等名列全国大中城市之首。在这个过程中，深港间建立了紧密的经贸联系。随着深圳经济的迅速发展，特别是20世纪90年代中期后深圳高科技产业、金融、商贸、航运、交通、物流、旅游等多个方面的发展，深港间的合作模式已由深圳早期的“前店后厂”单向依赖模式转向更平等、更广泛、双向互补的新模式，合作的组织形式也由单一的港商投资办厂向合作创办高科技产学研基地等多样化组织形式转变。

第一，港资企业占深圳外资企业的绝大多数。截至2001年底，深圳的港资企业达到8876户，占深圳外资企业总数的78.38%。

第二，港商投资已成为深圳首要的投资来源。据深圳有关部门统计，截至2001年底，深圳实际共引进外资266.2亿美元，其中港商投资为167.2亿美元，占

① 张玉阁、文雅靖、郭万达等：《大湾区建设与深港合作四十年》，社会科学文献出版社，2022。

外商在深实际投资总额的62.8%。

第三，工业企业从业人员中，在港资企业就业的占大多数。据2000年的统计数据，在深圳工业企业的就业人数中，在港澳台资企业就业的占60.4%。随着深港两地经贸往来的日益频繁，越来越多香港人选择到深圳工作、居住，到深圳置业的香港白领呈增多趋势。

第四，在深圳的进出口总额中，直接或间接通过香港的占绝大部分。2000年，深圳出口总额为345.6亿美元，对港贸易为272.3亿美元，占78.8%。2000年，深圳进口总额为293.8亿美元，对港贸易为205亿美元，占69.8%，这一比例2001年则达到72%。

第五，香港与深圳之间的科技合作初见端倪。越来越多的香港科技精英将科技资源移植到深圳，在科技成果孵化与产业化、科技人才培养、科技合作体制创新等方面与深圳科技界展开合作，推出了一系列创造性科技成果。成立于1999年的深港产学研基地，已成为一个吸纳香港科技资源、展开高科技合作的孵化平台，短短3年时间，就诞生了固高科技、爱讯可网讯、闻易网软件等16家高科技企业。香港科技大学还联合北京大学、清华大学等知名高校，在深圳成立了IC设计重点实验室和国家集成电路设计深圳产业化基地，并开设了与之相关的硕士培训项目。

第六，深圳与香港的金融合作开创了多条新渠道。深港两地在银行资金结算、保险、风险投资等金融领域开展了一系列实质性合作，继香港“银通”和深圳“金融联”自动取款机（ATM）网络实现对接、建立深港港币支票单向联合结算机制、港币汇票和本票的单向结算后，2001年6月22日，两地又建立了港币票据的双向结算机制，使两地的港币票据由过去的国际结算变成了同城结算，开通港币支票到账时间由过去的5～7个工作日缩短到2个工作日。2002年8月，深港联合开发的深港楼宇按揭分期供款自动汇划系统也正式在深圳开通，香港人在深圳置业实现了“深圳购楼按揭，香港供款”。

第七，多年来深港双方在口岸、交通等基础设施方面展开了一系列卓有成效的合作。1999年6月23日，香港特别行政区宣布兴建第二条深港铁路支线，这条支线由上水至落马洲，全程长7.4公里，其中70%的路线建于高架桥上，总造价约85亿港元。2000年6月1日，深圳盐田港二期工程全面竣工，工程总投资39亿港元；前期研究工作历时10年的深港西部通道也已于2003年开工[①]。

第八，深港双方在物流产业方面的合作开始起步。深圳自1991年才开始有集装箱运输，经过10年的发展，至2001年已达507.5万标箱，其中，香港占27.3%，国际中转占10%，远洋航线占56.7%。此外，自2001年9月12日起，深圳西部港口电子数据交换平台的建立，实现了国际转运货物的电子预报关和电子预放行，一单国际中转货物的报关、放行时间只需几分钟，纸面单证可于船舶离境后次日递交海关，这确保了国际转运货物不会滞港，提高了码头和船运公司的运作效率。

可见，在香港回归后不久、深圳经济特区成立20周年之际，深圳与香港在投资合作、贸易合作、科技合作、金融合作、交通运输合作等方面，已经建立了相当紧密的经济联系。

这个时期深港之间“共同都市圈”的特点已经显现

在2000年的世纪之交，随着深港之间经济联系进入“蜜月期”，深港之间“共同都市圈”的特点也逐渐显现。

香港居民的日常生活消费已离不开深圳。从深圳出口到香港的活猪占香港市场的90%，活家禽占香港市场的50%，牛奶占香港市场的90%，活鲜鱼与蔬菜各占香港市场的10%。东江水经深圳流向香港，占香港用水量的90%。

随着深港两地经贸往来的日益频繁，越来越多香港人选择到深圳工作和居住。2001—2003年，香港人的跨境上班人数上升了1.5倍（由17.1万人次升至42.1万人次）。根据香港特区政府统计处的数据，2003年1～3月，共有9万名香港居民于统计前12个月内曾在深圳工作，占香港居民在外工作总数的37.8%，深圳是最多香港居民工作的内地城市。

同时，不少香港居民甚至搬到深圳居住。据香港特区政府规划署推算，在2003年，共有1.6万名香港人居住在深圳（占香港人居住在内地总人数的

① 深港西部通道以粤港分界线为界，从深圳蛇口东角头填海区跨海至香港鳌磡石着陆，全长5545米，于2003年8月动工建设，2007年7月1日竣工运营。

25.6%），比2001年的8000人上升了100%。同年，香港人在内地的21.5万个自置住宅物业单位中，有4.4万个单位位于深圳；另外，在3.6万个香港人在内地租住的物业单位中，有1.5万个单位位于深圳。在深圳已形成不少以香港人为主的住宅小区，每天有成百上千名学生过罗湖桥到香港读书。

香港人大量进出深圳口岸，香港特区政府规划署在1999年、2001年和2003年的跨境旅运统计数据显示，跨境旅客数量不断上升，在2个星期的调查期期间，跨境旅客数量由1999年的不足350万人次增至2001年的470万人次和2003年的540万人次；而香港到深圳的旅客占总跨境旅客的比例由1999年的59%，上升至2001年的61%和2003年的67%。2001年，由深圳陆路口岸出入香港的人员为11817.5万人次，占全国所有口岸出入香港人员的50%；其中，罗湖口岸通过人员为8885万人次，约每分钟通过169人次，已大大超过一个城市中主要街道每分钟通过的人次。同年，从深圳出入境香港的车辆为1172.2万辆次，占全国出入香港车辆的80%。2002年，往返深港之间的香港居民已达9000万人次，使深圳口岸成为全国最大和最繁忙的陆路口岸。

2001年落马洲口岸开通了皇岗巴士，使用落马洲口岸的旅客数量不断上升，2003年落马洲口岸延长开放时间至24小时，通过此口岸到深圳的过夜境外旅客中有2/3来自香港。2000年深圳的过夜境外旅客达397万人次，其中来自香港的有287万人次，占72.3%。香港人到深圳变成日常生活。

同时，由于深圳当时的物价比香港便宜得多，且餐饮店、酒店、商场、公园等生活设施、游乐设施十分丰富，因此深圳又成为香港居民买菜购物、休闲度假、娱乐运动的重要场所。大批香港人特别是在新界地区居住的香港居民，到深圳买食品、衣物及其他日用品。2000年，香港人在深圳购物消费估计达到294亿港元，到2002年则突破350亿港元。深圳火车站和东门老街一带的商业街区几乎成为香港人的天下。

这些数据都证明，深港经济合作的广度和深度是其他任何地区所不能达到的，深港之间的合作也是其他任何地区与香港之间的合作所不可比拟的，其最根本的区别是，深圳和香港这两个不同体制的陆路接壤城市，正在逐渐实现经济的深度协同发展，形成一个前所未有的共同市场，形成一个十分特殊的“一体两制”的现代化大都市，深港都市圈正在逐步形成。

当时香港与深圳间相互依存的经济联系和“共同都市圈”的协同发展，在不知不觉中不断进行着、扩大着、加深着。

当然，这种两个城市间相互依存的经济联系和“共同都市圈”的协同发展，必然会在一定程度上反映到人们的理论认识和政治观念层面上来。《深圳商报》2003年3月11日的一篇报道中就提到，在2003年3月召开的全国政协十届一次会议上，来自香港的朱景辉委员在大会发言中指出：“深港两地应该在‘一国两制’的框架下，紧密结合在一起，形成人流、物流、资金流、信息流都十分快捷、畅达的‘港深都市圈或经济区’。”他建议，国家有关部门组织专门的机构来协调处理深港经济现代化过程中遇到的问题，并建立直达中央的“直通车”制度，使两地不能解决的问题可以顺畅地直送中央解决。朱景辉的这个发言是非常深刻和有远见的，他表述了当时深港两地经济发展的状况，代表了深港两地社会各界和广大居民的呼声。

这个时期的深港合作主要是民间合作

深圳作为一个从一穷二白的边陲小镇发展起来的新兴城市，作为内地第一个要搞市场经济的经济特区，改革开放之初，只能向香港学习，并且只能以香港为主要目标进行招商引资。以港资企业为主要产业构建来源和以“前店后厂”模式成为香港主要出口导向型加工贸易基地的深圳，其经济活动必然也主要围绕香港经济运作。因此，在这个阶段，就两地合作而言，深圳主要是积极主动对香港开放和更多地承接香港产业转移。“香港因素”是1979—2003年深圳经济特区建立和初期发展时期的关键因素。在这一阶段，深圳的工业发展、城市规划和建设，均体现为“向香港学习和吸引香港资本”的取向。

在这个时期，深港合作的主要动力来自民间、企业和深圳市政府。而1997年香港回归前，港英政府基于特殊政治背景和立场，与内地极少沟通和合作。

香港回归后的一段时间里，香港特区政府和深圳市政府之间仍然没有很密切的沟通，更是从未作出过制度安排。尽管香港回归前的1995—1996年，深圳市政府对于香港回归后中央政府能够批准建立深港两地政府间的密切合作关系和制度安排作了很大的努力，当时分别在深圳和北京搞了一场声势浩大、轰轰烈烈的有关“深港衔接”的方案研究、学术讨论和论坛活动，但是并没有见到实质性的成效。香港回归后，与香港特区政府正式对等合作的是广东省政府以及1998年广东省政府与香港特区政府成立的粤港合作联席会议制度，这个制度安排主要讨论的合作事项都是整个广东与香港的合作，包括跨境基建、口岸运作、环保问题等。这些合作基本上围绕广东与香港边境一带展开，且是为了解决已发生的问题才由粤港两地有关部门出面商讨，而粤港两地政府在宏观经济层面的产业及相关领域的合作并不多见。

尽管如此，深港两地在这一阶段的合作还是为今后的发展和合作奠定了良好的基础。对深圳而言更是如此，深圳在这个时期不但建立了自己最早的工业基础，与之相关的物流、金融等产业也得以建立和发展起来。此外，工业化还促进了城市化、基础设施建设和相关服务业的建立和发展，并且由此大大激发了香港对两地经济发展和区域合作的愿望和热情，为深圳市政府提出深港两地进一步深化合作的构想奠定了重要基础。

» 第四节　深港最早的民间合作：“一河两岸”合作开发

曾是香港新界原住民和在深投资的成功香港企业家、后来担任深圳市政协常委的文伙泰，早在1991年就提出了开展河套地区深港两地开发合作的建议，并且愿意资助深港边境沿深圳河一带的合作规划研究。时任深圳市委书记李灏对此非常支持，并邀请综合开发研究院（中国·深圳）等单位的一批领导和资深专家共同开展研究，设立了跨境交通、港深科技大厦和口岸联检模式三个专题进行立项调研。1992年，经国务院发展研究中心、国家多个部委的专家论证，首次提出了利用福田保税区地缘优势，创办河套地区深港科技园的设想。由此，深圳河“一河两岸”尤其是落马洲河套地区进入深港合作的最早蓝图。

所谓河套地区，是指北到深圳福田皇岗口岸的货运停车场，南抵香港新界西北区的落马洲，东临深圳福田上步码头，西至深圳福田皇岗口岸大桥下的区域。它既是深港边境交接的“禁区”，也是“一国两制”交会的结合部。

1994年10月，文伙泰出资1000万元人民币，成立深圳经济特区促进深港经济发展基金会，进一步开展深圳河沿河经济合作专项研究。面对香港回归后的两地合作机缘，基金会分批开展“一河两岸”沿河经济带合作的可持续发展规划、1平方公里河套地区的功能定位和建立合作基金开发建设等专项课题研究。此外，还进行了有关打通梧桐山贯通深圳湾大鹏湾、建立深圳河旅游观光带、“一地两检”、发放深港跨境工作签证以及开通跨境穿梭巴士等项目研究，并计划在1997年香港回归前完成。

1997年4月，在深港两地的共同努力下，具有深港民间合作里程碑意义的首个实施项目——皇岗落马洲跨境穿梭巴士正式开通运营。

河套地区开发是深港之间最早开展的跨境合作项目，代表了深港之间一种深刻和强烈的经济合作和协同发展的愿望，至今都具有深远的现实意义和战略意义。然而这个项目的推动，当时主要是在香港的民间层面和深圳市政府层面上，香港特区政府的态度和反应比较冷淡。1998年9月12日，时任深圳市市长李子彬会见了来访的香港创新科技委员会成员，香港创新科技委员会成员此后发表的访问报告中第一次提到了建立跨境科技园对加强香港与内地科技人员交流的积极意义，并建议在深圳建立香港应用科技研究院分院。也正是此番考察，香港策略发展委员会在其咨询报告中，用近300字的篇幅，提到沿深圳河岸100万平方米区域，将“作为香港发展高科技的一个选点”。这是有文字记载的香港咨询界对深圳“一河两岸”河套项目的第一次认可。

但是，此后香港特区政府对此并没有采取实际举措。更能说明问题的是，尽管1997年香港回归祖国后，以河套地区为背景的深港跨境科技园项目曾被列入广东与香港对接合作的粤港联席会议第二次会议的议题，但由于“香港特区政府对此一直持谨慎态度，‘一河两岸’的开发问题也没能得到进一步的响应和推进”（文伙泰语），这个重要的项目就此被长期搁置。

直到2004年，香港特区政府才同意将河套地区的开发纳入两地合作的议程，即使如此，两地在河套地区的合作始终进展缓慢，到现在仍处于半开发状态。

» 第五节　香港回归前后冷热不均的深港政府间合作

1995年深圳就提出了深港合作的构想

深港政府间合作的构想最早是由深圳于1995年提出的。这一构想的提出主要缘于被誉为“中国脑库”的综合开发研究院（中国·深圳）专家们1995年提出的一个重要研究课题——深港经济衔接。

这个研究课题一经提出，立即得到深圳市委、市政府的高度重视，并且倾全力付诸实践。当时深圳市领导作了一个很高明的决策：搞两套深港合作的方案。一个是以深圳市政府各职能部门为主、主要从实际运作角度考虑的方案，这是A方案；另一个是以综合开发研究院（中国·深圳）专家们为主、主要从研究的角度考虑、具有更加宏观和更深层次视角的方案，这是B方案。最后吸取两套方案各自的优点，形成一个总体的方案。

这个方案完成后，深圳市政府分别于1996年6月20—21日在深圳、11月25日在北京召开了高规格的研讨会，时任全国人大常委会副委员长程思远、王光英等国家领导人，马洪、于光远、高尚全等几十位国家级专家，以及国家和广东省各有关部门负责人分别出席了深圳和北京的研讨会。“深港经济衔接”可谓轰动一时。

但那个时候，由于香港还没有回归，因此只有深圳对此事很积极，香港除了一些学者和研究机构外，政府方面几乎没有什么反应。因此所谓的“深港衔接”其实并没有衔接起来，深圳主动开展有关深港合作方案的高规格活动，最后也是无果而终。我们当时把这种现象调侃为“剃头挑子一头热”。

尽管如此，我认为，那次行动还是很有意义的，它标志着从那时起，深圳市政府已经把深港合作纳入自己的总体发展战略中来。

1997—2003年“剃头挑子一头热”的局面并未根本改变

1997年后，随着香港回归祖国，深港两地在政府层面的合作逐渐有了向好发展的趋向。

此时，香港回归前尤其是20世纪90年代前深港经济合作“以香港为主”的局面已经开始反转。20世纪90年代后，深圳已进入发展的黄金时期，特别是1992年邓小平发表南方谈话后，深圳成为全国改革开放的标杆和典范，成为全国学习的榜样，因而也得到中央和全国各地的全力支持。尤其是1995年后，深圳开始全力发展高科技产业，并以壮士断腕的决心和魄力进行“腾笼换鸟”，逐步将大量劳动密集型的加工贸易中小企业向珠三角地区其他城市转移，其中大部分都是港资中小企业。正因如此，在这一阶段，深圳的经济以较快的速度发展，1980年深港地区生产总值之比约为1：540，到了2003年已经迅速缩小到约1：4。这个阶段，深圳的港口物流业获得长足的发展，高科技产业也初具雏形，金融等服务业进一步提升，在深圳地区生产总值中的比例持续上升。深圳较之于香港的后发优势，使得深圳在深港合作中的地位和角色发生了根本性改变，双方不再是初期的“前店后厂”产业垂直分工的合作，而开始形成地位相对平等的合作，甚至产生竞争。

而香港却在1997年回归后不久就遭遇亚洲金融危机的巨大冲击，整体经济低迷，制造业外迁所导致的产业空心化加剧了香港经济的脆弱性，加之香港方面始终没有认识到发展高科技产业和产业转型升级的重要性和必要性，因而痛失了第一次产业转型升级的机会[①]，其制造业始终没有脱离劳动密集型加工贸易的产业发展水平。

深圳市科技局原副局长张克科一篇回忆文章[②]的有关情节，很能说明当时深港两地在发展高科技产业方面的认识差距。

1998年8月，香港首任特首董建华访问深圳，在与时任深圳市委书记张高丽会面时，董建华谈到了对香港创新科技发展的思考，并介绍香港特设了一个创新科技委员会。听到此信息后，深圳市政府主要领导力邀该委员会成员到深圳看看。

---

① 韩国、新加坡和中国台湾都是由于受到1997年亚洲金融危机的严重冲击而走向艰难的产业转型升级之路，即都是以壮士断腕的决心从出口导向型加工贸易产业转向以自主创新为主的高科技产业。

② 曾惠怡：《张克科：为搭建深港两地科技合作桥梁持续努力》，https://www.sohu.com/a/84119804_355794，2016年6月17日。

1998年9月12日，时任深圳市市长李子彬会见了到访的香港创新科技委员会成员。李子彬对香港客人说，希望香港创新科技委员会成员此行能够促进香港对深圳正在蓬勃发展的高科技有客观的了解，并希望该委员会在向香港特区政府提出科技咨询报告时，能够对深港在这方面的合作有积极的建议。但是该委员会主席田长霖直率地说："深圳没有大学，不可能发展高科技。"尽管李子彬讲到，深圳虽然没有名牌大学，但是有高科技人才引进政策，以及准备通过深港产学研基地和虚拟大学园等项目多方引进清华大学、北京大学等国内名牌大学资源，从而为深圳的高科技发展奠定坚实的知识和人才基础，因而深圳的高科技产业发展是非常有希望的。但是香港客人只是很有风度地听着对方发言，并没有真正相信这一点。

张克科回忆说，此后深圳市政府又作了很多努力，邀请香港各界人士到深圳参观高科技产业发展。时任香港特区政府财政司司长曾荫权、香港特区立法会主席范徐丽泰等人都曾到深圳参观考察科技发展。此外，深圳有关部门还委托香港"一国两制"研究中心组织香港科技界、教育界、实业界、大财团等知名人士，参加深圳高新技术产业考察团，参观考察深圳市高新技术产业园区和华为、海王、长城计算机、赛意法等高新技术企业。

事实证明，田长霖对李子彬所讲的那番话是非常有代表性的：多年来，香港特区政府及香港相当多的学者都持有这个观点，认为没有名牌大学的深圳根本搞不起来高科技产业。不仅田长霖的那番话说明了这一点，从香港创新科技委员会原来的行程安排也可以看到这一点。该委员会原来只安排参观考察广州和东莞（当时原在深圳的大量港资企业已经转移到东莞），完全没有对深圳进行参观考察的行程安排。虽然后来深圳市政府安排很多各界人士来深圳参观考察，但事实证明，这些努力的效果并不大，并没有改变深港当时合作不畅的局面。

当然，最后发展的结果，不但让香港特区政府和许多权威人士大跌眼镜，而且使香港错失了一次与深圳合作共同发展高科技产业的重大机会。

张克科在这篇回忆文章中还提到，香港创新科技委员会成员、香港科技大学校长吴家玮告诉他，时任香港特首董建华在一次行政会议上谈到访问深圳的观感时说，他有"一喜一忧"，为深圳科技发展而喜，为香港（痛失高科技产业发展的）前景而忧。这说明董建华已经看到了这一点，但是他也是无力回天。

自20世纪90年代中期起，深港之间原有的以出口导向型加工贸易产业为基础的经济合作开始迅速削弱，原来“以香港为主”的经济合作局面也开始反转，香港与深圳之间原有的“前店后厂”产业垂直分工格局开始转移到珠三角地区的其他城市（主要是东莞），深圳的后发优势很快使其在深港合作中处于相对平等甚至相互竞争的地位。

在政府层面，香港回归后的香港特区政府依然存在港英政府时期的管制惯性，奉行“积极不干预”的小政府大市场的政策，强于执行而弱于政策，与内地的沟通也更多是在中央和广东层面。就港深经济合作而言，这一阶段的合作仍表现出市场导向、民间推动、港资主导等特点，由政府主导的两地合作尚不多见。在合作内容上：一是局限于以企业为主导的加工贸易产业“前店后厂”的垂直分工合作；二是政府间合作主要局限于部分生产场所、口岸设施和交通、水电等城市基础设施方面。

全国港澳研究会副会长、综合开发研究院（中国・深圳）常务副院长郭万达等人，曾于2003年在《开放导报》上发表了一篇文章①，总结了当时深港合作的情况和特点：

第一，深港经济合作主要是在民间层面，政府推动的合作进展缓慢。20世纪80年代初以来，深港经济合作主要表现为“前店后厂”的关系。由于特殊的历史原因，1997年香港回归前的深港经济合作，主要是民间推动的。1997年香港回归之后，由于种种原因，政府推动的深港经济合作也基本上停留在方案设计上，深港两地的经济合作进展缓慢。在这种情况下，只能通过民间投资和贸易等方式推进深港两地的经济合作。但是，这种民间推进的合作方式具有市场性、随意性和盲目性，很难协调合作发展对两地经济发展具有重大战略意义的项目和产业，合作的进程相当缓慢，容易错失发展的良机。

第二，经济合作的领域较为单一，全面合作的局面没有出现。在深港经济合作初期，两地合作的领域比较单一，主要侧重于制造业，而且主要是香港资本利用深圳低价的土地、劳动力，其他方面的合作比较少。投资项目一般规模不大，

① 郭万达、马春辉：《深港经济合作的意义、目标及对策》，《开放导报》2003年第3期。

项目平均投资金额在20万美元左右，20世纪90年代后，投资项目的投资金额平均在80万美元左右。近年来，深港两地加强了在基础设施方面的合作，但在高科技、金融、资本市场、旅游、物流等领域的合作并不多，实质性的合作则更少。与经济领域的合作相比，非经济领域的合作更便利、更通畅。在口岸管理，打击走私、贩毒等各种犯罪活动以及保护生态环境方面的合作更容易形成。

第三，合作与竞争并存，甚至出现竞争大于合作的局面。深港之间，于双方合作的最初10多年里，在经济规模、产业竞争力等方面，深圳都是大大落后于香港的，特别是在机场、港口等一些基础设施方面，深圳更是无法与香港竞争，香港也没把深圳作为一个竞争对手。但是，深圳随着经济规模的扩张、基础设施投入的增加，形成了强大的基础产业，如集装箱码头。在产业结构上，深圳发展高新技术产业卓有成效，甚至已远远超过香港。因此，深港经济之间始终是合作与竞争并存，在缺乏合作协调机制的情况下，甚至在某些时期、某些产业出现了竞争大于合作的局面。面对新的经济合作格局，两地需要在合作中整合优势产业，形成产业合力，实现两地经济合作中的双赢。

» 第六节　深港合作迎来新机遇

2004年“1+8”合作协议开启两地政府合作新篇章

2003年，中央政府与香港特区政府签署了《内地与香港关于建立更紧密经贸关系的安排》（CEPA）。CEPA是中央政府与香港特区政府在WTO框架下，按照国际惯例实现香港与内地更紧密经贸合作关系的制度安排，这样做既保证了中央政府继续给予港资企业特殊的政策待遇，同时又没有违反WTO原则。相对于过去完全由中央政府给予政策的做法来说，这是“一国两制”条件下香港与内地合作的重大制度性突破。

对于深港合作来说，CEPA的出台具有更为重大的意义，这意味着深港两地政府完全可以在CEPA的框架下直接开展合作，而不再需要中央政府作出特殊的制度安排。2004年6月，深圳市政府和香港特区政府签署了以《关于加强深港合作的备忘录》为总则的9项合作协议（简称“‘1+8’合作协议”），这标志着深港合作由以民间（市场）为主导的合作阶段进入以两地政府层面合作为主导的新阶段。

第一，从合作机制来看，“1+8”合作协议强调在粤港合作的框架下，深港两地政府可以就涉及两个城市的合作内容进行深入探讨，因而建立了深港合作会议机制，深港合作会议每年举行一次，在深港两地轮流举办，由深圳市市长与香港特区政府政务司司长轮流主持，对深港两地的合作事项进行切磋和商谈。这实际上突破了长期以来两地合作中的一些界限，尤其是突破了深港在合作对话中的不对等和间接对话机制，为两地政府建立直接对话平台和合作机制开辟了新的路径。

第二，“1+8”合作协议在合作内容上涉及众多领域，为深港合作提供了一个开放式合作空间，极大地拓宽了深港合作的范围，从而全方位整合了深港各方面的资源，把多年来深港两地的民间、企业、研究机构等的各种合作意愿和项目整合为一种推动深港合作更快更好发展的动力和活力。

第三，“1+8”合作协议是深港合作在CEPA和粤港合作框架下迈出的重要一步，该协议非常鲜明地提出深港合作的前提和基础就是要发挥深圳经济特区在稳定和繁荣香港方面的巨大作用，因而实际上是把深港合作提升到了国家战略的高度。

“1+8”合作协议签署后，深港两地政府建立了固定的沟通交流机制，加强了城市规划、产业规划等方面的沟通和讨论，很多事关深港两地的重大问题被提上政府的议事日程，如西部通道的协作、东部通道的论证、河套地区的开发、港口之间的分工、空港之间的合作、携手共建“深港创新圈”等。尤其是2003年深圳皇岗口岸旅检实行24小时通关，被认为是“深港合作的一个新的里程碑”。

尽管后来事实证明，这个“1+8”合作协议只是一个框架协定，签订后对深港合作的实际作用并不是很大，“1+8”合作协议对深港合作的各个事项都只是指明了方向，并没有落实的举措，也没有设定解决问题的步骤、措施和机制，但是，很多深港问题研究专家对它的评价很高。

深港问题研究专家、深圳市委党校教授谭刚指出，“1+8”合作协议是深港两地政府第一个合作“蜜月期”的开端。尤其是这个合作协议所确定的深港合作会议机制，成为深港政府之间长期合作的重要平台。他认为，合作协议签署后，无论深港之间的合作处于高潮还是低潮，深港合作会议作为两地政府间最重要的沟通协商机制，一直坚持一年一度举行。深圳市市长和香港特区政府政务司司长在年底或年初会面，总结上一年合作成果，商量接下来要做的事情。深港合作会议在推进深圳和香港一些重要合作项目方面取得了一定的成果。

2006年深港两地催热“深港创新圈”

为建设创新型国家，2005年夏，中央有关部门到深圳调研。深圳市政府提出发挥毗邻香港的地缘优势、共建“深港创新圈”的设想，得到国务院领导及国家有关部委的一致肯定。

2005年10月，在深圳举办的高交会上，深圳市主要领导提出了“深港创新圈”的概念。2005年12月，建立“深港创新圈”专题研讨会在深圳五洲宾馆举行，国家有关部委、香港特区政府、广东省科学技术厅及深圳市政府代表约50人参加了这次内部会议。

2006年1月4日，深圳市委、市政府在《关于实施自主创新战略建设国家创新型城市的决定》中第一次正式提出深港两地共建“深港创新圈”的建议：“进一步完善深港科技合作机制，促进两地创新要素的合理流动，探索建立联合创新信息平台、联合培训基地、联合实验室、联合教育体系，实现信息互通、实验室共享、研究经费共担、研究成果共享。支持深圳企业采用委托研究、共同开发等形式，加强同香港高校和科研机构的研发合作，参与粤港关键领域重点突破联合攻关项目。积极引进香港中介服务机构，把香港发达的国际金融业、现代服务业与深圳的高科技产业生态和活跃的创新活动结合起来，使两地成为创新资源最集中、创新活动最活跃的创新圈。”这一建议，引起了深港两地各个层面的关注、重视和热烈讨论。

2006年2月，深港产学研基地决定在香港科技大学召开理事会工作会议，香港各大学校长和科技教育界知名人士皆出席。会上，深圳市主管科技工作的副市长刘应力作了题为《深港创新圈的建设与未来展望》的报告，在香港引起很大的反响。

2006年3月6日，深圳市委原书记、全国政协港澳台侨委员会副主任厉有为，时任深圳市政协主席李德成和香港科技大学校长吴家玮，联名向全国政协大会提交了题为《积极发挥香港深圳的创新优势建立有特色的区域创新体系》的提案。《深圳特区报》就此话题进行了系列专访，连续3天从多层面、多角度报道政协委员、人大代表对深港科技合作的看法。

2006年4月，香港创新科技署署长王锡基访问深圳。在会晤中，深圳市副市长刘应力再次对“深港创新圈”进行介绍，并建议将推广香港研发中心项目纳入双方共同推进“深港创新圈”的范畴，充分发挥两地政府的引导作用，共建共享公共服务平台。

2006年4月21日，刘应力带领深圳100多家企业的代表到香港，参加香港特区政府支持建立的5个研发中心的开幕式和交流活动。香港创新科技署也开始对“深港创新圈”的动议给予积极的回应，并达成了初步共识。

2006年4月22日，深圳市科技和信息局与香港创新科技署联合在深圳举办深港创新圈专题研讨会，进一步探讨建立“深港创新圈”操作问题，以及“深港创新圈”的定位、功能和创新模式等。会议邀请科技部、国务院港澳办、广东省的领导和专家学者以及近百家深圳和香港企业的代表参加。大会提交的《建立“深港创新圈”工作草案》，得到与会代表的认同。此后，该草案由双方协商提交到内地与香港科技合作协调小组的会议上审议。

2007年5月21日，经国家有关部门同意，深港两地政府正式签署了《关于“深港创新圈”合作协议》。《关于“深港创新圈”合作协议》被纳入内地与香港科技合作委员会合作框架之下。“深港创新圈”的基本定位是，以科技合作为核心，以政府为主导、民间为基础、市场为准则，以河套地区为纽带，以港北教育研发集群及深南产业集群为主轴，以珠三角为纵深，全面推进和加强深港科技、经济、教育、商贸等领域的广泛合作，加快建设在国际上有较大影响、在国家战略中有重要地位、对区域发展有突出贡献、创新资源最为集中、创新活动最为活跃的“半小时深港创新圈”，目标是使“深港创新圈”在国际上有较大影响、在国家战略中有重要地位、对区域发展有突出贡献。

在《关于“深港创新圈”合作协议》中，深港双方达成了17项共识。这17项共识是：①双方政府成立深港创新及科技合作督导会议，由香港工商及科技局局长和深圳市常务副市长共同担任主席，进行高层协商与沟通，双方高层每年定期举行两次会议，统筹及督导两地各有关机构在深港合作上的安排。②双方加强“深港创新圈”战略研究的合作，尽快制定创新圈发展战略和实施步骤。③加强两地创新人才、设备、项目信息资源的交流与共用，双方合作建立统一的深港科技资源信息库。④鼓励相关科研机构积极开展科技管理及研究人员互派学习活动。⑤加强两地科研机构及高校间的合作。⑥深圳市人民政府鼓励和支持香港各高校和香港职业训练局等到深圳依法开展在职学历、学位、专业资质证书培训和专业技能培训。⑦双方共同组织开展全民科普教育活动以及青少年创意实践活动，培养创新科技文化。⑧整合创新资源，支持创新合作。在粤港科技合作的框架下，双方政府共同出资支持两地企业和科研机构合作开展创新研发项目，实行共同申报、共同评审，并共同促进其产业化。⑨充分利用双方现有公共技术平台，双方企业和单位可平等地共用这些公共技术平台资源。双方合作推动香港的研发中心成为深港创新平台。⑩鼓励和支持双方机构建立联合实验室。双方合作，共同支持科研机构申报国家重大科技项目攻关计划、国家重点实验室等。⑪加强双方科技园区的合作，实现布局合理、特色突出，努力构建完整的产业链和创新链。⑫鼓励和支持双方科技中介服务机构的合作，并赴对方设立分支机构。⑬加强双方在设计方面的交流与合作，推动两地企业善用设计、努力创新，为产品和服务增值。⑭加强双方在知识产权管理、保护和使用方面的交流与合作，为自主创新提供有效保障。⑮在香港贸易发展局与深圳市人民政府的合作基础上，双方加强合作向外推广深港两地的科技服务和成果，包括组织双方以整体的形象在国际、国内共同开展招商引资、市场推广和产业服务等活动；加强双方会展业的合作，培育各自有特色、有品牌的国际性科技展会。⑯双方共同努力，改善通关环境和跨境交通，为物流、资金、人才和信息等创新要素的流动提供更大的便利。⑰加强双方在医疗卫生、环境保护、食品药品检验、出入境检验检疫等公共服务领域的科技合作与交流。

《关于“深港创新圈”合作协议》签订后，确实在一定程度上推进了深港双方在科技领域的合作。《中国日报》2010年11月17日刊载的《深港创新圈三年结硕果成中国高新产业》一文指出，2007年“深港创新圈”启动以来，深港两地以单方或双方联合的方式共资助250多个项目，这些项目都由企业和科研机构共同完成，且每个项目的承担单位和合作单位都分别来自深港两地。其中包括具有示范效应的、“深港创新圈”首个项目——杜邦公司的太阳能光伏电薄膜项目，该项目在香港设立业务和研发中心，在深圳光明新区建立生产基地，形成完整的光伏产业价值链。这个项目的成功合作，使深港共同赢得了联合国“最佳投资促进奖”。香港的知名学府香港中文大学、香港理工大学、香港科技大学等纷纷参与到“深港创新圈”项目中。香港创新科技署署长也表示，深港双方的合作有利于推动彼此的发展。

然而，令人遗憾的是，由于香港各方面的原因，“深港创新圈”没过几年就很快沉寂下去，《关于“深港创新圈”合作协议》中的绝大多数共识，真正得到落实的也不多。

2007年深港两地共议“深港都市圈”

自2003年中央政府与香港特区政府签订CEPA后直到2008年世界金融危机发生前的这几年，确实是深港两地政府合作最热闹的时期，也可以称之为两地政府之间合作的第一次“蜜月期”。我们前面已经讲到的2004年签订“1+8”合作协议和2006年炒热“深港创新圈”并签订《关于“深港创新圈”合作协议》都是两地政府在这个时期合作的杰作。然而这并没有完，自2007年起，两地又开始热议深港都市圈（或称“深港大都会”）。

事实上，早在2005年1月深圳市人民政府印发的《深圳市融入泛珠三角区域合作实施方案》中，就首次提出了要建立深港合作圈。这里的深港合作圈是指“深圳与泛珠三角区域合作的第一圈层，是深圳市融入泛珠三角区域合作的重要基础”。该方案认为：“构建深港合作圈可以实现深港两地的城市功能和产业功能互补，使深圳最大限度地承接香港的辐射带动力，有效利用香港国际化金融、物流、商贸、信息等服务平台，形成深港国际性金融、贸易和物流中心城市圈。融入泛珠三角区域合作，可以发挥深圳毗邻香港的独特地缘优势，发挥沟通香港与内地之间要素流动和资源配置的桥梁纽带作用，发挥保持香港、澳门繁荣稳定的积极作用。”

从以上表述来看，深港合作圈实际上是深港产业和社会深度协同发展的深港都市圈，并以此为中心对周边地区和内地发挥辐射和带动作用。

2006年3月，深圳市第四届人民代表大会第二次会议审议批准的《深圳市国民经济和社会发展第十一个五年总体规划》中，专辟了一节论述“加强深港合作”，其中第一次提出“深港都市圈”的概念：“以‘一国两制’为基本原则，以CEPA、泛珠三角区域合作机制和深港‘1＋8’合作协议为基本框架，将深港的协调与合作关系提高到战略合作城市的高度，推动深港的优势互补和共同发展。按照《深圳市融入泛珠三角区域合作实施方案》确定的合作方向和领域，落实总体发展规划确定的深港合作项目，积极推动和配合深港在基础设施、环境保护、港口机场、口岸及边境地区以及文化教育、科技人才等方面的交流与合作，共同构建‘深港都市圈’。”

2006年7月，在深圳市制定的《深圳2030城市发展策略》中，更进一步明确深圳的定位是“与香港共同发展的国际都会”。

这一次，香港方面也有重量级机构给予了高调的回应。

2006年8月，在由综合开发研究院（中国·深圳）、深圳经济特区研究会和香港特区政府中央政策组联合举办的首届深港合作论坛上，香港特区政府中央政策组首席顾问刘兆佳提出深港应联合打造“特大城市”，催生“国际化大都会”。

2007年2月，时任香港特区行政长官曾荫权在竞选纲领中首次提出要与深圳建立战略合作伙伴关系，携手打造世界级的国际大都会。

2007年8月13日，香港特区政府特别举行了港深合作论坛，邀请了包括深圳市市长在内的两地高层及专家出席。会上专门讨论由香港特区政府的主要智囊机构——香港智经研究中心发布的研究报告《建构“港深都会”》。此报告是香港第一份有关把香港和深圳两地打造成国际大都会的可行性报告，对两地学者、行业专家、企业代表以及政府官员进行调查走访，历时8个月才完成。报告称，由香港和深圳组成的港深大都会，2020年的经济总量将达到1.11万亿美元，将超越伦敦、巴黎及洛杉矶等世界大城市，排名全球第3位，仅次于纽约和东京。该报告还指出，就港深大都会而言，最基本的前提之一，就是实现生产和生活要素的相对自由流动。据调查，香港受访者对两地人员流动的现状基本表示满意。对此，报告提出了10项建议，其中最受瞩目的是建议香港允许深圳约200万名居民只需持有智能卡，便可以随时到港消费、游玩、探亲和进行商务等活动。这份报告还建议将港深两地机场铁路完全接轨，将两地机场联系成“超级航空港”。

由于长期以来深港合作的议题都由深圳首先提出，这次港深建构大都会的建议却罕见地由香港主动提出，因此这份报告发表后，立即引起了海内外的关注与热议。

美国《华尔街日报》称，这将是“迄今为止香港和深圳这两座毗邻城市在结合为一个强大经济实体方面迈出的最大胆一步”。

韩国《朝鲜日报》称，亚洲最大的金融城市中国香港和中国内地经济特区城市深圳结合，形成全球特大城市的构思日渐成熟。

新加坡《联合早报》认为，若港深能组成国际大都会，发展空间相当大，目前，港深两地面积3000多平方公里，人口2000多万，已超过伦敦。而且，国际上也有不少类似的合作先例，而现代意义上的国际都会，都是由几个、十几个城区或城市群组成的，大纽约、大伦敦、大东京等都是类似的概念。依托强大的内地经济，港深都会作为全球最重要的资金募集场所，地位将得到进一步加强。

中国香港有媒体称，民调显示，对这一建议，香港有60%的人同意，还有30%的人感到不乐观或对建议有保留，他们担心由此带来房地产价格下滑和黑工大量流入等负面影响①。

该报道指出，香港民调中有60%的人同意这一建议，还有30%的人只是感到不乐观或看法保留，也就是说，真正反对的人只有10%。这充分说明在港深两地多年的发展过程中，大部分民众已经认可和接受了深港两地经济结合和社会结合的现实，这无疑是深港共建都市圈和国际大都会的重要民意基础，也说明深港两地协同发展趋势是一个内在发展的客观规律。

然而，深港两地共同发起的深港都市圈的建议，也像深港两地其他重要的合作协议一样，最终还是无疾而终。个中原因到底为何，至今不得而知。

让人感到困惑的是，尽管香港智经研究中心的报告《建构“港深都会”》是在香港特区政府举办的论坛上发布的，但是报告中所提出的“港深共建国际大都会”的核心概念，却始终没有写入香港特区政府的官方正式文件。曾荫权在竞选纲领中所提到的“与深圳建立战略合作伙伴关系”“与深圳携手打造世界级的国际大都会”的目标，后来也并没有出现在曾荫权出任特首后的香港特区政府官方正式文件中。

---

① 《香港提议与深圳合建大都会》，《环球时报》2007年8月14日。

对2003年后深港两地政府间合作的实际效果评判

通过以上对2003年以来深港两地政府之间合作的回顾，我注意到这样几点：

第一，深港政府之间自2004年起通过“1+8”合作协议搭建了合作平台——深港合作会议，无论深港之间的关系是高潮还是低谷，该合作会议一直坚持一年一度举行。这当然是深港合作中的一件大好事，因为在现代区域经济合作中，政府之间建立合作机制是最重要的前提。

但是，这个政府间合作平台搭建至今已经19年了，并没有太多的，特别是能够对深港两地经济产生重大影响的成效（不包括在通关、人员往来和基础设施建设等领域开展的正常合作）。如果说19年来深港合作会议的主要成果就是落马洲河套地区的开发合作、“深港创新圈”的合作和前海深港现代服务业合作区的合作，但实际上无论是落马洲河套地区的开发合作项目，还是前海深港现代服务业合作区的合作项目，这些年来香港一方都进展缓慢、成效甚微，对香港的经济发展、产业发展并没有产生什么重要的影响。

第二，即使是被媒体热情赞扬的“深港创新圈”，在香港方面的发展也不尽如人意。从《中国日报》2010年11月17日赞扬“深港创新圈”的那篇文章来看，“深港创新圈”建立3年后，“两地以单方或双方联合的方式共资助250多个项目”。但这250多个项目都是规模多大的项目？有哪些高科技重要领域的项目？项目的创新性如何？又产生了怎样的经济效益？这些均语焉不详。而且所谓“以单方或双方联合的方式资助”又是怎样的情况？深港双方联合资助的项目有多少？港方单方资助的项目又有多少？这些也是语焉不详。“深港创新圈”建立3年后的250多个项目中，值得一提的是首个项目——由美国杜邦公司投资的太阳能光伏电薄膜项目。但严格来说，这个项目也不是深港两地合作自主创新的项目。因为无论是项目的技术还是资金，都是美国杜邦公司的，这个项目无非就是杜邦这家世界级跨国公司在深港两地又设立的一个“前店后厂”的项目而已，只不过这个项目不再是劳动密集型的加工贸易产业项目，而是美国的高科技产业项目。因此，在我看来，所谓的“深港创新圈”也是“盛名之下，其实难副”，与由深圳市政府、北京大学和香港科技大学于1999年建立的深港产学研基地所发挥的作用和作出的贡献相比，差得太远。

第三，深港两地2007年提出的共建深港都市圈，只是停留在政府文件和研究报告上，并没有进一步发展和落实的措施，这里不予评论。

第四，深港两地政府间自2003年开始的“热络合作”，到了2008年之后就基本停滞不前，没有什么大的举措了。

我认为，深港两地合作之所以出现上述问题，主要有以下几个方面的原因。

第一，2008年世界金融危机后，产业空心化给香港经济带来了越来越多的困境和压力，香港特区政府需要花更大的精力来解决自己的内部问题，无暇多顾。

第二，香港与深圳的产业发展“背向而行”，而且经济发展的水平差距也越来越大，两地越来越缺乏经济和产业合作的基础。

第三，香港由于经济停滞、社会贫富状况恶化，反中乱港势力越来越猖獗，导致整个社会越来越混乱，这也在客观上为深港合作的进一步深化以及深港两座城市的协同发展造成了很大的障碍和掣肘。

当然可能还有更多的原因，但这是另外一个大的研究课题了，这里不再展开。

第六章

目前深港两大合作项目的发展与评价

» 第一节 命运多舛的深港河套地区合作

2004年后深港两地政府同意将河套地区开发纳入合作议程

上一章我们讲到，香港企业家文伙泰积极倡导和深圳市政府大力支持的深港“一河两岸”及河套地区开发合作项目，是深港两地最早开展的实际合作项目。但香港特区政府对此并未作出积极回应，导致其被长期搁置。上一章也讲到，直到2004年，香港特区政府才同意将河套地区的开发纳入两地合作议程。具体情况是，2004年6月，时任深圳市市长李鸿忠访问香港，并与时任香港特区政府政务司司长曾荫权就河套地区的发展问题进行了讨论，最后联合宣布两地政府同意将河套地区的开发纳入合作议程。

但是，此后又过了3年，到了2007年12月，深港双方才决定成立港深边界区发展联合专责小组，负责统筹、督导和协调深港两地有关边界邻近地区土地规划发展的研究工作。在该小组举行会议后，时任香港发展局局长的林郑月娥指出：“两地政府不是着眼于短期利益，而是长远发展。”港深两地开发河套地区，都是建立在互惠互利、促进两地共同发展的基础上的。以后如果进一步开展边界区的其他发展项目，也均由港深边界区发展联合专责小组负责。

又过了差不多1年，2008年11月，深港两地政府才正式签署了《落马洲河套地区综合研究合作协议书》，将河套地区的合作范围拓展为3个片区，其中河套A区和河套B区在港方境内，深圳河以北的河套C区在深方境内。此外，为了集思广益，双方还聘请两地学术机构收集深港两地市民及有关专家对落马洲河套地区未来发展的意见，为下一步的综合研究提供基础。

2017年深港签署《合作备忘录》，终于迈出里程碑式的一步

2008年后，有关深港河套地区这1平方公里土地要干什么的开发方案引发了香港各界的激烈争论，主张颇多，各有不同，包括跨境加工贸易区、跨境新兴工业区、跨境贸易区、跨境文化产业区、跨境观光旅游区、跨境展览展示区……不一而足。由于具体开发方案众说纷纭，长时间没能达成共识，而香港特区政府又

始终没拿出自己的战略方案和政策意图，因此此项合作再次被搁置了10多年。

2016年3月29日，时任深圳市委书记马兴瑞专程赴港，与时任香港特区行政长官梁振英会晤。双方会晤中再次就两地进一步加快推进落马洲河套地区的开发建设及深港科技等领域的交流合作进行了沟通，终于达成了深港在落马洲河套地区共建创新及科技园的共识。

2017年1月，在深港合作会议上，两地政府正式签署了《关于港深推进落马洲河套地区共同发展的合作备忘录》（简称《合作备忘录》），明确联手打造深港科技创新合作区。其中，河套A区位于香港一侧，约1平方公里，建设港深创新及科技园；河套C区及福田保税区位于深圳一侧，建设深方科创园区，约3平方公里；以上“两园”合计形成约4平方公里的深港科技创新合作区。深港共建的“两园一区”将引导深港两地及海内外优质高科技企业、研发机构、高等院校进驻聚集，并推动其成为科技创新的高端新引擎。

至此，深港在河套地区的合作终于迈出了里程碑式的一步，拉锯多年的河套地区开发终于有了历史性突破，持续多年有关河套地区开发的争议也终于结束。

香港终于动起来了，但进度迟缓

自香港特区政府与深圳市政府2017年1月正式签署《合作备忘录》后，双方就香港一侧的港深创新及科技园相关合作事项成立了港深创新及科技园发展联合专责小组，并于2月在深圳召开了第一次会议。新成立的联合专责小组中，港方由时任香港特区政府创新及科技局局长杨伟雄担任组长，其他成员都是香港特区政府相关部门的代表，深圳也派出了自己的负责人和成员。而负责开发这个科创园的则是一家由香港科技园公司全资拥有的企业。

直到2021年5月26日，香港特区政府财政司司长陈茂波表示，香港特区政府仍在全力推进港深创新及科技园建设，但园区第一期发展的8座楼预计于2024年至2027年才能分阶段落成。

我在这里介绍香港一侧的港深创新及科技园的发展进程，就是想说明：一方面，香港一方终于真正动起来了；另一方面，香港一方的进度迟缓，以至于2017年到现在已经过去六七年了，河套地区香港一侧的大片土地，眼下还是一片满目苍绿的山野水田。香港发展局于2021年5月11日透露，香港特区政府宣布配合河套地区的港深创新及科技园未来能够提供约6.4万个就业机会，但香港特区政府的目标是在2025年展开建造工程，争取首批数以千计的居民及若干企业在2032年迁入。

深圳一侧大干快上，进展神速，如火如荼

与香港一侧的满目苍绿形成明显对照的是，在深圳一侧约3平方公里的深港科技创新合作区，虽然成立只有短短几年，但现在已是大干快上，如火如荼，成效明显。

2018年9月26日下午，深圳市政协六届四十三次主席会议围绕“助力河套地区深港科技合作”主题开展专题协商。受深圳市政府委托，福田区区长高圣元就深港科技创新合作区整体工作进展向政协委员作了通报。高圣元透露，福田保税区已经梳理出超过30平方公里的空间，规划建设2400平方米的合作区服务中心。深圳市发改委牵头编制了合作区总体规划和先行先试的政策，基本完成了合作区深方区域“1＋N”规划体系的衔接，其中“1”是由国家层面制定的合作区总体规划，“N”是由深圳和香港共同研究形成的规划，包括空间规划、科技产业规划、交通规划以及生态规划、环境规划等，这些规划将共同形成支撑合作区未来发展的总体框架；深圳市科技创新委员会牵头编制了合作区的科技产业规划，明确以微电子、人工智能、生物医药、新材料为重点产业发展方向，布局相关的科研项目；深圳市规划和国土资源委员会牵头编制了合作区的空间规划，提出了“一心两翼”的总体空间布局，其中“一心”是在福田口岸建设综合服务枢纽，“两翼”则是香港一侧的港深创新及科技园和深圳一侧的深方科创园区；深圳市交通运输委员会同深圳市口岸办编制了口岸区的交通规划，在皇岗口岸引入3条城际轨道和2条地铁线路，以及开展皇岗口岸改造和广深改造等重点工程；深圳市人民政府国有资产监督管理委员会牵头形成了合作区深方运营公司的组建方案；同时建立深方各专责小组与港方对接。

专题协商会上，方舟委员代表深圳市政协河套地区课题组作总报告发言，该课题是2018年深圳市委重大调研项目，深圳市政协5个小组进行了广泛的调研论证，耗时半年形成总报告，提出了8个方面共21条对策建议。调研报告认为，河套地区因历史原因，形成了目前深港两地共同建设、管理的特殊形式，是试点

深港合作及便利香港人北上就业相关政策的最佳平台。针对目前科研要素跨境便利流动尚存障碍的现状，建议深港两地政府联合向中央申请，将规划中的深港科技创新合作区升级为国家科技创新特别合作区，成为第一个以科技创新为主导的跨境合作区。要借鉴其他成熟的国家级跨境合作区如珠澳跨境工业区、中哈霍尔果斯国际边境合作中心等的做法，将深港科技创新合作区定位为“一国两制”要素跨境流动特别示范区，争取使河套地区获得中央部委综合授权，推动河套地区一揽子优惠政策试点，让河套地区与前海共同升级为粤港澳大湾区国家级战略平台。

此外，从深港科技创新合作区起步阶段始，深圳市福田区委、区政府就坚持硬件、软件一起抓。其中硬件包括基础设施建设和空间土地的筹集，而软件包括规划和政策，形成规划和政策与土地空间相协同的创新体系。在规划方面，就是前面提到的“1+N”规划体系；在政策方面，则是积极探索对接香港及国际先进规则，广泛听取港方科研机构、大学、科研人才以及产业界的意见，出台实施支持科研及创新创业“政策包”，创新性地提出选题征集制、团队揭榜制、项目经理制、同行评议制、项目评估与淘汰制、政企联投制等科研管理六大机制，构建最有利于科技创新的科研管理制度，打造国际先进创新规则试验区。

到2022年6月，这个占地3.89平方公里的地块，不仅成为粤港澳大湾区唯一以科技创新为主题的特色平台，更上升为国家级战略平台。

第一，近年来，福田区政府“租、购、改、建”四策并用，持续加快筹集土地空间，截至2023年8月底，已有10个专业化科创园区和80万平方米科研空间陆续投入使用。目前，深港协同创新中心、深港国际科技园、国际量子研究院、国际生物医药产业园一期和二期、河套国创中心等创新载体已建成，率先承载香港及海外高端科研资源。此外，深港开放创新中心、深港科创综合服务中心已开工建设，将新增30万平方米科创及配套空间。

第二，截至2023年8月底，深港科技创新合作区实质推进和落地高端科研项目达150余个。其中“量子谷”已初见雏形，量子信息科学国家实验室深圳基地落地运作；粤港澳大湾区（广东）量子科学中心揭牌成立，打造量子科技新高地；“湾区芯谷”建设初具规模，意法半导体全球唯一封测创新中心以及鲲云科技、汇顶科技等产业链龙头企业落地，形成了集成电路发展格局；大数据及人工智能快速发展，未来网络试验设施国家重大科技基础设施项目，国家信息通信领域唯一重大科技基础设施项目进展顺利；沈向洋院士领衔的粤港澳大湾区数字经济研究院团队成立1年就发布多项科研产品……生物医药、能源科技等战略性新兴产业也逐渐布局，虹吸效应逐步显现。更重要的是，深港科技创新合作区已逐步构建起“基础研究+技术攻关+成果产业化+科技金融+人才支撑”全过程创新生态链。

第三，随着产业空间的打通，多个国家级重大平台枢纽陆续入驻。国家药品监督管理局药品审评检查大湾区分中心和医疗器械技术审评检查大湾区分中心均已顺利开展业务，对深港科技创新合作区发展大健康和生物制药产业形成强有力的支撑。

第四，香港高校、科研机构正在批量进驻深港科技创新合作区。据统计，深港科技创新合作区已引进香港大学、香港科技大学、香港中文大学、香港城市大学、香港理工大学等5所香港高校共10个优质科研项目。其中，香港城市大学、香港中文大学、香港科技大学等的5个项目已正式运营并开展科研活动，香港城市大学深圳福田研究院成功研发我国首台拥有自主知识产权的桌面型电子显微镜，香港中文大学深港创新研究院建设了全国首个开放式医疗机器人测试基地。

第五，为了联合吸引全球高端人才来深发展，便捷香港青年在深追梦，福田出台基础研究“政策包”，深港“联合政策包”落地实施，对接国际先进规则，围绕香港与内地科研合作的难点痛点，形成涵盖人流、物流、资金流、信息流、商流和法制、税制、科研体制、园区管理体制的系统化、集成化政策框架体系。

第六，随着两地互动愈加频繁，如今的深港科技创新合作区已吸纳了不少香港青年前来创业，现有6家粤港澳青年创新创业基地，全力支持香港创新创业青年筑梦湾区。

第七，福田现已在深港科技创新合作区建成“e站通”综合服务中心，这是深圳目前唯一能够“一站式”办理海关和地方政府服务事项的大厅，为园区企业、香港及国际人才提供“一门式、一窗式、一网式”服务。截至2023年7月，“e站通”累计服务企业和群众3.1万人次，提供560项政务服务事项。

总之，在深港河套地区深圳一侧，我们看到的是热气腾腾、大干快上、进展神速、如火如荼的局面，看到的是5年来深港科研合作和创新创业已经取得的丰硕成果，看到的是深港河套地区光明的未来。

» 第二节 “目标宏大”的深港前海合作

深港前海合作从一开始就与深港河套合作根本不同

深港合作的一个大项目，就是众所周知的前海深港现代服务业合作区（简称“前海合作区”）项目。

2008年，广东省政府在编制“十二五”规划时，与国家发改委一道向国务院提出要将深圳的前海作为深港新的战略合作区的构想。

2010年8月26日，国务院批复“原则同意《前海深港现代服务业合作区总体发展规划》（简称《规划》）”。批复指出，《规划》的实施是在“一国两制”框架下，进一步深化粤港紧密合作，以现代服务业发展促进产业结构优化升级，为我国构建对外开放新格局，为全国转变经济发展方式，实现科学发展发挥示范带动作用。批复要求，要充分发挥香港国际经济中心的优势和作用，利用前海粤港合作平台，推进与香港的紧密合作和融合发展，逐步把前海建设成为粤港现代服务业创新合作示范区，在全面推进香港与内地服务业合作中发挥先导作用……引领带动我国现代服务业发展升级。

从以上我们就可以看出，这个项目从发起、定位到合作对象，都与前面深港河套地区合作项目完全不同。

首先，这个项目不像深港河套地区合作项目那样先由民间发起，而是一开始就由中央和广东省政府共同发起。

其次，这个项目的起点很高，不像深港河套地区合作项目那样只是深港两地开展的合作项目，而是一开始就被列入国家“十二五”规划的具有国家战略意义的大项目。

最后，这个项目名称上虽然是“深港合作”，但实际上的合作内容远远超出了深港合作的范围，是粤港合作的平台，是粤港澳大湾区合作的平台，甚至可以说是国家利用香港优势，发展现代服务业，实施对外开放新战略的平台。

2021年9月6日，中共中央、国务院又印发了《全面深化前海深港现代服务业合作区改革开放方案》，对前海合作区提出了更高的要求。该方案不但有原则要求（即要在“一国两制”框架下进一步先行先试，推进与港澳规则衔接、机制对接，丰富协同协调发展模式，打造粤港澳大湾区全面深化改革创新试验平台，建设高水平对外开放门户枢纽，不断构建国际合作和竞争新优势），而且确定了“两步走”的具体发展目标：到2025年，要建立健全更高层次的开放型经济新体制，初步形成具有全球竞争力的营商环境，高端要素集聚、辐射作用突出的现代服务业蓬勃发展，多轮驱动的创新体系成效突出，对粤港澳大湾区发展的引擎作用日益彰显。到2035年，要使高水平对外开放体制机制更加完善，营商环境达到世界一流水平，建立健全与港澳产业协同联动、市场互联互通、创新驱动支撑的发展模式，建成全球资源配置能力强、创新策源能力强、协同发展带动能力强的高质量发展引擎，改革创新经验得到广泛推广。同时，该方案还将前海合作区的总面积由原来的近15平方公里扩展至近121平方公里。

这种从国家层面对深港合作项目的快速和大幅提升，更是深港河套地区合作项目所不可想象的。

2010年国家规划前海合作区的目标与产业方向

第一，前海合作区要实现“三步走”的发展目标。

根据2010年的《规划》，前海合作区经过10年左右的努力，要完成“三步走”的发展目标：

2010—2012年是前海合作区初创阶段。这一时期全面完成合作区的土地整备工作，基础设施建设取得重大进展，景观环境得到明显改善，制度设计和政策法规建设取得一定突破，基本形成公平、高效的管理运行机制和社会公共服务体系。

2013—2015年是前海合作区发展的提升阶段。这一时期基础设施建设将基本完成，并初步建立资源节约、环境友好的生态城区，深港合作取得明显成效，产业政策环境和社会公共服务体系得到进一步开放和完善。

2016—2020年是前海合作区的发展阶段，一个基础设施完备、国际一流的现代服务业合作区将完全建成，并具备适应现代服务业发展需要的体制机制和法律环境，形成结构合理、国际化程度高、辐射能力强的现代服务业体系。这里将聚集一批具有世界影响力的现代服务业企业，成为亚太地区重要的生产性服务业中心和世界服务贸易重要基地。

第二，前海合作区要重点推动四大主导产业。

《规划》提出，坚持深港合作、高端引领、服务广东、面向全球战略取向，重点发展金融业、现代物流业、信息服务业、科技服务和其他专业服务业四大产业领域。

金融业方面，推动以跨境人民币业务为重点的金融领域的创新合作，推进深港资本市场创新合作和保险创新发展试验区建设，根据国家金融业对外开放的总体部署，努力将前海建设成为国家金融创新和对外开放的试验示范窗口。支持符合条件的在香港上市的内地企业到深圳上市，支持符合条件的香港金融机构在前海设立合资证券公司。

现代物流业方面，按照深港共建全球性物流中心的目标，打造区域生产组织中枢和国际供应链管理中心，发展航运衍生服务等，促进深港两地现代物流业深度合作，形成高端物流业的集聚区，强化对珠三角地区制造业生产组织服务能力。

信息服务业方面，统筹规划建设信息基础设施，全面提升信息传输服务能力，高水平发展信息传输服务业，大力发展软件和信息技术服务业，全力打造南方物流信息交换中枢和国际电子商务中心，大力发展信息内容服务业，加快推进网络经济与实体经济的融合发展。

科技服务及其他专业服务业方面，前海将汇聚科技服务和其他专业服务资源，优先发展科技创新服务，大力发展创意设计服务、高端咨询服务和会展服务等专业服务，适度发展会计、法律服务，构建区域性科技创新服务中心和生产性专业服务基地，为珠三角地区产业升级和自主创新提供有力支撑。

2012年国家给予前海合作区的产业准入政策和优惠政策

2012年3月，国家发展改革委正式印发了《深圳前海深港现代服务业合作区产业准入目录》。该目录涵盖了前海合作区金融业、现代物流业、信息服务业、科技服务业、专业服务业、公共服务业六大领域共计112条产业目录。

一是23条金融业条目：银行业金融机构，非银行金融机构，证券公司、基金服务机构、保险公司、经相关部门批准设立的要素交易市场、融资租赁、融资担保服务、经批准的离岸金融服务、其他创新金融服务，等等。

二是18条现代物流业条目：供应链管理服务，航运交易、航运经纪与航运咨询服务，基于电子商务的物流配送与快递服务，航空器、航材交易服务，保税展示、保税交易等保税物流服务，与电子商务结合的商业服务，等等。

三是16条信息服务业条目：基础电信业务，增值电信业务，电子认证服务，数字内容服务，互联网数字内容开发与应用，高可信计算、智能网络、移动互联网、物联网等技术与应用，等等。

四是7条科技服务业条目：国内外科研机构及其分支机构、国际科技创新机构，科技研发服务、科技咨询服务、科技成果转移转化与应用服务，等等。

五是39条专业服务业条目：会计、评估、法律服务，咨询服务，工程服务，文化创意服务，会展服务，教育、医疗服务，人力资源服务，知识产权服务，等等。

六是9条公共服务业条目：城市公共配套服务，环境保护、资源循环利用、节能等技术开发与应用，社会工作服务，游艇、航空休闲服务，等等。

此外，国家给予前海合作区22条优惠政策。

一是金融服务业政策：支持前海构建跨境人民币业务创新试验区；探索试点跨境贷款；支持前海企业赴港发行人民币债券；支持设立前海股权投资母基金；支持外资股权投资基金在前海创新发展；支持在CEPA框架下适当降低香港金融企业的准入条件；支持前海试点设立创新型金融机构和要素交易平台；支持境内外金融机构在前海设立国际性或全国性管理总部、业务运营总部等。

二是财税政策：对前海符合产业准入目录及优惠目录的企业减按15%的税率征收企业所得税；对符合前海规划产业发展需要的境外高端人才和紧缺人才，取得的暂由深圳市政府按照内地与境外个人所得税税负差额给予的补贴，免征个人所得税；注册在前海的符合规定条件的现代物流企业享受现行试点物流企业按差额征收营业税的政策。

三是法制政策：探索香港仲裁机构在前海设立分支机构；进一步密切内地与香港律师业的合作，探索完善内地与香港律师事务所联营方式，在CEPA及其补充协议框架下，深化落实对香港的各项开放措施。

四是人才政策：为外籍人才、港澳台人才、海外华侨和归国留学人才在前海的就业、生活及出入境等提供便利；将前海纳入经国家批准的广东省专业资格互认先行先试试点范围；允许取得香港执业资格的专业人士直接为前海的企业和居民提供专业服务，服务范围限定在前海内；允许取得中国注册会计师资格的香港专业人士担任内地会计师事务所合伙人。

五是教育、医疗政策：允许香港服务提供者经批准在前海设立独资国际学校，其招生范围可扩大至在前海工作的取得国外长期居留权的海外华侨和归国留学人才子女；允许香港服务业提供者在前海设立独资医院。

六是电信政策：支持港澳电信运营商与内地电信运营商根据CEPA在前海建立合资企业，经营电信业务；鼓励创新电信运营管理模式，支持当地电信企业根据前海实际探索制定优惠电信资费方案；支持建设前海国际通信专用通道，满足前海企业的国际通信业务需求。

2021年国家支持前海合作区实现的八大改革任务

中共中央、国务院2021年发布的《全面深化前海深港现代服务业合作区改革开放方案》，总体上要求把前海合作区打造成全面深化改革创新试验平台。

第一大改革任务，推进现代服务业创新发展。建立健全联通港澳、接轨国际的现代服务业发展体制机制；联动建设国际贸易组合港；培育以服务实体经济为导向的金融业态；加快绿色、智慧供应链发展；规范发展离岸贸易；探索研究推进国际船舶登记和配套制度改革；推动现代服务业与制造业融合发展，促进“互联网+”、人工智能等服务业新技术新业态新模式加快发展。

第二大改革任务，加快科技发展体制机制改革创新。大力发展粤港澳合作的新型研发机构，促进港澳和内地创新链对接联通；建设高端创新人才基地，推动引领产业创新的基础研究成果转化；积极引进创投机构、科技基金、研发机构；联合港澳探索有利于推进新技术新产业发展的法律规则和国际经贸规则创新，健全数字规则，提升监管能力，坚决反对垄断和不正当竞争行为；集聚国际海洋创新机构，加快建设现代海洋服务业集聚区，打造海洋科技创新高地；推动知识产权维权援助等体制机制创新，建设国家版权创新发展基地。

第三大改革任务，打造国际一流营商环境。用好深圳经济特区立法权，健全外资和民营企业权益保护机制；用好深圳区域性国资国企综合改革试验相关政策，加快国有资本运营公司改革试点；完善竞争政策框架，以市场化法治化国际化营商环境支持和引导产业发展；创建信用经济试验区，推进政府、市场、社会协同的诚信建设；推进与港澳跨境政务服务便利化，研究加强在交通、通信、信息、支付等领域与港澳标准和规则衔接；为港澳青年在前海合作区学习、工作、居留、生活、创业、就业等提供便利；支持港澳和国际高水平医院在前海合作区设立机构，提供医疗服务；建立完善外籍人才服务保障体系，实施更开放的全球人才吸引和管理制度。

第四大改革任务，创新合作区治理模式。优化法定机构法人治理结构、职能设置和管理模式；积极稳妥制定相关制度规范，研究在前海合作区工作、居留的港澳和外籍人士参与前海区域治理途径，探索允许符合条件的港澳和外籍人士担任前海合作区内法定机构职务；推进行业协会自律自治，搭建粤港澳职业共同体交流发展平台；开展政务服务流程再造，推进服务数字化、规范化、移动化、智能化；深化“放管服”改革，探索符合条件的市场主体承接公共管理和服务职能，健全公共服务供给机制；提升应对突发公共卫生事件能力，增强应对重大风险能力；推动企业履行社会责任，探索政府和企业协同治理模式。

第五大改革任务，深化与港澳服务贸易自由化。支持前海合作区在服务业职业资格、服务标准、认证认可、检验检测、行业管理等领域，深化与港澳规则对接；在前海合作区引进港澳及国际知名大学开展高水平合作办学，建设港澳青年教育培训基地；支持前海打造面向海外市场的文化产品开发、创作、发行和集散基地；支持港澳医疗机构集聚发展，建立与港澳接轨的开放便利管理体系；推动对接港澳游艇出入境和人员货物通关等开放措施。

第六大改革任务，扩大金融业对外开放。提升国家金融业对外开放试验示范窗口和跨境人民币业务创新试验区功能，在与香港金融市场互联互通、人民币跨境使用、外汇管理便利化等领域先行先试；开展本外币合一银行账户试点，为市场主体提供优质、安全、高效的银行账户服务；支持符合条件的金融机构开展跨境证券投资等业务；支持国际保险机构在前海合作区发展，为中资企业海外经营活动提供服务；深化粤港澳绿色金融合作，为内地企业利用港澳市场进行绿色项目融资提供服务；探索跨境贸易金融和国际支付清算新机制；支持前海推进监管科技研究和应用，探索开展相关试点项目；支持香港交易所前海联合交易中心依法合规开展大宗商品现货交易；依托技术监测、预警、处置等手段，提升前海合作区内金融风险防范化解能力。

第七大改革任务，提升法律事务对外开放水平。在前海合作区内建设国际法律服务中心和国际商事争议解决中心，探索不同法系、跨境法律规则衔接；探索完善前海合作区内适用香港法律和选用香港作仲裁地解决民商事案件的机制；探索建立前海合作区与港澳区际民商事司法协助和交流新机制；深化前海合作区内地与港澳律师事务所合伙联营机制改革，支持鼓励外国和港澳律师事务所在前海合作区设立代表机构；支持前海法院探索扩大涉外商事案件受案范围，支持香港法律专家在前海法院出庭提供法律查明协助，保护进行跨境商业投资的企业与个人的合法权益；建设诉讼、调解、仲裁既相互独立又衔接配合的国际区际商事争议争端解决平台；允许境外知名仲裁等争议解决机构经广东省政府司法行政部门登记并报国务院司法行政部门备案，在前海合作区设立业务机构，就涉外商事、海事、投资等领域发生的民商事争议开展仲裁业务；探索在前海合作区开展国际投资仲裁和调解，逐步成为重要国际商事争议解决中心。

第八大改革任务，高水平参与国际合作。健全投资保险、政策性担保、涉外法律服务等海外投资保障机制，支持前海合作区企业走出去；加强与国际港口和自由贸易园区合作，推动境内外口岸数据互联、单证互认、监管互助互认，开展双多边投资贸易便利化合作；支持在前海合作区以市场化方式发起成立国际性经济、科技、标准、人才等组织，创新国际性产业和标准组织管理制度；发展中国特色新型智库，建设粤港澳研究基地；稳妥有序扩大文化领域对外开放，建设多种文化开放共荣的文化交流互鉴平台，打造文化软实力基地；支持深圳机场充分利用现有航权，不断与共建“一带一路”国家和地区扩大合作；支持深圳机场口岸建设整车进口口岸；依托深圳国际会展中心，推动会展与科技、产业、旅游、消费的融合发展，打造国际一流系列会展品牌。

前海合作区成立10年所取得的发展成就

2020年8月27日，前海深港现代服务业合作区成立10周年成果发布会举行，向外界交出了一份亮丽的成绩单。10年来，前海探索形成以制度创新为核心实现高速度、高质量发展的区域开发开放“前海模式”，在开发开放中实现“九个新”。

一是成为新时代全面改革开放的新高地。前海构建起具有示范引领作用的八大体系，包括先行先试的特殊政策体系、法定机构治理体系、高端现代产业体系、高效率服务管理体系、高标准基础设施体系、高水平国际国内合作体系、两大法系融合发展的法治体系和社会信用体系。上海浦东、河北雄安新区、海南等有效借鉴了前海商事制度改革、体制机制等领域的创新经验。前海改革开放成效走在前列，如合同利用外资位居全国自贸区第一，实际利用外资仅次于上海（自贸区），位居第二。

二是成为推动粤港澳大湾区合作的新引擎。截至2020年，前海累计推出100余项惠港利港政策，面向港资企业出让土地39.6公顷，占全部已出让土地的43.2%，建成前海深港青年梦工场、深港创新中心、深港设计创意产业园、深港基金小镇等深港合作重大平台，累计接待港澳台游客4.3万人次。前海深港青年梦工场累计孵化港澳台及国际团队227家。截至2020年上半年，前海累计注册港资企业1.17万家，注册资本1.3万亿元，实际利用港资累计203亿美元，占利用外资的89.9%。

三是成为深圳经济特区创造新经验的新起点。前海坚持以制度创新为核心，统筹推进投资便利化、贸易便利化、金融开放创新、事中事后监管等八大领域创新，累计推出制度创新成果573项，其中全国首创和率先226项，在全国复制推广58项，在山西、江西等区域点对点复制推广434项，有效发挥了改革开放试验田作用。

四是成为现代服务业创新发展的新动力。率先试点对鼓励类产业企业减按15%的税率征收企业所得税，企业累计享受优惠税额70.9亿元；率先试点特定人才、高端人才15%所得税政策，累计补贴4.3亿元，相关经验和做法已在粤港澳大湾区、海南全面推广。构建“金融+科技+实体经济”的高端现代服务业产业体系，汇聚金融企业近5万家，融资租赁公司占全国1/4，商业保理公司占全国近一半，成为全国最大的新型金融机构集聚地和跨境金融创新中心。

五是成为服务内地、面向世界、畅通“双循环”的新支撑。发起成立全国自贸片区创新联盟，推动成立“中国前海”船籍港，率先发起建立“一带一路”港口联盟。2020年，国务院批复同意前海湾保税港区整合优化为前海综合保税区，并于当年的8月19日验收通过。截至2020年上半年，共有“一带一路”沿线41个国家和地区在前海设立投资445家企业，合同利用外资金额21.6亿美元；前海企业累计向“一带一路”沿线17个国家和地区设立企业54家，协议投资15.5亿美元。

六是成为法治中国建设的新示范。加快中国特色社会主义法治示范区建设，首创适用香港法律审结涉港商事案件，受理涉外涉港澳台商事案件6899件，其中涉港案件数量居全国第一。最高人民法院第一巡回法庭、第一国际商事法庭等机构，以及粤港澳大湾区11家联营律师事务所中的7家落户前海。2020年，《深圳经济特区前海蛇口自由贸易试验片区条例》和《深圳经济特区前海深港现代服务业合作区条例》正式通过人大立法，为前海全面深化改革开放提供了全方位法治保障。

七是成为打造最佳营商环境的新标杆。对标世界银行标准推进综合营商环境改革，着力营造稳定公平透明、可预期的营商环境，连续3年聘请第三方国际机构评估，前海模拟全球营商环境排名从第51位快速提升到第22位。

八是成为高水平的国际化城市新中心。按照先规划后建设、先地下后地上、先路网后发展、先环境后开发的“四先四后”建设时序，打造集山、海、林、城、岛、港、湾等元素于一体的国际化城市新中心。累计完成固定资产投资2112亿元、年均增长速度56%，实现206栋建筑封顶，建成79条（段）市政道路，轨道交通建成运营4条线路9个站点，累计覆绿面积达200万平方米，初步实现了由一片滩涂到国际化城市新中心的蝶变。

九是成为开放条件下加强党的建设和党的领导的新样本。率先实施前海党的建设三年规划，构建“1+6+9”党建工程体系，发布全国首个加强自贸区党建工作的指导意见，创新发布前海组织力指数，率先打造廉洁示范区。前海从建设之初的1个党支部、8名党员，发展到122个党组织、1664名党员[①]。

香港特区政府对前海合作区的支持态度更为明显

香港特区政府和香港各界人士对前海合作区表现出积极的支持态度。

2010年12月20日，就在《规划》发布后不久，香港特区政府第一时间就邀请

① 《前海10年：累计注册港资企业1.17万家，注册资本1.3万亿元》，http://www.stcn.com/article/detail/231855.html，2020年8月27日。

深圳市政府在香港召开《规划》的说明会。时任深圳市委书记王荣表示，深圳当前重点推进的相关工作包括加速前海合作区内的基础设施建设、加快推进前海立法工作和合作区综合规划编制工作、加大招商引资工作力度和人才引进力度。相信通过深港共同参与推进前海合作区建设，必将实现两地的共同繁荣发展。时任香港特区政府财政司司长唐英年在致辞时说，《规划》将前海定位为粤港现代服务业创新合作示范区，香港有信心结合深圳和香港的优势，在国家政策支持下，在前海发展现代服务业上取得新突破，为国家经济持续发展作出新贡献。说明会上还举行了前海管理局与20家香港企业的合作意向签约仪式。

2013年1月11日，时任香港特区政府政务司司长林郑月娥出席深港合作会议时表示，据港深两地共识，前海将由深圳主导和开发管理，而香港特区政府会为前海的发展规划和相关政策的探讨和制定提供意见。香港特区政府将全力配合，反映香港业界的意见，务求深圳市政府为业界提供优越的投资环境，落实港深合作。

2015年11月7日和2017年12月8日，香港特区政府财政司司长曾俊华和香港特区政府政务司司长张建宗分别到深圳前海调研，参观考察前海的深港青年梦工场，并与进驻深港青年梦工场的港企、港青代表进行分享和交流。

2021年9月6日，《全面深化前海深港现代服务业合作区改革开放方案》发布后，在香港引起了高度关注，大家纷纷看好前海的发展前景。

时任香港特首林郑月娥表示，前海的定位一直是面向香港，利用香港专业服务优势发展为现代服务业示范区。过去10年，逾11500家香港企业在前海落户，一些青年创业基地也在前海发展，中央为香港专业人士进入前海提供特别方便的措施。中共中央、国务院公布的《全面深化前海深港现代服务业合作区改革开放方案》会为香港专业服务界提供更多机遇，并为香港经济增添动力，香港特区政府会积极参与。

全国政协副主席、香港特区前特首梁振英接受专访时强调，目前香港和深圳前海都必须互相“推销”，共同做大现代服务业蛋糕，共同应对挑战。他形容香港和深圳是一对很特殊的城市，前海一直对标香港的高端服务业的发展，尤其是金融业的发展，为香港搭了一个很好的平台。这次前海扩区，使得这个平台比过去更大。

香港特区政府财政司司长、香港特区政府律政司司长、香港民建联主席、香港中华总商会代表等众多政界、商界要人及学者纷纷表示，《全面深化前海深港现代服务业合作区改革开放方案》对推进前海与香港规则对接、机制衔接，强化彼此现代服务业合作有重大意义，不仅会为香港带来庞大的发展新机遇，更有助于进一步加强港深两地优势互补，让双方的独特功能得以更有效发挥，特别是可以通过全面深化前海深港现代服务业合作区建设，进一步巩固和提升港深作为粤港澳大湾区高水平对外开放的“双引擎”功能定位、作用和贡献。

» 第三节 如何评价深港河套合作与深港前海合作

第一，正像我前面讲到的那样，这两个项目从项目起源、项目定位、发展过程，到现在的进展程度等方面都有很大的不同。因此，就狭义的“深港合作”来说，深港两地在河套地区的合作对深港两地经济的发展更具有现实意义；而深港两地在前海地区的合作，更多是国家改革开放意义上的合作，或者说更多是“粤港合作”和“粤港澳大湾区合作”意义上的合作。

第二，要客观地看待前海合作区的发展现实，不可高估它现在已经取得的成果和真正的价值，前海要完成国家赋予的历史使命和重大的改革开放任务，还有很长一段路要走。

正如2020年前海深港现代服务业合作区成立10周年向外界发布的成绩单所呈现的那样，前海合作区在改革开放的体制创新、示范引领方面所发挥的作用可能更大一些。例如：构建起具有示范引领作用的八大体系，统筹推进投资便利化、贸易便利化、金融开放创新、事中事后监管等八大领域创新取得丰硕成果。

此外，在现代化城市建设方面，前海也确实让人刮目相看：按照先规划后建设、先地下后地上、先路网后发展、先环境后开发的“四先四后”建设时序，打造集山、海、林、城、岛、港、湾等元素于一体的国际化城市新中心。累计完成固定资产投资2112亿元、年均增长速度56%，实现206栋建筑封顶，建成79条（段）市政道路，轨道交通建成运营4条线路9个站点，累计覆绿面积达200万平方米，初步实现了由一片滩涂到国际化城市新中心的蝶变。

当然，在发起成立全国自贸片区创新联盟，推动成立“中国前海”船籍港，率先发起建立“一带一路”港口联盟，从而在务实推进国家“一带一路”建设方面，在加快中国特色社会主义法治示范区建设，首创适用香港法律审结涉港商事案件方面，在打造最佳营商环境的新标杆，对标世界银行标准推进综合营商环境改革，着力营造稳定公平透明、可预期的营商环境等方面所作出的成就也都是可圈可点的。

但是说到“合同利用外资位居全国自贸区第一，实际利用外资仅次于上海（自贸区），位居第二”“累计注册港资企业1.17万家，注册资本1.3万亿元”“汇聚金融企业近5万家，融资租赁公司占全国1/4，商业保理公司占全国近一半，成为全国最大的新型金融机构集聚地和跨境金融创新中心”等，这已经有“总部基地”的意思了。也就是说，绝大多数都是注册企业在这里，利用外资额统计在这里，但是企业的运营实体并不在这里，实际的收益并不在这里，实际的就业和税收也并不在这里。

要知道，2010年发布的《前海深港现代服务业合作区总体发展规划》提出的目标是，前海合作区经过10年左右的努力，到2020年要成为一个基础设施完备、国际一流的现代服务业合作区，要具备适应现代服务业发展需要的体制机制和法律环境，要形成结构合理、国际化程度高、辐射能力强的现代服务业体系，特别是聚集一批具有世界影响力的现代服务企业，成为亚太地区重要的生产性服务业中心和世界服务贸易重要基地。

对于这样的目标要求，现在的前海显然远远没有达到。

《前海深港现代服务业合作区总体发展规划》还要求，前海合作区到2020年要形成金融业、现代物流业、信息服务业、科技服务及其他专业服务业四大产业，并且这些产业都是高端引领、服务广东、面向全球战略取向的。显然，这也是目前的前海合作区还要继续努力实现的长远目标。

至于作为一个深港合作区，建成了所谓前海深港青年梦工场、深港创新中心、深港设计创意产业园、深港基金小镇等的深港合作重大平台，10年来累计接待港澳台游客4.3万人次，累计孵化港澳台及国际团队227家，这样的成绩对深港合作以及推动两地经济发展所起到的实际作用也远未达到预期。

第三，我们丝毫没有贬低前海合作区已经取得的成就，更没有否定它在中国改革开放、粤港合作和粤港澳大湾区发展中的作用和贡献。只是想说明，要真正实现国家给前海制定的发展目标是一个十分艰巨的任务，是一个还需要付出巨大努力和突破各种体制障碍和深化改革才能完成的任务。要走的路还很长，任何时候都不能松懈。

第四，客观地说，无论是河套地区合作还是前海地区合作，到目前总体上全都处在“剃头挑子一头热”的状态。

我们在上一章就讲到，深港合作不同于香港与内地任何其他地区的合作，其必然趋势是协同发展，是深港都市圈的形成。这种趋势在20世纪八九十年代就已经开始了，且越来越明显。由此，深圳市政府顺应这一客观发展趋势，以高瞻远瞩之战略眼光、决心和魄力，早在20世纪90年代就开始举全市之力推动“深港衔接”（1995年），香港回归后又全力推动深港共建“深港创新圈”和深港都市圈。从这一点来说，目前主要进行的这两个项目都没有达到这样一个深港合作的目的和层次：河套合作项目的主要问题是合作范围太小，只局限在1平方公里范围内，而且只局限于高科技领域的研发和青年人的创业合作，并没有发展到产业上来，而且进展不快；前海合作项目则是太“高大上”，尽管对国家的改革开放、制度创新以及金融创新、现代服务业创新、法律体系创新、“一带一路”建设等都具有一定意义，但是对推动香港的经济发展而言，目前并没有产生太大的作用。

现在，深港合作真正具有实质意义的大机遇已经来了，就看深港两地能否真正抓住这个机遇，能否真正用好这个机遇，能否真正把深港两地的产业合作推上一个对两地经济发展都具有巨大实质性好处的新阶段。尤其是，能否彻底解决我们在前文提到的“香港经济之殇”，从而让香港重新站在引领亚洲及世界经济发展之巅峰。

第七章

掀开深港合作新篇章

» 第一节　2021年10月深港合作的重大转折

深港合作局面几十年来最具重大意义的转折发生在2021年10月6日。

2021年10月6日，时任香港特首林郑月娥在发表其任内最后一份施政报告时，提出一个有史以来占地最大的规划蓝图——北部都会区发展策略。据林郑月娥介绍，北部都会区占地300平方公里，占香港陆地总面积近三成，涵盖范围包括天水围、元朗及粉岭-上水等已发展新市镇，以及古洞北、粉岭北、洪水桥-厦村、元朗南、新田-落马洲、文锦渡等新发展项目，覆盖由西至东的深港口岸经济带及更纵深的腹地。林郑月娥称，这里将是香港未来20年城市建设和人口增长最活跃的地区，这里拥有多达7个跨境陆路口岸，是香港境内促进港深协同发展和联系粤港澳大湾区最重要的地区。

林郑月娥指出，目前香港新界北各新市镇和新发展项目均相对零散，北部都会区的概念就是将其整合发展，并额外再开拓约600公顷用地作住宅和产业用途。整个项目完成后，这里将提供总住宅单位数目达90.5万～92.6万个，容纳约250万人居住；提供就业岗位也将由11.6万个大幅增加至约65万个，其中包括15万个为创科产业提供的就业岗位。

林郑月娥强调，北部都会区发展策略是首份由香港特区政府编制，跨越港深两地界线的发展策略和纲领，虽然是本地规划蓝图，但是建立在国家“十四五”规划、粤港澳大湾区建设及前海扩区的基础之上。她形容北部都会区将是香港境内促进港深协同发展和联系粤港澳大湾区最重要的地区，通过7个跨境口岸和未来兴建港深西部铁路等，使港深两地能跨越“两湾一河”，形成“双城三圈”的空间格局，帮助香港更好地融入国家发展大局。她解释，“双城”意指香港和深圳，“三圈”即由西至东分别为深圳湾优质发展圈、港深紧密互动圈和大鹏湾/印洲塘生态康乐旅游圈，建设“双城三圈”的空间格局有利于港深政府共同促进两地在经济、基建、创科、民生和生态环境方面的紧密合作，“强强联手”，产生一加一大于二的效益。

事实上，早在2021年10月，林郑月娥宣布建立北部都会区之前，香港特区政府方面就已经有了要改变港深合作长期“冷热不均”局面的明显意愿。

2021年9月6日，中共中央、国务院发布《全面深化前海深港现代服务业合作区改革开放方案》后，时任香港特首林郑月娥当天就率领香港特区政府代表团与时任深圳市委书记王伟中率领的深圳市政府代表团在深圳举行深港高层会晤，并举行了2021年的深港合作会议，签署了多份合作协议。林郑月娥表示，港深双方要在创新及科技、金融服务、专业服务、前海发展、教育、医疗、青年发展、投资推广等重点范畴进一步开展合作，同时稳步推进环境保护、文化、养老等方面的交流。在这次会议上，深港政府还签署了《关于推进河套深港科技创新合作区“一区两园”建设的合作安排》，要进一步加快推动河套深港科技创新合作区的发展进程；此外，香港科技园公司也与深圳深港科技创新合作区发展有限公司签署了框架协议。这些都表明，香港特区政府对深港河套地区的合作的积极性和主动性大大提高了，深港在河套地区的合作有可能开始进入一个新的发展阶段。

2020年11月7日下午，林郑月娥再次到访深圳时就表示，香港和深圳山水相连、亲如兄弟，过去40年两地联系紧密、合作无间，在政府以及商界、贸易、物流、专业服务、青年交流等方面建立了全面合作关系。香港将继续推动港深更高水平的合作，希望双方充分发挥各自优势，便利各类要素自由流通，携手打造国际科技创新中心，强强联手打造“双城经济”。

正如我在前面多次讲到的，在深圳特区建立后的40多年时间里，只有深圳市政府积极推进深港合作，并且提出了“深港衔接”、“深港创新圈”、深港都市圈和深港国际大都会等一系列合作概念，除了在“深港创新圈”方面香港特区政府有所回应和支持外，其他概念并未被列入香港的正式文件中。2021年11月，林郑月娥访问深圳，第一次主动提出了深港“双城经济”的概念，这说明香港特区政府对于深港合作的态度已经发生了一个根本的转变，出现了一个质的飞跃，其根本标志就是香港开始主动拥抱深圳。

林郑月娥提出设立北部都会区，不仅说明香港特区政府对深港合作态度的转变，而且说明香港特区政府开始认识到深港合作的真正实质就是不可抗拒的“共同都市圈”客观发展趋势，说明建立深港都市圈已经成为深港两地政府和各界的共识。

» 第二节　香港专家对香港设立北部都会区的评价

北部都会区的建设时间表不能过慢

林郑月娥出席港台节目时指北部都会区以20年时间发展是务实的时间表，但不少立法会议员显然有些不满。香港工会联合会副会长黄国健在《2021年施政报告》答问会上表示，对需时20年发展的“宏图大计”感到不太踏实，建议政府“制订分阶段流程时间表”。

民主建港协进联盟成员刘国勋则期望，缩减至15年便能成熟运作。林郑月娥回应说，20年并非很长时间，并称会精简有关程序，制订“十年滚动进度计划”，每年更新当局的达标情况，让社会看到未来10年的大型项目如铁路建设等的进程。她相信这样可提升透明度及议会监察功能。但刘国勋在接受香港01访问时仍坚持自己的观点，他说：“我们以前发展新市镇，十年做十大基建，短时间可以做那么多。今天，社会已经恢复到理性论政、行政亦重新主导的情况下，再加上科技都先进了，有什么理由不能在十年内做好北部都会区？”他强调，现时新界北区的发展速度与《全面深化前海深港现代服务业合作区改革开放方案》和国家“十四五”规划是脱节的。

立法会议员们心急如焚乃是情理之中。北部都会区发展策略提出后，社会支持声音占多数，或许是这么多年来，难得有一事令社会各界达成共识，议员们当然希望乘势而上，作出成绩。

北部都会区建设的推进速度取决于政府的执行效率

议员们指出，建立北部都会区的共识来之不易，同时对香港特区政府也意味着更深、更高和更广的执政考验。如果说过去的河套地区发展停滞还能以政治阻力作为理由，那么在《中华人民共和国香港特别行政区维护国家安全法》已经生效的今天，昔日的阻碍因素已被破除，北部都会区建设的推进速度、落实情况将会是对香港特区政府管治能力和执行效率的考验。

有议员指出，香港特区政府必须扮演更为主动、积极的角色，不只在规划建设上，更要在与深圳这邻近兄弟城市的沟通、合作上更加积极、主动。例如，在北区的交通基建上，刘国勋就表示应引入深圳的铁路承办商，与港铁竞争。“我都不怕公开讲，港铁近年兴建铁路的速度，真是令人不敢恭维。”刘国勋认为，过去港铁曾经参与内地城市的铁路兴建，那么今天有些铁路由内地兴建也十分自然，并指出连接前海和洪水桥的跨境铁路就可以交由深圳来建。

此外，一众学者都提到了引进龙头企业的重要性。他们认为，在产业发展方面，创新科技产业及现代服务业将会是北部都会区的主要产业。但是正如香港一份研究报告指出的那样，香港回归初期，中国芯片龙头企业中芯国际曾经考虑来港落地，然而这一项目最后遭到一些人士的反对，最后该公司选择转战上海。

要以高科技企业为龙头带动产业发展

全国人大代表、前海管理局香港事务首席联络官洪为民建议，新田科技城可效仿工业邨模式，以土地租赁方式给高科技企业承租，企业可以设计符合生产所需的工业大楼，这更符合企业需要。刘国勋表达了相似的看法。“香港科学园都是先建楼后再找租客，但内地或者其他地方，都是先找了龙头企业落地，批地给企业去建。”刘国勋说，这种模式成本低、时间快，切合需要，更能以龙头企业带动周边形成上中下游的产业链。香港特区政府长期实施“积极不干预”政策，反而纵容了地产商跨界垄断、一跃成了香港的龙头企业。但是，在地产霸权之下，创科产业发展处处受限。香港已承受过一次与科技龙头擦肩而过之痛，不应再重蹈覆辙。

» 第三节　深圳立即响应：提出建设深港口岸经济带蓝图

深圳官方媒体权威网站深圳梦发布了一篇文章《香港宣布！在深圳河南岸打造卫星城市！全球最高自由开放的经济增长极要来了》，引发各界对“深港口岸”“双城经济”的关注。

该文指出，目前中央明确：前海扩区，要进一步扩展合作区发展空间，促进深港开展深度合作，同时指出，香港和深圳在科技创新领域的互补性很强，要规划建设好河套深港科技创新合作区。深圳市第七次党代会报告也明确提出“高水平规划建设深港口岸经济带，形成空间统筹、结构优化、错位协同的口岸经济发展格局”。此外，广东“十四五”规划也提出“支持深港口岸经济带建设”。

据悉，在深港的密切协同下，深港口岸经济带建设将从东部、中部、西部3个方向同时推进。深圳市口岸办透露，抓紧推进罗湖、沙头角口岸升级改造，高标准建设好新皇岗口岸，加快口岸功能布局调整，为河套深港科技创新合作区建设创造空间条件；主动参与深港口岸经济带规划建设，统筹利用口岸空间资源和规模优势，不断增强口岸带动区域发展的辐射能级。

深圳市罗湖区宣布要加快推进深港口岸经济带罗湖先行区建设，加快实施深圳火车站-罗湖口岸片区升级改造，深化深港两地教育、医疗、专业服务领域的合作。罗湖莲塘口岸片区正在进行前期规划设计，将对接香港东部知识及科技走廊、北部经济带、莲塘/香园围口岸科学园及工业邨。这有望吸引香港高校、科研机构、企业在深圳设立研发机构，在新一代信息技术、生命健康等领域开展深港联合技术攻关和科技成果转化。罗湖区正按照深圳市委、市政府的相关部署推进落实，计划在国贸大厦建设粤港澳大湾区国际免税城。深圳市罗湖区工业和信息化局发布《罗湖区产业发展“十四五”规划》，向社会公开征求意见，公布了“一主两区三带”产业空间布局。其中深港口岸经济带以罗湖、文锦渡和莲塘三大口岸为核心，南面以深圳河为界，北至深南东路、罗沙路、莲塘路，西抵红岭南路，东至莲塘口岸片区，占地面积约7.1平方公里，是全市深港口岸经济带的先行启动区和核心区。

深圳市福田区将进一步将皇岗口岸这个目前全国最大的、唯一全天候通关的陆路口岸打造为辐射粤港澳大湾区、面向世界的集出入境口岸、立体综合交通枢纽、城市活力公共空间于一体的现代化国家一级口岸。未来，新皇岗口岸将定位为“一地两检”纯旅检口岸，取消货检功能，释放土地约50万平方米，用于河套深港科技创新合作区深方区域开发。香港将在新皇岗口岸大楼内设立口岸区，香港特区政府对港方口岸区行使全面司法管辖权。大楼落成后，落马洲管制站可以腾出及释放超过20公顷用地，香港正在研究作其他用途。新皇岗口岸建成后还将成为全面辐射粤港澳大湾区的立体综合交通枢纽，是名副其实的面向世界的超级口岸。口岸周边将引入连接深圳地铁7号线及已规划在建的地铁20号快线。

城际交通方面，预留港铁北环线支线的接入，并引入深广中轴城际线、穗莞深城际线。

深圳市盐田区将把沙头角口岸打造成以便捷通关为主、兼具国际旅游消费功能的深圳东部地标性口岸。在沙头角跨境免税消费核内，目前沙头角口岸拟规划重建，目标是建设大型免税购物商业中心，试行“一地两检”通关模式，打造集口岸通关、免税消费、旅游服务于一体的口岸综合体。盐田区还将加快建设沙头角深港国际旅游消费合作区，以沙头角跨境免税消费核为重点，联动盐田港、海鲜街、梅沙、东部华侨城等4个片区，实现“一核引领、四区联动、全区提质、深港互动”；提升中英街品质，打造体现香港元素的“特色民宿+中英街生活体验”“传统购物+港式美食休闲”商贸文旅街区；实施沙头角口岸重建，谋划建设深圳免税国际消费中心。推动田心工业区改造，建设“万象城+海港城2.0升级版”。

» 第四节　目前香港对建设北部经济带的具体思考

据《文汇报》消息，香港新界北毗邻内地口岸，适合发展口岸经济以融入粤港澳大湾区的发展，加上深圳皇岗口岸将会重建并实施“一地两检”，将释放出落马洲边境一块土地，使新田-落马洲发展枢纽、新界北新市镇和文锦渡物流走廊的总面积接近1500公顷。为善用这块黄金腹地，香港特区政府向香港特区立法会申请10亿港元，对新界北发展进行勘查研究和全盘的设计，打造边境卫星城市，既能容纳近30万人口，也能发展创新及科技、物流走廊，创造约6.4万个就业机会。

此外，香港的专业人士不约而同地指出，香港北部、新界北、深圳河以南地区的未来发展重要性相当于香港“第二个中环”！

香港国际公益法律服务协会创办人、香港特区立法会议员何君尧在《文汇报》发文指出，随着《粤港澳大湾区发展规划纲要》的出台实施，港深边境土地将是粤港澳大湾区的核心地段之一，如何规划粤港澳大湾区内的港深相邻土地，将影响香港在粤港澳大湾区城市群内的角色和影响力。在区域布局下，港深边境将有足够的潜力成为香港另一个核心发展区，与维港两旁的中环、尖沙咀相互呼应。通过在港深边境土地建设港深创新科技发展实验区，创造新的经济增长点和青年人才就业机会，能缩小香港贫富差距，缓解香港深层次矛盾。

粤港澳大湾区专家、香港“一国两制”研究中心研究总监方舟接受《文汇报》专访时表示，香港特区政府对新界北的发展必须摒弃传统新市镇发展模式的思维，不能东拼西凑。他建议，将深圳皇岗口岸实施“一地两检”后释放的落马洲边境土地纳入现有落马洲河套地区，并将河套地区、文锦渡口岸以南及莲塘-香园围口岸以南的土地连接起来，打造成“小硅谷”，吸引华为、腾讯等创科巨头将研发中心迁入，成为粤港澳创科中心的中心，把握“十四五”规划的机遇。方舟直言，香港特区政府一直将新界北视为香港的边陲地带，现时必须改变旧有思维，因为新界北接近深圳罗湖、福田核心商业区，是最能够吸引深圳和粤港澳大湾区城市人才、技术、资源来港的地区，新界北的定位不应是新市镇，而应是香港的新中心，“第二个中环”。

时任香港特首林郑月娥在2020年11月25日发布的施政报告中明确指出，新界西北及新界北部均有巨大发展潜力。报告提出，深港科技创新合作区港方园区只有87公顷，跟深圳方面超过300公顷的园区差距太大，所以计划把落马洲管制站迁往深圳新皇岗口岸之后腾出的土地，再加上附近的部分鱼塘和乡村土地，一共新增150公顷作科创用途，以建设新田科技城。另外，为了呼应深圳前海的扩容和大发展，报告提出，提升香港洪水桥-厦村的定位，作为新界北现代服务中心，并将与前海隔湾呼应的流浮山建设为具规模、地标性的创科设施，为北部都会区提供大量就业机会。

» 第五节　香港设立北部都会区的重大意义

香港设立北部都会区对于深港合作的重大意义，我认为至少有以下三点。

深港全方位、全领域深度合作即将成为现实

深圳和香港两地是一衣带水、唇齿相依的关系，香港要与内地、珠三角地区

协同合作，首先就要与深圳协同合作。深圳需要香港，香港也需要深圳，这已经是改革开放40多年来被实践证明的客观规律。如前所述，深港两地的经济生活和社会生活的许多方面联系紧密，且深圳市政府从20世纪90年代中期起就力推深港合作，推出了一系列战略、规划、策略和措施，力图将深圳和香港的发展优势融合在一起，共建一个世界级的国际大都会，然而很长一段时间里，香港并未对此作出积极回应，因而出现“剃头挑子一头热”的现象。

2021年10月6日，香港特区政府开始主动拥抱深圳，主动提出要通过建立北部都会区来共同推进深港“一河两岸”经济带的建设，共同推进深港协同发展；而且以前所未有的制定300平方公里大面积建设规划的魄力和决心，极大幅度推进深港经济的深度融合，推进“深港创新圈”、深港都市圈的建设。这说明香港特区政府在心态上发生了根本转变，说明其已经承认深圳现今所取得的巨大成就，已经承认深圳在产业经济的发展方面远远超过香港，已经认识到深圳在全球经济、高科技产业发展和创新方面已经日益成为中国乃至东方的“新硅谷”，已经认识到深圳将对香港未来的发展具有根本性的带动作用和互补作用。

这些都为深港今后全方位、全领域的合作带来了一片光明，带来了极大的希望，带来了灿烂的前景。过去几十年，深圳市政府及深港各界提出的有关深港的各种合作设想、规划、方案，在新的两地政府积极、有效、务实的合作下，在两地政府和深港各界的大力支持下，都将有可能迅速变为现实。

香港特区政府治理模式已经出现重大转变

正如有些人形容的那样，在过去几十年里，包括“深港创新圈”、河套深港科技创新合作区、前海合作区在内的深港合作中经常出现的画面是：一旦启动某个项目，深圳很快在空间上作出宏大规划，并且以迅雷不及掩耳之势推出若干显著成果，快得令人感到不可思议，不敢相信自己的眼睛，而香港则慢吞吞，不见动静。

我认为，这从根本上是由于香港特区政府始终笃信一个观念，那就是在市场经济中政府不应该干预经济，不应该干预市场，从而长年坚守所谓的“积极不干预”政策。因此，香港特区政府这么多年来，几乎不作任何长远的经济规划和制定长远的经济战略，也几乎没有什么像样的产业引导和支持政策，才导致香港经济这么多年在产业转型升级上没有什么值得一提的作为和举措，即使是想搞高科技产业，也是由大地产商作为主导，结果把要建立高科技产业基地的计划变成了数码港这样的房地产项目，与高科技产业擦肩而过。

多年来，我发表文章并且在香港的一些专家学者会议上作过演讲，多次指出所谓“积极不干预”政策，即在市场经济中政府完全不应干预市场的认识是十分错误的。哪怕像美国、英国、德国、日本这样的强大发达的市场经济国家，其政府对经济的干预也比比皆是。每个国家都在制定自己的长远发展战略，都在出台强大的产业引导和支持政策，都在强力规范企业的市场公平竞争行为，都在以政府之力保护和提升自己产业的国际竞争力等。近年来，西方国家在中国等新兴国家极速追赶超越的强大压力下，其政府对市场的干预、对自己产业的保护和对其他国家的企业和产业进行打压的行为，更是完全破坏了所谓的自由市场经济中政府不干预市场的规则和定律。

这次香港主动提出设立300平方公里的北部都会区无疑是香港特区政府治理模式一次根本性的重大转变。这表明香港特区政府已经主动积极站在了引领香港经济发展的战略制高点上，提出了调整城市经济社会发展战略的重大决策，同时也是香港特区政府弥补香港回归以来由于治理失当而引致的发展严重失误的战略性纠偏行动，更是香港特区政府让经济和社会发展能够回到与内地实现战略协同发展大格局中具有长远意义的重大举措。

此外，建设北部都会区将会涉及上万亿甚至数万亿港元的投资规模，这些都意味着香港特区政府将在香港经济发展中扮演更加积极的角色，主动引导本地及外部投资的大规模进入。

由此可见，香港特区政府这次主动提出建立北部都会区的策略意图，标志着香港特区政府的治理模式进入了一个全新的发展阶段，香港特区政府多年来实行的“积极不干预”政策正在出现根本性的改变。对于深港合作而言，这将是最大的福音。因为有了深圳这边始终如一的似火热情、巨大的动员能力和活动能量，只要香港那边真正行动起来，真正作为起来，深港两地所具有的全球优势就将真正得以结合，从而使深港合作进入一个前景无限的巨大发展空间和创造世界新增长极的辉煌轨道。

为香港“再工业化”创造最重要的发展条件

实际上，香港设立北部都会区的最大意义就是可以沿着深圳河一带与深圳开展全面的跨境合作，此举将为香港的“再工业化”创造最有利的条件。

我们在前面讲到香港现在要实现“再工业化”所面临的困难和问题时已经指出，香港特区政府在“再工业化”问题上面对的一个很重要的问题是，缺少实行“再工业化”的土地和发展环境，现有的科创园区规模都太小，不仅不能容纳更多的企业进园发展，而且相对地价和租金仍偏高。

另外，香港特区政府近年来所力推的各种科技研发欠缺与工业实体经济的结合，香港特区政府缺乏创科必须与工业实体相结合的发展观，没有认识到“再工业化”必须是工业实体与创科发展互相紧扣，必须通过创科来带动和打造香港本土具有国际竞争力的产业链及工业品牌。

与此相应的是，香港特区政府始终没有在招商引资和招才引智方面制定出完整配套的政策，各种扶持“再工业化”的政策和措施都过于零散和狭窄，所支持的“再工业化”企业也都是面向香港自己的中小企业（包括仍留在本土以及分布在内地和海外的香港中小企业）。结果是，由于香港这些企业的规模都太小，市场占有率太低，产业水平不高（绝大部分仍然是传统的代工企业），缺乏足够的国际竞争力，因而始终不能形成大的能够带动本土产业发展的龙头企业。

关键是香港特区政府的招商引资政策的重点没有放到以各种优惠政策吸引内地和海外的龙头企业及跨国公司到香港投资设厂，并以这些海内外的龙头企业带动香港形成本土的企业群和产业链上。

香港特区政府、业界和一些专家学者提出的“再工业化”战略和策略之所以如此，当然也与香港本身土地面积有限和营商成本过高有关。现在很流行的一句话是“贫穷限制了我们的想象”，资源的短缺、环境的局限何尝不是一种“贫穷”。在这方面，中国香港需要向比其面积更狭小、资源更昂贵的新加坡学习。

新加坡很早就重视高科技产业的发展，刚开始也像中国香港一样遇到了各方面的困难，但通过政府和民间的多方努力，从国外大力引进新技术，现在的新加坡已经成为众多跨国公司高新科技产品的生产基地。法国、意大利两国合办的半导体工业在新加坡科技园的支持下，在当地进行技术开发；法国汤姆逊公司在新加坡设立地区总部，进行电子机械以及视听器材的设计和生产；荷兰的飞利浦在新加坡有生产技术研究所；日本新力电视和录像机的不少高精密度的配件是在新加坡生产的；等等。这些都促使新加坡的部分电子工业技术达到甚至超过了世界先进水平。

马来西亚也是如此。马来西亚自20世纪80年代开始发展汽车工业，其本土制造业与日本松下电器合作，成立了亚洲著名的空调机生产基地。合作初期各项高科技设计都从日本引进，但现在大部分设计项目已由马来西亚承担，产品不仅销往菲律宾和中国内地，而且也回流到日本。

新加坡和马来西亚高科技同工业结合的成功经验都显示，一个国家和地区要发展本土制造业，并不是必须都靠发展自己的企业，很重要的一点就是要大力吸引境外的高科技企业、先进制造企业、高附加值企业到本地来投资、设厂，同时也与本土的制造企业相结合，这同样可以使本土制造业的规模和水平得到极大的提升，同样可以产生出自己的名牌制造业产品，同样可以使自己的“再工业化”得到有效的实现。其实中国内地在40多年的发展中早已证明了这一点，但是对香港地区来说，如果有这些与它面积、人口和其他经济条件差不多的国家和地区来作参照，就更能让香港特区政府和业界得到较好的学习和借鉴，更能使其“脑洞大开”。

香港“再工业化”还有一个很大的问题，就是科技研发缺乏相应的产业配套。尽管近年来香港特区政府非常重视科技研发和创新，所办的园区几乎都是科技研发和创新园区，如前面已经讲到的香港科学园、港深创新及科技园、香港国际创科中心等，这当然主要是为了发挥香港的大学在科研方面处于国际领先地位的实力和优势，但是由于这些科研成果没有与产业相结合，政府的政策支持都是针对研发阶段的，没有与实体经济相结合，导致科创企业缺乏产品落地生长的土壤，缺乏实际产业和市场的支持，从而使这些科研成果无法在香港实际产业的发展以及转型升级中发挥有效的作用，继而使香港特区政府想通过科技研发和创新来推进“再工业化”的愿景难以实现，困难重重。

而香港特区政府决定设立北部都会区，是解决上述香港“再工业化”所面临的一系列问题的一个重大甚至是根本性的举措。之所以这样说，是因为香港特区政府拿出与深圳相邻且沿深圳河一带的300平方公里待开发土地，不仅是要从根本上解决香港“再工业化”的土地问题，更重要的是沿着深港跨境地区，拉足了架势，摆明了姿态，要与现在已经发达了的这个过去的“小兄弟”展开全面和深度的跨境合作，而仅此一举，前面所讲到的香港“再工业化”遇到的所有难题都会得到有效的解决。这就是我们第八章要分析和研究的主要内容。

第八章

深港跨境合作是香港『再工业化』的最佳选择

第一节　深圳是当今全球高科技产业创新中心之一

深圳的高科技实力令人惊叹

2018年，深圳高新技术产业产值2.39万亿元，同比增长11.66%；高新技术产业增加值0.83万亿元，同比增长12.73%。2020年，深圳新一代信息技术产业增加值0.49万亿元；医疗仪器设备及器械、3D打印设备、民用无人机、化学药品原药、金属切削机床、工业机器人分别增长200%、144%、111%、82%、65%、44%。

2020年，深圳拥有国家、省、市级的重点实验室、工程实验室、工程中心、企业技术中心等各类创新载体2693家，比2010年的1100家新增了将近1600家，其中国家级创新载体达到129家。其实早在2010年，深圳所拥有的创新载体数量就超过了深圳前30年的总和。这些创新载体不但成为深圳科技创新体系强有力的支撑，而且值得注意的是，这些出自大专院校或科研院所的创新载体，到深圳后就变成了民营研究机构，实行企业化管理，与市场直接对接，只有真正“接地气”，这些创新载体才能够大有作为。

2020年，深圳PCT国际专利申请量连续17年保持全国第一，深圳先后获批建设国家可持续发展议程创新示范区和综合性国家科学中心。深圳的新型显示器件、智能制造装备、人工智能3个产业集群入选首批国家战略性新兴产业集群发展工程。不仅如此，越来越多的国际创新资源也开始涌入深圳，世界500强企业IBM、甲骨文、三星、西门子等都在深圳设立了国际或区域研发中心。深圳已有的强大企业研发力量，再加上这些来自国内和国际顶尖的创新载体研发力量，对深圳的创新发展将发挥更加出色的引领作用。

2020年，深圳拥有世界500强企业8家，科技企业5万余家，国家级高新技术企业1.87万余家，比2018年的1.44余万家又增加了4300多家，其中产值超千亿元的7家，超百亿元的44家。

到2025年，深圳力争电子信息制造业产值突破3万亿元，高端装备制造业产值达到近万亿元，并且要在生物医药、新材料、人工智能等领域培育千亿元产业集群[①]。

深圳领先全国的高新技术产业领域

电子信息产业是深圳高新技术产业的第一大产业。多年来，深圳电子信息产业在产业规模、门类结构、出口贸易、自主创新、配套能力等方面，一直在中国大中城市中位居前列。如在电子计算机领域，深圳早在2013年就在全球台式机、笔记本电脑和平板电脑生产领域具有重要地位，拥有长城、联想、神舟等众多个人电脑的重要生产基地。国内外著名电脑企业也在深圳设立研发中心，进行贴牌、联合开发或集成生产。以长城、开发科技、研祥智能、富士康、海量存储、联想、神舟、多彩、康冠为代表，深圳从事计算机产业研发及生产的厂商已超过1500家，形成了一个庞大的计算机产业链和集群效应，使深圳成了全球计算机产业的重镇。

在电子元件、家用电子电器设备、电子器件、电子信息机电产品等领域，深圳更是几乎占据全产业链优势。在深圳久负盛名的华强北，国内外厂商几乎可以采购到所有电子元器件。

在光机电一体化领域，由电能与电工测量仪表、电子测量仪器、工业自动化仪表、试验机、传感器与仪器仪表元器件等主要光机电一体化门类组成的仪器仪表行业在2013年共有企业297家，占全国同行业企业数量的7%，实现产值830亿元，占全国同行业总产值（8256亿元）的10%左右。

在LED光电领域，深圳LED产值规模位居全国前列，深圳从上游的衬底材料、外延芯片、装备制造，到中游的封装，再到下游的应用，各产业链环节一应俱全，产业集聚现象突出。2008年至2014年，深圳LED产业总产值从180亿元增长到1335.66亿元，增长7倍多，年均增长率39.66%，发展速度远超深圳经济平均增速，成为深圳经济增长的强力引擎。

① 乐正：《关于深圳率先推进“双链融合”发展的建议》，载涂成林、田丰、李罗力主编《中国粤港澳大湾区改革创新报告（2022）》，社会科学文献出版社，2022。

在平板显示领域，深圳是中国内地平板显示产业发展最早、产业规模最大的地区之一，产业基础雄厚，产业规模全球领先。深圳从20世纪80年代开始发展平板显示产业。近年来，随着华星光电、旭硝子、深超光电、盛波光电、华映显示、日东光学等项目的建设，深圳平板显示产业加快转型，进一步增强了珠三角地区平板显示器（FPD）产业的实力。

在新材料产业领域，近年来，深圳新材料产业蓬勃发展，产业发展初具规模，涌现出以光启、比亚迪、中金岭南等为代表的新材料研发机构和龙头企业，长园集团、沃尔核材两家上市公司占据国内辐射功能材料的大部分市场份额，深圳惠程则在国内率先实现了聚酰亚胺应用领域的突破，此外，通产丽星、美盈森、格林美等上市公司均在各自细分领域有所建树。杜邦、住友、日东电工等跨国企业在深圳建设大型生产基地或研发中心。与此同时，随着日东电工偏光片、沃尔热缩材料等项目建成投产，深圳新材料产业发展后劲十足。2018年，深圳新材料产业增加值365.61亿元，比上年增长8.6%。

在新能源产业领域，2009年，深圳市政府出台《深圳新能源产业振兴发展政策》，设立规模达35亿元的新能源产业发展专项资金，并启动龙岗核电产业基地、坪山新能源汽车产业基地、光明太阳能产业集聚区、南山智能电网产业集聚区等基地建设。2008年，新能源产业总产值约300亿元，其中新能源开发利用产值超过140亿元，新能源产业产值超过50亿元，太阳能薄膜电池生产规模全国领先。2017年，新能源产业增加值676.40亿元，比上年增长15.4%。

在汽车电子领域，2014年，深圳已有汽车电子生产企业1000余家，约占全国汽车电子生产企业总数的1/3。同时，也有一批企业如航盛、比亚迪、赛格导航、元征科技、路畅科技、众鸿、冷王、特尔佳等已经在不同的细分领域成为龙头企业。整体上看，深圳汽车电子产业已形成一定的经济规模，并且增长势头强劲[①]。

深圳有“纯电动汽车之都”之称，一方面是因为深圳的纯电动汽车数量多，另一方面则是因为深圳有着像比亚迪这样的电动汽车研发和制造企业。比亚迪从

① 钟若愚、阮萌：《21世纪海上丝绸之路与深圳科技产业创新》，中山大学出版社，2020。

2008年推出第一款新能源汽车产品插电式混合动力车F3DM后，就开始了对新能源汽车市场化模式的摸索。随后，比亚迪相继推出了纯电动汽车E6和纯电动大巴K9。2013年底，比亚迪推出了第二代双模混合动力汽车秦，由此成为国内新能源汽车产业发展的主力军。

深圳在汽车动力电池领域同样集聚了一批在行业内堪称龙头的上市公司，涉及动力锂电池的四大关键部件正、负极材料，电解液，隔膜等细分领域。中国宝安子公司贝特瑞是国内最大锂电池负极材料生产商，该公司还拥有当前被认为很有前景的石墨烯技术专利；新宙邦是国内三大电解液生产商之一，该公司产品已经进入三星供应链体系；星源材质是国内锂电池隔膜龙头企业，该公司还主导起草锂电池隔膜国家标准。

在生物技术产业领域，深圳市重点突出生物医疗、生物医药、生物农业、生物环保这四大优势领域，同时明确在坪山新区重点布局大型生物产业项目，建设集总部、研发、生产、产业配套和生活配套于一体的现代化产业基地核心集聚区。2013年，深圳市制定《深圳国际生物谷总体发展规划（2013—2020年）》，为深圳国际生物谷的发展作出了以坝光为核心启动区，地域范围覆盖东部沿海大鹏、盐田及坪山地区，同时发挥盐田的基因组研究优势，打造生物科技加速器的整体规划。2018年，深圳生物医药产业增加值298.58亿元，比上年增长22.3%。

其中，在生物医药领域，深圳的上市公司几乎没有同质化竞争的现象。深圳生物医药上市公司均规模较小，民营企业居多，各自深耕细分市场，较少出现两家公司业务重合的情况。信立泰主营心血管类药品研发生产，处于国内龙头地位，该公司早年研发的抗癫痫药于2009年获批上市，进一步丰富了公司产品线。翰宇药业每年都将营业收入的10%左右投入到研发中，正因为如此，主营化学合成多肽药物的翰宇药业销售额常年保持国内第一。海普瑞目前已成为全球最大的肝素钠原料药供应商，该公司专门成立了一个子公司从事新药研发，还将择机进入心脑血管相关产业和服务领域[①]。

① 《聚焦深圳上市公司产业转型升级》，《证券时报》2014年6月23日第A006-A007版。

高科技和创新型企业成为深圳自主创新的主力军

由于深圳40多年来已经积累了比较强大的经济基础，同时毗邻港澳，直接面对国际市场，更容易承接全球高科技产业和新兴产业发展最新变化，加之政府对高科技产业和新兴产业的政策引领，因而深圳的高素质民营企业特别热衷于产业升级和自主创新，特别愿意接受市场变化的最新信号，也特别容易将产业升级换代转变为自身发展的内生驱动力。目前，已有一批深圳企业结合未来产业发展的趋势，并依托科技创新实力的提升和商业模式的创新，快速从产业价值链的中低端向高端发展，同时也有很多企业通过引入高新精密技术不断提升自己的制造和产出能力。这些从事高科技产业和发展新兴产业的企业，就成了深圳经济转型和自主创新的主力军。

2017年，深圳规模以上工业企业新产品开发2.75万余项，年均增长14.4%，是2012年的2倍；新产品开发费用1340.29亿元，年均增长21.4%，是2012年的2.6倍；新产品产值1.29万余亿元，年均增长15.5%，是2012年的2.1倍；新产品销售收入1.21万余亿元，年均增长14.4%，是2012年的2倍；新产品销售收入占主营业务收入的比重为39.4%，比2012年提高9.8个百分点；新产品产值占工业总产值的比重为39.9%，比2012年提高10.8个百分点。

同时，企业研发机构建设的跨越式增长，夯实了企业乃至全市自主创新能力进一步提升的基础。截至2017年底，深圳规模以上工业企业拥有研发机构4296个，比2012年增长7.1倍，年均增长47.9%；企业研发机构人员35.65万人，是2012年的2.3倍，年均增长17.7%；企业研发机构经费支出1398.34亿元，是2012年的3.4倍，年均增长28.1%；企业研发机构科研用仪器设备原价657.94亿元，是2012年的9.2倍，年均增长55.8%①。

特别值得关注的是，通过产业整合，深圳上市公司中还涌现出了一批引领行业发展的世界级企业。除了众所周知的华为和中兴通讯外，中集集团在集装箱、道路运输车辆、能源化工装备等领域造就了多个“世界冠军”，近年公司大手笔

① 钟若愚、阮萌：《21世纪海上丝绸之路与深圳科技产业创新》，中山大学出版社，2020。

布局海工装备业务，向产业链的高端领域延伸。比亚迪作为国内唯一拥有新能源生产、供应、消费全产业链的创新型企业，引领了我国新能源汽车产业的发展。此外，在多个新兴产业的细分领域中，海普瑞、信立泰、欧菲光、立讯精密、金证科技、德赛电池等一大批深圳中小企业迅速崛起，成为深圳新一轮产业升级的先锋。越来越多的企业开始在世界高端产业链中占据一席之地，突破了一批核心技术，掌握了多项自主知识产权，形成了较强的核心竞争力。与此同时，这批标杆企业还带动了更大规模的中小企业集群，未来深圳将有更多的上市公司通过实施产业升级战略推动公司价值持续提升。

总之，目前深圳已经基本形成以企业为主体、以市场为导向、产学研相结合的技术创新体系，形成了6个90%：90%的创新型企业为本地企业、90%的研发人员在企业、90%的研发投入源自企业、90%的专利产生于企业、90%的研发机构建在企业、90%的重大科技项目由龙头企业承担。

深圳正在不断涌现出新的产业带和新的增长极

深圳正在不断涌现出新的产业带和新的增长极。以云谷创新产业园为例，现在的云谷创新产业园集聚了100多家高新科技企业，它们大都从事云计算、互联网和新一代通信技术。2011年云谷创新产业园产值约8亿元，2014年已达到45亿元，3年时间里产值翻了4倍多。再以大沙河创新走廊为例，目前大沙河创新走廊已建成56个新兴产业园，新增29个新兴产业园，总面积超过150万平方米。2015年，中国国际高新技术成果交易会期间，大沙河创新走廊推出的深圳湾超级总部基地等11个重大项目，释放1322万平方米的产业空间，深圳正全力将其建成国家自主创新示范区的核心区。

同样，位于光明新区的国际平板显示园区，聚集了数十家规模以上企业，华星光电、旭硝子、日东电工、莱宝高科等产业集群形成了完整的垂直产业链，带动整个园区成为“高产田”。

此外，大鹏海洋生物产业园正在积极创建国家级海洋经济科学发展示范园区；深圳市海洋新兴产业基地已启动了围填海工程；航空电子产业园落户南山，适航审定支持中心、航空航天精密零部件复合3D打印等5个重大项目已经启动建设。

目前，深圳正在加快布局生命健康、海洋经济、航空航天、机器人、可穿戴设备和智能装备等未来产业，期望通过新的产业带、产业园区培育出更多的“产业巨人”，打造更多的新增长极①。

» 第二节　一份20年前有关香港开展跨境合作的研究报告

2003年6月，香港中华厂商联合会曾经发表一份题为《CEPA与香港制造业的机遇》的研究报告。该研究报告提出并详细分析了香港开展跨境合作的必要性，并给香港特区政府提出了重要建议。但这份报告并未得到香港特区政府的积极回应。

该研究报告指出，20世纪80年代以来，香港本地经济发生的一个重大结构性转变，是制造业由原来的以香港作为生产基地的本土作业转为把生产制造部分迁至以珠三角为主的低成本地区的跨境作业，这种作业方式在90年代之后逐渐从制造业扩展到金融业及其他服务业，使跨境作业成为香港经济运行一个十分突出的特点。现时香港与珠三角地区每年的人流量与货流量，相信是全球不同经济体往来中最多的地区之一。根据香港大学发表的一项调查，当时珠三角地区的港资企业雇用的内地劳工达1100万人，约为香港本地人口的1.6倍，本地劳动人口的3.1倍。这样的跨境作业规模相信在全球也无出其右②。

显然，这份研究报告将香港制造业转移到珠三角地区的情况看成是与香港的一种跨境作业。应该说，20世纪80年代中期到90年代香港回归前，整个内地特别是珠三角地区的制造业与香港制造业的产业形态相同，都是劳动密集型的加工贸易产业，因而与香港形成了“前店后厂”关系，这样一种看法完全可以成立。因为遍布珠三角地区的港资企业确实与这些企业在香港的订单获取、产品设计、市场营销、金融服务、物流服务、法律服务等方面形成了统一的价值链。

然而，20世纪90年代中期特别是亚洲金融危机后，深圳等珠三角地区的制

① 李罗力：《深圳：再成经济转型窗口排头兵》，《特区实践与理论》2015年第4期。
② 香港中华厂商联合会：《CEPA与香港制造业的机遇》，《港澳经济年鉴》2003年。

造业开始脱离劳动密集型的加工贸易产业形态，从代工生产、贴牌生产向资金密集、技术密集和自主设计、自主制造、自主品牌、自主创造的产业形态转型升级，包括香港工业服务、金融服务和物流服务在内的主要服务业，也随之转型升级，而为这些传统的劳动密集型产业服务已经不再成为转型后的香港服务业的主流。此时若再认为香港设在珠三角地区的制造企业与香港的服务业仍然是一体化的跨境作业，仍然是统一的价值链，显然已经偏离了实际。此时的香港真正的产业结构中，很难再把这些早已偏离香港本身市场条件的中小代工企业容纳进去，也很难再将其看作香港现代产业结构中的制造业。

其实，指出这些看法是一种认识误区，不需要高深的理论分析，只需指出这些离岸的香港制造企业是否能解决香港实际的就业问题，是否能为香港的财政带来直接的税收，是否能在香港经济遭受外部危机时起到重要的稳定作用就可以了。实际上，这些离岸的香港中小企业，在这些方面根本发挥不了大的影响和作用，因此再想把它们看作是香港产业结构中的制造业，并且还要作为香港“再工业化”的基础，这完全是一种违背客观事实的想法和做法。

然而，除上述观点之外，香港中华厂商联合会的这份研究报告的其他观点是十分有价值的。尤其是它对香港应该如何开展跨境作业提出了很好的看法和建议。该研究报告指出，对于小型经济体企业的跨境作业，各国各地区所采取的应对策略均有所不同。近些年，加拿大主要以积极的产业政策作配合，尽力把区内的产业活动引到本土境内；新加坡主要从吸引人才及提升基础设施着手，巩固和加强其金融服务业及物流基地的地位；中国香港则基本上仍以“积极不干预”为理念，未把企业跨境作业视作一个策略问题。

在不同的条件及策略的影响下，跨境作业对上述经济体的本土经济所产生的影响也大有差别。总体上看，新加坡在境外作业与本土经济之间取得了较好的平衡；而中国香港“积极不干预”的结果是，跨境作业的企业正把越来越多的工序移向软硬件设施均不断改善的投资地，使中国香港在企业价值链的跨境移动中处于不利地位。

自从美国、加拿大互相开放市场，加拿大政府便把本土经济如何分享企业跨境作业的成果视作重大的策略问题，一个重要的思路是，应在北美市场开放过程中创造能在本土生根的企业，吸引更多以本土为基地的生产工序，以巩固和加强本地的产业体系。在这方面，加拿大政府采取的重要策略是根据本国不同地区的资源优势推动在境内建立策略性产业集群①。主要措施是：一方面针对所要吸收的产业提供税务优惠，另一方面通过拨款、低息贷款及贷款担保等津贴措施，降低基地内企业的资金成本，支持本土企业发展优势产业。经过多年的努力，加拿大在境内成功建立了若干策略性产业集群。这些策略性产业聚群的建立，推动加拿大形成了多元及较稳固的本地经济体系，给加拿大的经济增长、税收及就业提供了较平衡及稳定的发展基础，使该国的资金与人才在北美市场开放及经济全球化的过程中可以稳扎稳打、步步为营。

中国香港的传统角色、目前的产业结构以及与邻近地区珠三角的关系，与其他中小型发达经济体均有一定的差别。其他中小型发达经济体在应对企业跨境作业时采取的成功策略不一定可以直接套用于香港。但是这些中小型发达经济体在企业跨境作业发展过程中，采取尽量把更多的生产工序留在本土，并积极吸引境外资本到本土建立营运基地的施政理念则完全可供香港学习和借鉴。

该研究报告又指出，许多历史和国际经验显示，一个较平衡及多元的产业结构较有利于一个经济体维持稳定的经济发展，以解决全民的就业问题，因此制造业与金融服务业中的需要高技能的高增值产业与只需较低技能的低增值产业，在香港的经济与社会发展中将有各自适合发展的环境及不可替代的作用与功能。香港特区政府的宏观经济及货币政策目标便是要推动、促进及维持这种经济结构的平衡与发展。

此外，该研究报告还指出，国际经验及这些年香港经济的发展历程均显示，香港特区政府需要在产业结构调整及经济转型过程中扮演更积极的角色。“自由经济”不等于政府不能在经济发展过程中发挥积极作用，这已是一个越来越清楚的问题。香港特区政府在经济发展中的角色如何调整同样是一个十分具有策略性的问题。总体上，我们主张香港特区政府的角色应从过去的“积极不干预主义”调整为“有限的积极干预主义”。

① 策略性产业集群是指形成于某一具体地方，把同类企业及它们的原料与零部件供应商、服务商，甚至科学研究与试验发展（R&D）等支持性产业活动集聚在一起的基地网络。

该研究报告认为，生产力的重要因素之一是工农业生产，但香港回归以来香港特区政府致力于科技转化，却忽视了仍然具有强大生命力的制造产业。香港缺乏科技产业基础，科技产业不仅是生产力，而且是最活跃、最具价值和前瞻性的生产力。这恰恰是香港最薄弱的环节，香港特区政府数度试图使香港经济结构向科技产业转变，但均没有成功，其根本原因是香港缺乏科技产业基础。

该研究报告又指出，科技服务或者服务科技是香港的优势，香港从事此业的机构众多，除香港贸易发展局外，还有香港创新科技署、半官方的香港生产力促进局以及科技中心、科技工业园、生物工程研究中心，甚至各商会，而且香港科技力量基本上分散在各大学中，且各自为政，各唱各的调，各吹各的号。建议香港特区政府牵头，整合香港所有力量，创造若干机制，优选珠三角地区（甚至内地其他地区）若干既有独立知识产权又有市场价值的项目。香港特区政府带头，工商界自愿参与，和知识产权拥有者共同开发推广，优势互补、共担风险、共享成果，这方面的工作不应嫌多，香港能量很大。为此，香港特区政府应集中所有资源，大力发展和支持科技产业，以科技工业园为中心实体，各大学研究机构、各独立研究所、科技中心等机构都以科技工业园为核心，制定属于香港本身的长远科技规划，大胆引进科技人才、引进境内外的科技产业（或研发单位），假以时日，应该可以成功培养科技队伍与产业。台湾新竹科学工业园区就是一个成功的范例，可供香港借鉴。

该研究报告还对香港的跨境作业策略提出若干很有价值的建议：

第一，双管齐下地发展香港与内地市场的关系。一方面，加快推动香港与内地，尤其是与珠三角地区在人流、物流、车流、资金流等生产要素方面实现双向自由往来，以拓宽香港窄小的市场；另一方面，大力吸引内地企业到香港投资，建立运营基地，同时吸引内地企业家及专业人才到香港定居及发展事业。

第二，通过规划及市场手段重整香港现有的若干主要工业邨，使它们朝策略性产业集群的概念与方向发展，尤其是要促进相关产业建立研发（R&D）基地，以吸引部分仍在香港本土经营的传统工业如电子、高档时装、食品加工与制造等在本地扎根与发展，并且吸引部分工序仍放在香港操作的同类企业到产业集群区域内运作。产业集群给企业带来的便利及规模经济的好处（包括随之而来的R&D），将有助于解决香港运营成本较高的问题，增强香港对企业扎根本土或将部分工序放在本土的吸引力。香港应尽可能地留住部分工业，以作为经济多元化发展的组成部分，而不是对此放任自流及完全放弃。

第三，积极培育有发展优势的新的策略性产业集群，推动经济结构的多元化发展，为香港社会提供更多元的就业机会。

总体上看，跨境作业将是香港经济一个长期发展趋势，香港特区政府应将其作为一个重要的策略问题看待[①]。

» 第三节　深港跨境合作是香港“再工业化”的关键之举

我之所以在上一节中这么大篇幅地引用香港中华厂商联合会的研究报告，是因为我认为这篇发表于20年前的研究报告，将香港为何仍然要发展制造业，并且在香港土地资源和营商成本高企的环境下，怎样通过跨境合作来发展香港的制造业已经讲得很明白了。尽管其中的一些看法还难免停留在当时的那种环境下，而且当时把跨境合作的概念放宽到整个珠三角地区，难免有不切实际、无法操作之嫌，但其道理是讲透了的，如果把这些道理用到现在香港与深圳的跨境合作上，那就完全是切合实际的，完全是可以操作的，真可谓是字字珠玑，皆为真谛。

综上所述，中国香港要让制造业回归本土，就应该像中国台湾和新加坡那样搞自己的高科技产业园区。尽管中国香港已经比中国台湾和新加坡晚了二三十年，但是只要搞起来就是好事，起步晚也许还会有后发优势。但是，这个园区是放在香港境内好，还是放在与内地资源相结合的跨境地区好，这显然是一个十分重要的选择，而放在深港跨境地区无疑是最佳选择。

第一，香港的面积本来就十分狭小，经过30多年的发展特别是制造业转移出去后，香港境内已经很难找到一个好的地方来设置大规模的产业园区了。第二，香港经过长达30多年时间制造业北移后，本土已经严重缺乏工业发展的基础条件，无论是产业配套环境、上下游产业链、工业基础设施还是制造业的队伍和人

① 香港中华厂商联合会：《CEPA与香港制造业的机遇》，《港澳经济年鉴》2003年。

才都十分缺乏。第三，香港境内的各种运行成本已经太高，很难降下来。这些都不适应发展大规模高端制造业的要求，但是这些方面恰恰是内地的优势。因此，我认为，香港如果要建立大规模的产业园区，就应选择与内地接壤的跨境地区。而与内地接壤的跨境地区中，最佳选择当然是深港之间的跨境地区。

事实上，我早在1997年就开始发表文章和提出政策建议，希望能够在深港边界划出十几平方公里甚至几十平方公里搞新兴产业经济走廊（而不只是1平方公里的河套地区），建立类似于新加坡裕廊工业区和台湾新竹科学工业园区那样的新兴产业园区。既利用香港金融、物流及国际免税港的优势，又利用内地尤其是深圳的资金、人才、科技的优势。由两地政府共同制定长远的发展战略和发展规划，制定低税收、低地价、低成本的优惠政策，实现能够充分利用两地优势的同时又不会对“一国两制”造成损害的特殊管理，然后招商引资，有针对性地吸引海外和内地的大企业（主要是技术密集型和资金密集型的高端企业）到这里来落户，从而在深港跨境地区形成一个类似台湾新竹科学工业园区或新加坡裕廊工业区那样的高新产业集聚，研发功能强大，自主创新能力领先以及香港与内地人流、物流、资金流和信息流密集交汇的新型产业园区。

建立深港跨境高科技产业园区，并不是要让香港已经转移到内地的劳动密集型加工贸易企业回流，而是要吸引香港本土高科技企业以及全世界的跨国公司，内地及海外的高科技企业、高附加值企业、龙头企业、独角兽企业到这里来设厂，生产高科技产品、名牌产品以及其他高资金含量和高技术含量的产品，形成高科技产业和名牌产业集聚的工业带和产业群。

如果说，前些年我在提出构建深港跨境高科技产业园区的建议时，还只是一个设想，没有任何可行的基础，而现在香港特区政府主动提出要在深港边界地区打造一个300平方公里的北部都会区，这就为构建这样的产业园区或曰“产业经济带”“产业走廊”，提供了完全的可能和巨大的发展空间。

毫无疑问，设立深港跨境高科技产业园区，等于让制造业真正回归香港，这样才可以真正解决香港经济产业升级转型的深层次问题。事实上，当一个经济体只有服务业而没有制造业时，它的本土产业转型升级也就不存在了。香港就是一个最典型的例证。尽管香港的服务业如金融业、物流业、航运业以及设计、财会、法律、咨询等高端服务业都十分发达，已经处在世界同领域的高端，但是这些产业的本质都是为实体经济服务，也就是为生产类制造产业服务。而当香港本土没有这样的生产类制造产业时，它们就只能为本土之外的生产类制造产业服务，这就意味着它们对本土产业的升级没有任何重要的贡献。

我在前文中讲到，香港制造业转移出去30多年后，香港本土经济的产业水平已经与亚洲其他“三小龙”有了巨大的差距，香港到现在都没有海内外著名的高科技产业企业，也没有在国际市场上能够打响的产品和品牌，这些都充分说明了这一点。这也说明了建立深港跨境高科技产业园区的意义和重要性，建立深港跨境高科技产业园区将对香港本身的产业转型升级发挥极其重要的作用。

此外，建立深港跨境高科技产业园区对于进一步巩固和发展香港现有的国际优势也有巨大的好处。因为香港现在最大的产业优势就是高端服务业。在香港没有本土制造业时，这些高端服务业只能为本土之外的实体经济服务，不但不能为本地经济的发展和产业的发展作出应有的贡献，而且由于不能与本地资源很好地结合，限制了其更好的发展。有了跨境产业园区，就有了本土制造业，也就有了本土直接服务的对象。这种本土各种优势资源的直接对接，对于带动香港高端服务业的发展，无疑会有很大的好处。不仅如此，当香港的高端服务业是为内地或海外生产类制造产业服务时，它的主要税收和主要就业都会发生在其服务对象的所在地，现在香港的高端服务业通过跨境产业合作区为本土经济服务，无疑会为香港带来更多的就业岗位和更多的直接税收。

另外，这个跨境新兴产业经济带将会给香港带来大量的就业机会，因为无论多么先进的高科技产业，其产品的制造和装配线都需要大量普通劳动力。因此深港共建产业园区，不但会在一定程度上大大缓解香港普通劳动力的就业困难，而且可以大大缓解香港贫富悬殊的尖锐社会矛盾，这样就可以让内地改革开放和经济发展的好处直接惠及香港的普通百姓和中产阶层，从而为中央政府在新的条件下解决香港问题创造一个根本的经济基础。经济基础决定上层建筑，经济基础问题解决好了，中央政府解决香港的上层建筑问题也就有了坚实的社会基础。

建立深港跨境高科技产业园区还有一个重大的好处，就是可以有效解决香港目前面临的极其严重的住房问题。因为在任何一个大面积的工业园区内，都必须有与其配套的生活服务、商业服务、金融服务、运输服务、IT服务等。把一个大面积的产业园区建设起来，实际上就等于在深港边界建起一座跨境的新兴城市。

现在的新加坡裕廊工业区，就已经将园区与城市融合到极致，形成了集高端企业、商业中心、住宅、高等学府、研究机构、休闲娱乐设施等于一体的世界著名的花园工业城。

更何况香港特区政府提出建设北部都会区的设想后，已经明确提出要在这个新的城区建设大量的民用住宅，进行与科研服务、生活服务、商业服务、金融服务、运输服务、IT服务等相关的大规模基础设施和配套建设，这不但会从根本上解决困扰香港多年的居民住房问题，而且将会进一步带动香港普通百姓的就业和发展。由此我们深信，香港的重新繁荣已经指日可待，深港边界也将出现一座现代化新兴城市。

除了上述深港开展跨境合作对香港“再工业化”以及包括高端服务业在内的香港产业结构升级的意义和作用之外，深港合作还在其他方面具有重大意义。

第一，有利于扩大香港的生存空间。香港只有1100多平方公里面积的狭小土地上承载了700多万人，无论是居民生活还是产业发展几乎都达到了一个饱和点。而深圳有1997.47平方公里，如果深港经济合作向纵深发展，无疑会使香港的生存发展空间出现成倍的拓展。

第二，实现深港产业整合。香港有很多优势，加上深圳所具有的高新技术产业研发和人才的优势，这种产业整合一定能大大提升深港两地的生产力水平和国际竞争力水平，对两地都有好处，可以重新找到很多新的增长点。

第三，降低香港经济运行成本。内地很多资源都比香港便宜得多，通过深港经济协同发展实现资源整合、产业整合，就一定会大大降低经济运行成本，从而大大增强香港的国际竞争力。

第四，香港通过深港合作，能够继续发挥内地对外开放大通道的中介作用，成为中国企业“走出去”的桥头堡，成为中国“一带一路”的重要节点。

第五，可以进一步发挥深圳作为改革开放试验田的作用。我国的经济体制改革还有很多问题，真正跟国际接轨还有很大的差距。而香港是一个国际化的城市，有很多未来要做的事情可以拿到深圳来试。深圳毗邻香港，最容易吸收香港的东西和借鉴国外的经验，同时在这里做试验又可以防止出现问题带来的影响扩大，可以马上吸取教训。事实上，40多年来深圳就起到了这个作用，今后应该继续把深圳作为试验田，而深港合作将对深圳继续发挥试验田作用产生很大的影响。

第三篇

深港共建跨境高科技产业合作区

第九章

世界及中国跨境经济合作区的成功经验

» 第一节　欧美知名的跨境经济合作区

现在无论是在国际还是在国内，两个甚至多个不同的经济体在彼此边境地区建立跨境经济合作区都有许多成功的案例。跨境经济合作区是指在两个经济体或多个经济体边境附近划定特定区域，赋予该区域特殊的财政税收、投资贸易政策以及配套的产业政策，并对区域内部分地区实行跨境海关特殊监管，吸引人流、物流、资金流、技术流、信息流等各种生产要素在此聚集，促进该区域加快发展，进而通过辐射效应带动周边地区发展。

跨境经济合作在我国起步较晚，欧洲却已经有很多年的探索，另外北美的美国与加拿大，东南亚的马来西亚、新加坡和印度尼西亚等国在这方面也有一些尝试和探索。香港回归之前，深圳与香港的经济合作也具有一些跨境经济合作区建设的特点。这些地区跨境经济合作的历史经验，对于现阶段思考和推进我国跨境经济合作区建设具有借鉴作用。

欧洲上莱茵边境区

上莱茵边境区是目前世界范围内相对成熟的一个跨境经济合作区，是跨境经济合作的典范，其跨境经济合作过程中的一系列做法对世界各地开展跨境经济合作和建设跨境经济合作区具有示范价值。

上莱茵边境区地跨法国阿尔萨斯大区、德国巴登-符腾堡州和瑞士西北部的5个联邦区，面积约1.8万平方公里，人口超过450万。1963年，三个国家的一些民间人士组织了上莱茵边境地区合作协会以共同规划和推动上莱茵边境区发展，并得到了政府的支持。早期的合作更多是务虚性质的，主要是联合调研和分析，通过研究性报告和宣传工作促进边境区跨境合作。在民间合作的推动下，三国的企业、地方社团机构等也共同开展了一些具有实质意义的基础设施建设项目，经济交往也更为密切。1989年，三国首脑在上莱茵地区的巴塞尔会晤，承诺共同推动上莱茵边境区合作，这意味着上莱茵边境区的跨境经济合作区建设有了官方色彩。此后，上莱茵边境区的跨境经济合作范围扩大，组织机构建设也更加完善，并于1991年促成了欧共体框架下的欧洲边境地区合作协会成立，该协会在指导该地区跨境经济合作的同时，也将这种跨境合作经验向欧洲其他地方推广。

上莱茵边境区跨境经济合作区建设，在以下三个方面为后来的跨境经济合作区建设提供了经验：

第一，合作方对于跨境经济合作区建设的目标非常清晰。上莱茵边境区之所以会被认定为跨境经济合作区，是因为该地区的合作并非单纯的区域间各部门常规的国际协作，而是以促进分布于不同国家的具有相同地理、人文、经济环境的区域，在经济发展、区域规划、公共服务等方面高度协同进而实现融合性发展。而且，自形成跨境经济合作机制以来，当地确实在协同解决边境居民就业和居住、社区建设、公共服务问题方面取得了显著成效，使区域内发展情况、创新环境同步改善，以整体抱团的形式获得竞争优势。

第二，建立比较完善的组织体系以保障跨境经济合作持续稳定。在政府层面，有欧盟区域基金（INTERREG）项目支持三国跨境经济合作工作，三国政府共同组建了三国大会，每两年召开一次会议，以解决跨境经济合作区建设重大政策问题，主要部门委派专门人员，组成上莱茵边境合作委员会，具体处理跨境合作过程中的各种现实问题。民间的巴塞尔边境区工作协会则以会员形式吸纳了三国在该地区的重要市场主体和社区代表参与，从多个维度开展具体的合作。

第三，不断完善跨境合作法律体系。欧盟本身就有促进各国经济、货币一体化的《马斯特里赫特条约》，使得欧盟内部各国间、各国地方政府间的相互合作相比其他地方有更好的法律支持。同时，三国还结合跨境经济合作区建设的需要，签署了《卡尔斯鲁厄协定》，以更好地指导当地的跨境合作。德、法、瑞三国地方（州）之间，也针对区域内合作过程中可能出现的法律规范问题作了大量协调工作，以促进区域内法律规范的协同。

欧洲奥瑞桑德跨境经济合作区

相比上莱茵边境区，瑞典与丹麦两国的奥瑞桑德跨境经济合作区虽然起步晚一点，但在跨境合作的内容广泛性与合作深度上显得更胜一筹，在2003年被经合组织称赞为跨境合作的佼佼者。

奥瑞桑德区域包括瑞典南部和丹麦西兰岛北部区域共13个行政单位，面积约

2.1万平方公里，人口近380万。

相比上莱茵边境区的合作先由民间推动，再转化为政府间合作，许多具体问题的解决需要较长的时间，奥瑞桑德跨境经济合作区的建设一开始就有着政府强有力的推动。1993年，丹麦和瑞典促成了奥瑞桑德跨境经济合作区的形成。在双方共同努力下，奥瑞桑德跨境经济合作区的资源共享、产业协同发展、公共服务协同供应、基础设施共建共享等甚至比部分国家内部行政区域间的协同程度更高。在这种高度协同的背后，是丹麦、瑞典双方在多个领域达成高度共识，并建立了具有较高权威性和稳定性的组织机构，保障了合作区的持续运作。

奥瑞桑德跨境经济合作区的亮点，在于两国为此建立的组织、制度体系。在国家层面，丹麦和瑞典两国各自委派了12名部级官员组成部长理事会，以便就奥瑞桑德跨境经济合作区建设需要解决的国家层面的问题进行沟通协调。在此基础上，两国集合奥瑞桑德区域13个行政单位的36名官员（两国各18名），组成奥瑞桑德区域委员会，作为跨境经济合作区建设的决策机构，每年至少召开两次会议，讨论决定跨境经济合作区内重大事项，特别是对跨境经济合作区内市场主体整合、利益方向把控、公共服务供应等作出决策。为了确保跨境经济合作区稳定运转，两国达成一致，由中央和地方政府共同出资，作为奥瑞桑德区域委员会机构运营经费。两国海关、税务部门也在形成高度共识的基础上，在奥瑞桑德区域设立特别的税收办公室，针对跨境经济合作区内的市场活动，以特别程序和特别税率征收关税。

美加五大湖跨境经济合作区

欧洲因为有欧盟这个权威性比较高的区域一体化组织推动，所以跨境经济合作区数量多，合作水平较高，稳定性也比较强。在北美也有跨境经济合作的需求，但因为没有权威的区域一体化组织持续推进，这个地方的跨境经济合作表现得相对松散和不稳定。

美国与加拿大原来都是英国的殖民地，在殖民过程中两地的人种、语言、文化基本相同，经济往来也比较密切。因为这样一种发展历程，美国和加拿大事实上有许多跨境经济区，但两国的学术界和决策部门并没有像欧洲一样将这些跨境经济区作为跨境经济合作区来对待。

五大湖区域因为地理条件优越，在长期的发展进程中，形成了城市与城市之间比较明显的分工协作格局。由于一些重要城市分布在美国、加拿大两国，因此五大湖区域在整体上成为一个非常庞大的跨境经济区。成立于1983年的五大湖州长委员会对于促进五大湖跨境经济合作具有里程碑意义。这个委员会包括五大湖区域附近的美国8个州——伊利诺伊州、印第安纳州、密歇根州、明尼苏达州、宾夕法尼亚州、纽约州、俄亥俄州和威斯康星州，加拿大2个省——安大略省和魁北克省。五大湖州长委员会的主要任务是协同解决五大湖区域和圣劳伦斯河流域公共问题，形成区域内公共事务统一应对机制，整合区域内资源寻求共同发展，并在领域中开展协同行动。20世纪90年代以后，五大湖区域面临的共同环境问题进一步促成了区域内各地之间更紧密的合作，在五大湖州长委员会的推动下，区域内各地签署并一直认真履行《五大湖流域协议》，并明确了区域内重点产业、重点公共服务一体化目标。2007年，五大湖州长委员会更是制订了5年工作计划，提出要重点强化4个方面的工作：第一，强化区域内沟通和教育工作，引导区域内政府、企业、市民更积极地参与区域内共同发展和公共问题治理决策；第二，推动区域内信息数据共同搜集、分析和信息共享；第三，通过促成区域内多方论坛、项目和活动，在更多领域形成共识，推动具体问题的解决；第四，强化委员会对下凝聚区域内共识、对上推动两国中央层面政策协调的作用，为区域内合作创造越来越好的环境①。

» 第二节　东南亚的新柔廖成长三角区

新柔廖成长三角区的提出

新柔廖成长三角区（简称“成长三角区”）的构想是由时任新加坡副总理吴作栋在1989年10月根据新加坡的政治、经济形势首次提出的。他倡导由新加坡、马来西亚的柔佛州和印度尼西亚的廖内群岛（包括巴淡岛）组成成长三角区，以

① 《跨境经济合作区建设的历史经验》，https://mp.weixin.qq.com/s/v-W2kQ3ldy4v7A204PKCOg，2019年11月3日。

利用各自的自然资源、资金、技术、劳动力的优势，推进区域经济合作。1990年10月召开的东盟经济部长第22届年会，已把成长三角区计划列为东盟区域经济合作的内容。

成长三角区建设构想是：首先，要把新加坡、柔佛州、巴淡岛三角地带发展为工业区，在新加坡发展高科技工业，在柔佛州发展中科技工业（技术密集型与劳动密集型相结合），在巴淡岛发展劳动密集型工业。其次，要把三角地带发展为一个颇具吸引力的统一投资区，使它既有利于跨国公司在这一三角地带展开大规模投资，又有利于发挥三地的比较优势，带动三角地带经济的迅速发展。最后，要把三角地带发展为一个“加勒比海式的旅游胜地”。

成长三角区的合作基础

新加坡和马来西亚、印度尼西亚在地理位置上十分接近，且它们之间的经济合作具有一定的基础。

第一，在成长三角区提出之前的10多年里，新加坡就将相当一部分劳动密集型产业向柔佛州转移，并在柔佛州投资超过8亿林吉特。成长三角区提出之后，新加坡继续加大对柔佛州的投资力度，到1993年，来自新加坡的投资占柔佛州外来投资总量的超过40%。柔佛州新山市的依斯干达特区，是马来西亚专门设立的针对外商投资的经济特区，而这个特区也几乎成为新加坡产业转移的特区。同时，在成长三角区概念提出之前，新加坡在印度尼西亚的巴淡岛也投资了1亿新加坡元，这些都对成长三角区的提出建立了重要的经济基础。

第二，这三个地区在经济发展上的互补性很强，长期以来新加坡某些基本资源都依赖于马来西亚和印度尼西亚，新加坡的生活用水和工业用水主要由柔佛州供给。而就柔佛州和巴淡岛两地而言，这两个地区虽然自然资源丰富、人力充足、租金便宜，但目前缺乏的正是新加坡所拥有的资金、先进基础设施、管理经验和技术。因此，新加坡将利用其在资金、通信及管理上的优势，结合印度尼西亚、马来西亚的土地和劳动力等资源，在这个成长三角区中，实现既有廉价的熟练劳动力，又有优秀的管理和技术人员，以及先进的设施，进而形成一种特殊的投资环境，以其独特的魅力吸引更多的跨国公司，从而使合作三方在经济上共同发展。

成长三角区的合作机制

成长三角区建立后，为了尽可能减少合作过程中的障碍，推动合作事项开展，三国在1994年签署了合作谅解备忘录，明确成长三角区的合作事项由私人部门主导，充分尊重和发挥市场主体的决策和市场机制的作用，政府更多是解除管制，特别是在成长三角区内，解除各种对商品、服务、信息、人员、资金流动的管制，以便利市场主体之间开展合作。为了保障三国之间政策协同，合作谅解备忘录规定三国在政府层面建立部长级会议，就合作区内重大事项进行决策。定期召开高官会议，就具体领域的一些工作事项及时沟通协调。建立合作区共同管理工作小组，以处理合作区内日常事务。推动市场主体形成稳定的工商会议和工商理事会，就合作区内的经济合作凝聚共识，规划项目，协调行动。

成长三角区的实际效果

成长三角区建立后取得了一定的效果。新加坡与柔佛州的经济合作得到加强，柔佛州州务大臣提出了一系列扩大双边合作的设想，其中最主要的是将柔佛州西部一片26平方公里的土地开发为工业、商业、住宅及旅游地区，即“发展比亚新市镇计划建设”，这是对新加坡、马来西亚工商界和外国投资者最有吸引力的计划。此外，柔佛州政府还在巴西古当附近的丹绒浪塞开辟了马来西亚最大的重工业区，占地24平方公里，并在士乃建立高科技工业园。新加坡也在继续增加对柔佛州的投资。仅1992年头8个月，柔佛州批准的127个投资项目中，就有40%来自新加坡。

新加坡与印度尼西亚的合作也有了很大的进展。在新加坡政府的影响下，印度尼西亚对巴淡岛采取了更为优惠的吸引外资政策，规定凡是投资于巴淡岛制造业的外商，都可在开始营运的前5年内享有100%的所有权，而且营运5年后也只须转让5%的股权给印度尼西亚方面。这一新政策较印度尼西亚其他地区的投资政策优惠更大，立即引起投资者的积极反应。新加坡科技工业公司和裕廊环境工程公司与印度尼西亚两个工业巨头联合在巴淡岛开发5平方公里的巴淡工业园区，主要发展轻工业，联营双方于1992年1月11日在巴波岛签署了谅解备忘录和联营协议，新加坡科技工业公司负责设计和建设，裕廊环境工程公司则协助规划、经营和管理。巴淡工业园区是新加坡、马来西亚、印度尼西亚成长三角区构想推行中的第一个庞大的联营计划，可谓新印尼两国经济合作的重要里程碑。此外，新加坡一发展公司还计划在巴淡岛投资20亿新加坡元，在该岛西南兴建一个滨海城市。2017年，新加坡在印度尼西亚总投资84亿美元，其中80.8%来自私人企业，在私人投资中，将近一半是投资在制造业①。

» 第三节　中国的边境经济合作区与跨境经济合作区

设立边境经济合作区与跨境经济合作区是中国改革开放的重大举措

中国改革开放后，加快中国内陆沿边开放，建立沿边的边境经济合作区与跨境经济合作区已成为中国改革开放的重大举措。

2015年10月29日，党的十八届五中全会通过了《中共中央关于制定国民经济和社会发展第十三个五年规划的建议》，其中特别提到，内陆沿边地区要发展外向型产业集群，形成各有侧重的对外开放基地；要提高边境经济合作区、跨境经济合作区发展水平。

中国建立的17个边境经济合作区与跨境经济合作区已取得成效

改革开放以来，中国已在内地的沿边地区建设了17个经济合作区（含边境和跨境）。2019年8月，商务部对外发布了《边境经济合作区、跨境经济合作区发展报告（2018）》。报告指出，中国的边境经济合作区（简称“边合区”）与跨境经济合作区（简称“跨合区”）经济发展总体态势良好，产业发展成效显著，对外贸易加速发展，基础设施不断完善，投资产出效益提升，营商环境持续改善，跨境合作创新发展，对所在地的辐射带动和引领作用日益增强。

① 马志刚：《论“成长三角”区在东南亚经济发展中的作用》，《世界经济与政治》1994年第4期；《跨境经济合作区建设的历史经验》，https://mp.weixin.qq.com/s/v-W2kQ3ldy4v7A204PKCOg，2019年11月3日。

第一，边合区经济发展总体态势良好。2017年，全国17个边合区的工业总产值达755.59亿元，实现税收收入47.43亿元。其中，珲春边合区、丹东边合区、东兴边合区的工业总产值分别达260.95亿元、130.4亿元、111.54亿元，丹东边合区税收达14.94亿元，在全国边合区中名列首位。此外，近年来，各边合区固定资产投资呈现较快增长，企业经营与基础设施条件明显改善，生产加工能力得到大幅提升。2017年，17个边合区中，河口边合区固定资产投资总额最高，达到61.78亿元，同比增长18.35%；排在第2位的伊宁边合区固定资产投资总额为43.1亿元；博乐边合区固定资产投资总额为36亿元，排在第3位。

第二，2017年，17个边合区对外贸易发展势头良好，进出口总额达1053.59亿元。在稳定和扩大对外贸易规模的同时，各边合区还主动融入“一带一路”建设，积极推进“五通”，对毗邻国家和周边地区的示范作用不断扩大。不仅如此，边合区还对标国际和东部沿海发达地区，大力提升管理水平，优化营商环境。东兴边合区优化通关流程，建立互市贸易智能化管理系统，加强物流基础设施建设，促进提高通关效率，优化通关环境。丹东边合区把简政放权、放管结合、优化服务作为推进行政审批制度改革的核心环节，通过强化权责清单刚性约束，逐步实现办事流程由多变少、办事环节由繁变简，有效激发了市场活力。

第三，边合区对所在地的辐射带动和引领作用日益增强。部分边合区的经济总量达到所在城市的50%以上，带动了所在口岸、交通等基础设施建设，优化了投资环境，加快了所在地的城镇化步伐。

第四，边合区充分发挥产业优势，在促进就业方面成效显著。据不完全统计，2019年这些经济合作区已吸纳就业人员16.68万人，就业人员的收入水平大幅提高。

第五，边合区还在促进产业集聚发展方面发挥了积极作用。多年来，这些经济合作区统筹国内国际两个市场、两种资源，逐步培育起一批特色优势产业和外向型产业。例如，满洲里边合区的俄罗斯木材进口深加工业务、东兴边合区的跨境电子商务都已形成较为完整的产业链。珲春边合区成为吉林省最大的纺织服装生产基地。瑞丽边合区、畹町边合区的机电、IT产业发展迅速，当地居民“开瑞丽汽车、骑瑞丽摩托、看瑞丽电视、用瑞丽手机、游瑞丽风光”成为一景。

第六，各边合区在加大投入的同时，坚持集约、高效的开发模式，重视提高土地利用效益，投入产出效益不断提升。在土地投入强度方面，2017年排名第一的黑河边合区达63355万元/平方公里，同比增长14.21%；排名第二的满洲里边合区达52681.48万元/平方公里，同比增长8.75%；绥芬河边合区为29440万元/平方公里，同比增长2.02%，排在第三位。

第七，在边合区发展取得明显成效的同时，跨合区发展亦稳步推进，实现了新突破。自正式封关运营以来，中哈霍尔果斯国际边境合作中心经济不断繁荣，业态日渐丰富，功能持续完善。截至2018年3月，该中心出入境人数达1779万余人次，贸易额227亿元，年均增速分别高达87%和225%。中国老挝磨憨-磨丁经济合作区在2017年完成招商引资到位资金11.5亿元；工业总产值6.08亿元，同比增长68.9%；实现全部利税总额1.89亿元，同比增长70.3%；对外经济贸易总额149.19亿元，同比增长34.23%①。

中国与哈萨克斯坦合作设立了中哈霍尔果斯国际边境合作中心，正在与老挝、越南、蒙古等国推进跨境经济合作区建设。该中心应进一步完善支持政策、创新发展模式，形成特色鲜明的产业基地和开放门户。

沿海地区对外开放起步早、经济发展基础好，对提升开放型经济发展水平更具有利条件。《中共中央关于制定国民经济和社会发展第十三个五年规划的建议》提出，支持沿海地区全面参与全球经济合作和竞争，培育有全球影响力的先进制造基地和经济区。应推动沿海地区对外开放转型升级，提升参与全球分工和竞争的层次，加快从国际加工装配基地向先进制造基地转变，从制造中心向制造研发中心、服务贸易中心转变，提高自主创新能力，充分发挥在对外开放中的引领作用。

通过以上政府的正式文件，可以看出中国不但非常重视边境经济合作区和跨境经济合作区建设，而且经过这么多年的发展，已经取得了相当不错的成绩，也积累了相当成功的经验。

① 《边境经济合作区、跨境经济合作区发展报告（2018）》，http://www.cinic.org.cn/hy/yw/603199.html，2019年8月23日。

» 第四节 中外跨境经济合作区成功经验对深港合作的启示

我们注意到，前面提到的17个边境经济合作区与跨境经济合作区基本上都是内陆原来比较落后的地区与周边国家和地区之间的边境经济合作和跨境经济合作，但并没有看到粤港澳大湾区中广东与香港、澳门之间的跨境经济合作。实际上，粤港澳三地的合作也具有跨境经济合作的特征，深圳经济特区、珠海经济特区从某种程度上来说，也是跨境经济合作区。

在香港、澳门回归之前，两地分别受到英国、葡萄牙管治，虽然主体居民都是华人，与邻近的广东民众语言相同、文化相同，但毕竟属于不同的关税区，法律制度等也差异极大。20世纪70年代末80年代初，中国决定实行改革开放，并在邻近香港、澳门的地方分别建设深圳经济特区、珠海经济特区，通过特殊的关税政策和法律、制度设计，让这两个地方吸纳香港、澳门资金及经由香港、澳门进入的海外资金，实现突破性发展。在整个80年代，深圳、珠海等地在几乎零起点的基础上实现了快速发展，而两地吸引的外资74%来自香港和澳门，两地在改革开放初期主要吸引纺织、服装、制鞋等劳动密集型产业，随后转向电子及通信设备、电气与机械制造等产业。通过在深圳、珠海和珠三角地区其他地方生产，港澳台乃至海外华人相关企业得以大大降低生产成本，而香港的贸易优势又使得这些产品可以迅速销往世界各地，通过这种合作，粤港澳形成了一个紧密的经济共同体。

在粤港澳早期的合作中，可以看到许多跨境经济合作的机制在发挥作用，特别是三地的制度、法律、市场环境各不相同，如何为合作创造良好的环境便成了很现实的问题。在这一方面，中央政府体现出高度的灵活性和包容性，在国家整体经济管理体制转型艰难起步的阶段，便赋予了经济特区非常大的制度创新自主权限，允许经济特区大胆调整、改革经济管理制度，优化市场服务体系。1979年，在邓小平等人的支持下，中央决定在福建、广东等地建设4个经济特区。有了中央的充分授权，广东于1980年8月便推出《广东省经济特区条例》，该条例在用地、公共设施建设和使用、进出口关税、企业用工、外汇流动、利润分配、人员进出管制等方面都作了特别规定。这些制度和规范的创新，解除了港澳乃至海外商人到经济特区投资的后顾之忧。

以上我们列举了世界主要经济体以及中国建立跨境经济合作区的成功做法和经验，说明以跨境经济合作区的方式来建立产业园区和经济合作区，都是可行的，而且是中央政府在改革开放中高度重视、大力支持且已经取得许多成功经验的。由此更加说明建立深港跨境产业合作区的模式是香港“再工业化”的最佳选择。

第十章

深港共建产业园区的成功借鉴

» 第一节 台湾新竹科学工业园区

为了更好地完善深港跨境高科技产业园区的构想，本书列举了两个最重要的成功实例。一是台湾新竹科学工业园区，二是新加坡裕廊工业区。这两个经济体都是以华人为主的地区，且都是自由市场经济体。它们所处的环境与香港几乎一致，而且它们又都取得了举世瞩目的成功，因此它们对我们要建立的深港跨境高科技产业园区的可参照性很高。我们先来看看台湾新竹科学工业园区。

台湾新竹科学工业园区发展现状

台湾新竹科学工业园区成立于1980年，是台湾当局为发展高技术产业仿效硅谷模式创建的，规划面积21平方公里，目前已开发6.32平方公里，由新竹、竹南、龙潭、新竹生物医药、宜兰、铜锣六个园区构成。经过40余年的建设，台湾新竹科学工业园区已是台湾高技术产业和产业研究机构最集中的地区，成功将台湾推向信息产业全球第三、半导体产业全球第四的地位，逐渐形成集成电路产业、电脑及周边产业、通信产业、光电产业、精密机械产业和生物技术产业六大支柱产业。

2019年以来的最新数据显示，累计入园登记厂商已达544家，员工已逾16万人；园区总体产值达万亿元新台币，约合2500亿元人民币，相当于每平方公里产值为400亿元人民币，约占台湾地区生产总值的10%。

上述六大产业的企业数占园区企业总数的86%，就业人数占园区总人数的98%，营业额占园区总额的99%，是园区高科技发展的主体。

台湾新竹科学工业园区建设背景及发展阶段

20世纪80年代以前，中国台湾通过发展进口替代型工业和出口导向型工业，经济获得高速发展，使其与新加坡、韩国、中国香港并誉为“亚洲四小龙”。但进入20世纪80年代后，经济发展条件发生了一系列变化：世界发生能源危机，台湾资源短缺、岛内市场基本饱和、劳动力工资不断上涨、外贸结构发生变化等，尤其是主要贸易对象美国宣布取消对台优惠政策，限制台湾产品进入美国市场，台湾经济一时陷入困境。在此背景下，台湾及时调整经济发展战略，遵循“二高二低二大”原则，从以技术密集度高、附加价值高、能源密集度低、污染程度低、关联度大、市场潜力大为特征的产业中，筛选出机械工业和资讯工业为“策略工业”，并以硅谷模式为蓝本，把新竹列为“台湾硅谷”，集中发展电子、资讯等高科技产业，台湾新竹科学工业园区应运而生。

台湾新竹科学工业园区位于台湾西北部的新竹市市郊，离台北70公里路程。台湾当局之所以选择在新竹建立科学工业园区，除了地理位置优越、交通便捷、自然条件良好，更重要的是由于新竹拥有丰富的智力资源，更容易形成产学研一体化。新竹不仅有著名的台湾新竹清华大学、台湾新竹交通大学、台湾“中央大学”、台湾中原大学等众多知名高校，还有中山科学研究院、工业技术研究院、食品工业研究院、精密仪器发展中心、电讯研究所等著名技术研究组织，这为园区企业发展提供了丰富的人才、科研、培训等智力资源，更为园区形成产学研合作、企业能以较快速度获取最新信息或科研成果并将其及时转化为生产力提供了便利。

台湾新竹科学工业园区的发展历程可大致划分为三个阶段：

1976—1980年是早期筹划阶段。这个阶段是台湾当局参照硅谷模式建立高科技园区的筹备阶段，园区在设立之初就明确了“高科技化”“学院化”“社区化”“国际化”的建园方略，入园项目必须是高科技产业项目。

1981—1990年是开发建设阶段。这个阶段首先是重视生产空间“量”的扩张，推行生产、生活、生态一体化，致力于塑造花园式的生产与生活空间。然后是与硅谷建立多元互动关系，引进人才、技术、项目，促进园区“质”的提升。这个阶段，联华电子、台积电等台湾一流IC厂家依赖美国英特尔、AMD（Advanced Micro Devives, Inc.）等公司的OEM订单（指定生产订单，俗称代工）快速成长。集成电路产业发展日趋成熟，带动了集成电路产业上中下游和外围支持产业的蓬勃发展。

1991年至今是快速扩张阶段。园区进入快速发展时期，由早期纯粹的OEM角色迈入了具备技术开发能力以及自有品牌的新纪元。光电产业如液晶显示器行业也开始进行大规模的资本和人才投入，众多企业采取了与国际著名企业之间进行技术转移及建立策略联盟的发展模式，已经可以与日、韩企业竞逐市场。精密仪器产业从无到有，初具规模。此外，生物科技等新兴产业也在不断成长。

台湾新竹科学工业园区成功的关键要素

台湾新竹科学工业园区成功的关键要素与硅谷一样，根本原因在于官产学研的紧密合作，把政府、大学、企业三种力量有效整合，形成了三螺旋结构，推动园区创新发展。

1．政府的角色和作用

在台湾新竹科学工业园区的开发建设中，政府管理部门不仅是园区的整体组织和管理者，而且是园区开发与经营的直接参与者。它们的主要作用如下。

一是实行集中高效的行政管理。台湾新竹科学工业园区的工作由园区指导委员会和园区管理局共同筹划。其中，园区指导委员会为综合性的、跨部门的最高领导机构，负责有关园区的宏观重大问题的决策，并对园区建设和运行事宜进行沟通和处理。园区管理局负责具体规划和日常业务管理。园区行政管理已形成三大特色：一切行政管理都以为厂商提供高速服务为前提，一切变革都以为投资者提供合理便利为依据，一切管理规章都为有利于高技术产业园区的发展而制定。其中一项很重要的制度是优胜劣汰制度。为了吸引更多的资金、更多的优秀企业和人才，强化园区高科技发展体制，园区管理局于1991年初制定了园区专业投资撤销办法，以此监督厂商。园区管理局定期对园区内的厂商进行全面检查，对不符合要求者限期改进，若不见起色，一个月后令其退出园区。

二是制定强有力的扶持政策。

税收优惠政策。例如园区企业进口的自用机器设备、原料、燃料等，均免征税；园区货物或劳务外销者，免征货物及营业税等；此外，为引进岛外知名大企业，园区管理局还出台了一个5年免税的优惠政策。

投资优惠政策。对于鼓励发展的一些重要高技术产业，台湾当局以直接投资或优先提供长期贷款方式予以扶持。例如，凡符合园区引进条件的科技工业，入园厂商可以申请园区参与投资，园区出资最高可达总额的49%，投资者日后可以回购部分或全部股权。园区拿出大量资金资助技术创新开发，资助额最高可达每项计划所需经费的一半。

租金优惠政策。园区中的厂房等大量设施，以低廉的价格出租给创业企业；对于被认定为对科技有特殊贡献的工业投资，可减免土地租金5年。

人才政策。台湾当局十分注重引进海归人才，采取了一系列有效措施。据台湾新竹科学工业园区专家介绍，当年为了吸引在硅谷工作生活的人才回台，园区管理局特意派人去硅谷邀请一批工程师和科学家回台参观，并为他们提供前往参观考察的费用。为了促使人才回台创业，园区管理局还出台了一项政策，规定经筛选合格的海归项目，其注册资本的50%以内可以由园区管理局投资（最高限额为500万元新台币），项目成功后，台湾当局股份退出，若失败，台湾当局也不予追究。仅此一项政策，就吸引了大批人才回台创业。另外，园区管理局还很用心地安排规划设计师到硅谷的高尚生活区考察，效仿硅谷的社区模式和建筑风格，在新竹复制了一片生活区，以吸引硅谷人才和他们的家属。在台湾新竹科学工业园区，从美国学成回台人员较多，由他们参与设立的公司占整个园区企业的40%以上。

三是高度重视产品研究开发。园区管理局和企业非常重视产品的研究开发，对此投入了巨大的财力和人力。园区企业在研发经费方面的大量投入，形成了其在技术创新方面的优势地位，企业产品在国际上的竞争力亦很强。2003年，园区企业投入589亿元新台币（约17.5亿美元）的研发经费，占销售收入的6.9%。园区管理局每年对创新技术研究发展计划的资助占到计划总额的20%以上，2004年资助园区36家企业的39个项目，资助总额达1.06亿元新台币。园区管理局积极推动实施“科学工业园区固本精进计划”，每年计划投入一定量的资金以促进产学研合作，进行前瞻性创新研发。此外，园区管理局还设置了大量的科技奖项和科技基金，以激励园区企业加大研发投入和产品创新力度，每年组织评选创新产品奖、研发成效奖，并评选科技园区创新技术研究发展计划奖和研究开发关键零组件及产品计划奖。除了重视创新，园区企业还格外重视知识产权保护，积极申请各项专利。为鼓励企业的产品研发，园区管理者还大力引导、促进风险投资发展。为给初创企业提供资金，园区管理者一方面给未上市的公司股票提供灰色市场，另一方面在20世纪80年代中期着手建立了风险基金。

四是提供完善的服务保障。台湾新竹科学工业园区按照“厂商服务，园区内完成”的原则，在园区设有涵盖企业发展各环节的整套服务机构，厂商所需办理的手续都可在园区内完成。如在土地取得方面，台湾新竹科学工业园区内的高科技厂商能够以更合理的成本与条件获得生产用地；在行政手续方面，厂商在园区内投资设厂所需的一切行政手续均可一次性办理，亦即“单一窗口”的一元化服务管理模式。此外，在台湾新竹科学工业园区中还有一项颇具特殊性的服务保障，那就是发挥园区中的中介机构作用，为企业提供它们所需要的服务保障，例如科学工业同业公会，该公会设有4个委员会，涉及规划管理、进出口作业、金融财务管理、人力资源培训与分享等。科学工业同业公会积极协调企业之间以及企业与政府间的沟通，并协助处理企业员工的公共福利等多方面事务，是建立信用机制、优化企业管理的重要力量。而另一类中介机构如台湾电力电子制造商协会，则为园区的集成电路和半导体产业提供专业性服务，在加速企业学习进程和快速升级技术方面发挥了核心作用。

2．大学的角色与作用

台湾新竹科学工业园区学习硅谷经验，园区选址时就靠近大学和重要科研机构，园区周边现有著名的台湾新竹清华大学、台湾新竹交通大学、台湾工业技术研究院等众多高校和科研机构。它们的主要作用如下。

一是以自身优势决定园区的主导产业及其发展方向。台湾新竹科学工业园区周边高校及科研机构十分注重在微电子方向的发展，这就为园区朝微电子方向发展提供了很好的条件，也使得台湾新竹科学工业园区的计算机硬件产品跃居世界三强之列，仅次于美国、日本。如台湾新竹交通大学的电子专业最为突出，其微电子技术已达国际先进水平，园区微电子成为最大产业，形成一种“前店后厂”良性循环的互动局面，大大缩短了科技成果商品化的周期。

二是成为高科技成果的发源地和高科技产业的辐射中心。这些高校和科研机构通过技术联合开发或授权来引进技术，然后吸收、消化并在与企业的项目合作中利用新技术，最终通过产品、设备和技术诀窍来推动进一步的商业发展。台湾工业技术研究院对园区发展至关重要。该研究院虽然接受政府资助但不是政府机构，而是民办官助性质的财团法人单位，具有研发能力而又不是纯粹的学术机构。现拥有研发人员6000余人，累计近3万件专利，孵化培育了270多家优秀企业，包括台积电、台联电、台湾光罩等国际知名上市企业，逐步成为台湾创新体系的中心节点。

三是为园区输送大量的优秀人才，并为园区企业提供员工培训和员工的继续教育。据统计，台湾整个微电子行业公司的老板60%都是台湾新竹交通大学的毕业生。同时，台湾工业技术研究院每年会有10%～15%的人才流动到产业中去。过去40年，台湾工业技术研究院共培育了上百位首席执行官（CEO），除了半导体和个人电脑产业之外，薄膜晶体管液晶显示器（TFT-LCD）面板产业、发光二极管（LED）产业，乃至高端机床、生物医药等产业的背后也都有台湾工业技术研究院的身影。此外，台湾新竹科学工业园区为配合园区技术人员的人力资源需求，提高从业人员素质，园区管理局还与台湾工业技术研究院、台湾新竹清华大学、台湾新竹交通大学等学术研究机构合作，为园区从业人员提供在职进修及专业技术人才培训服务。

3．企业的角色与作用

在台湾新竹科学工业园区中，企业当然是最核心和最主要的角色，它们是生产、研发的主力，这一点不用赘述。除此之外，它们还有如下角色和作用，值得我们关注和借鉴。

一是本土人才培养。台湾新竹科学工业园区规定，企业雇用台湾本地科技人员数必须占科技人员总数的50%以上，以保证把更多的台湾本土科技人员培养成高科技人才和高级管理人才。

二是鼓励员工持股。园区内许多企业都留有15%～20%的股份分配给员工。如今的园区中，许多初创企业，其员工就可以入股，企业的利润与员工分享。从眼前看是降低了投资人的收入，但在企业广大员工中形成了一种与企业共命运的心态，增强了企业的向心力和凝聚力，能充分调动员工工作的主动性和积极性，最终会给企业带来更高的经济效益。

三是科研经费支持。园区大部分企业的科研开发骨干经常参与台湾工业技术研究院、台湾新竹清华大学、台湾新竹交通大学等的研究、教学活动，而研究单位与高校研究课题的80%～90%均来自园区企业。以台湾工业技术研究院为例，2014年约51%的科研经费来自台湾当局的研发合同等支撑，49%来自民间企业的技术开发服务。

台湾新竹科学工业园区设施配套齐全

台湾新竹科学工业园区享誉全球，虽然是生产园区，但其建设注重生态，环境宜人。走进园区，就如同走进了一个大公园，绿树成荫，花团锦簇。究其原因，是因为当初建园时就定下了“园区公园化”的目标，不仅重视生产空间“量”的扩张，还重视生产、生活、生态一体化，致力于花园式的研发、生产与生活空间的塑造，园区内30%的面积为绿地。此外，为了加强环境保护，园区管理局修建了污水处理厂，成立了环保监督小组进行环境的追踪评估，加强环境品质的监测，并积极推动厂商进行废弃物的回收利用。园区管理局还加强了与周边邻里的互动，以敦亲睦邻的精神改善周边公共设施如道路、路灯、民众活动设施、社区景观工程等，营造了良好的人文关怀的气氛。

台湾新竹科学工业园区所在地是台湾著名的风景名胜区之一，自然环境优美，气候适宜，且海陆空交通方便。为了满足科技人员工作、生活、居住的需要，园区除了工业区外，还建有住宅区、休闲娱乐区，其住宅区和休闲娱乐区依静心湖畔而建，建有游泳池、高尔夫练习场、餐厅、公园和科技生活馆等休闲设施。同时，为了吸引更多的在外学子举家回台并安心工作，园区还建设了实验学校，学校设高中部、初中部、小学部、幼儿园和双语部，规模很大，容纳了100多个班级、3000名左右的学生。除了双语部外，学校都以普通话教学。此外，园区还配套建设了诊所、邮局、海关、银行和车站等[①]。

» 第二节　新加坡裕廊工业区

自1965年独立以来，制造业一直是新加坡经济发展的引擎。裕廊工业区作为

① 《园区案例|世界知名高科技园：台湾新竹科学工业园区》，https://mp.weixin.qq.com/s/Qlm_yiAnqTEJkgDTiDqNmA，2022年1月14日；夏金文：《台湾新竹科学工业园成功模式探寻》，《中国高新区》2012年第3期；《亚洲“硅谷”：中国台湾新竹科学工业园的发展之路》，https://mp.weixin.qq.com/s/jLSEkrERRkveFsRbCUqjbg，2022年1月21日。

新加坡现代工业化的发源地，用不到全国1/10的国土面积，贡献了占新加坡2/3以上的工业总产值，超过20%的GDP，雇用了全国1/3以上的劳动力，为新加坡从一个殖民贸易港发展成世人瞩目的现代工业国和发达经济体创下了不可磨灭的功绩，堪称工业园区发展典范。

裕廊工业区发展现状

裕廊工业区，位于新加坡西南部的海滨地带，距离市区约10公里，占地面积超过60平方公里。1961年，新加坡政府决定在裕廊建设工业区；1968年，工业区的厂房、港口、码头、铁路、公路、电力、供水等各种基础设施建设基本完成；1968年6月，新加坡政府成立裕廊镇管理局（JTC），专门负责经营管理裕廊工业区和全国其他各工业区；2001年，裕廊镇管理局进行了改组，成为裕廊集团。

经过60年的发展，裕廊工业区已形成了完整的石油化学工业体系，主导产业为石油化工、修造船、机械工程、现代物流等，成为新加坡最大的现代化工业基地，是全球第三大石油炼制中心和全球十大乙烯生产中心之一。目前有超过100家全球大型石油、石化和特种化工企业在裕廊工业区设有工厂，包括壳牌、埃克森美孚、杜邦、巴斯夫等诸多世界级石油化工巨头企业，产业涵盖炼油、化工、仓储、物流等石化产业链的各个环节。裕廊工业区的成功建立使新加坡实现了快速工业化，并且形成了一整套的现代化经济管理经验，形成裕廊模式，强力推动新加坡国民经济建设和发展，并为其他工业园区发展提供可参考的经验借鉴。

裕廊工业区成立背景及发展阶段

20世纪六七十年代之后，新加坡通过发展进口替代型工业和出口导向型工业，经济获得高速发展，使其与韩国、中国香港、中国台湾并誉为“亚洲四小龙”。但由于它是典型的以外向型经济为主的岛国“城邦经济体”，极易受到世界经济变动的影响，它周边许多国家和地区崛起并以更低的商务成本吸引欧美地区投资，它所依赖的人口红利则逐渐开始走下坡路，从而使它的经济日益陷入困境。在此背景下，新加坡牢牢抓住了全球性石油危机爆发所导致的资本密集型产业开始从欧美向亚洲转移的机遇，凭借自己独一无二的优良交通区位，开始建立自己的工业产业园区，以承接西方资本和技术密集型产业转移，从而寻找到一条能够摆脱国家经济困境的发展道路，裕廊工业区就是在此背景下应运而生的。

裕廊工业区大体经历了四个发展阶段。

1960—1980年是创立阶段。新加坡建国后选择了设立工业区以吸引跨国公司投资为主的工业化发展战略。1961年新加坡计划在位于新加坡岛西南部的海滨地带、距离市区约10公里的裕廊地区建设裕廊工业区。裕廊工业区被规划为一个依托港口、结合工业区和城市配套的现代化大型独立工业镇，并开辟了14.5平方公里的范围作为综合启动区。到1968年园区内的厂房、港口、码头、铁路、公路、电力、供水等各种基础设施建设基本完成。由于裕廊工业区的飞速发展，1968年新加坡政府成立裕廊镇管理局（2001年改组为裕廊集团，以下均称“裕廊集团”），专门负责经营管理裕廊工业区和新加坡的其他工业园区。到20世纪70年代末，裕廊已开发了56平方公里土地，成为新加坡的第五大城镇。新加坡的失业率从20世纪60年代中期的10%下降到1979年的3.3%左右，制造业增加值占GDP的比重由20世纪60年代中期的15.1%上升到1980年的29.5%。

1980—1990年是新型产业园区的建设阶段。进入20世纪80年代，裕廊工业区的整体发展建设几近完成，各路客商的用地需求也已基本得到满足。为此，裕廊集团在扩建裕廊工业区的同时，启动了富有远见的10年总体规划（1980—1990年），规划新的工业物质形态来应对高附加值、高增长的企业类型。位于新加坡国立大学附近的新加坡科学园这种新产业空间类型也应运而生，主要用于生物科技、微电子等制造业的科研开发，兼有提高生产服务水平和制造生产能力的任务。1984年，裕廊集团开始了大士地区的大规模围海造地，到1988年开垦了650公顷的新工业用地，为未来大士生物医学园项目的启动奠定了基础。更为重要的是，这一阶段裕廊集团开始通过建设物流园区（先是海港物流园区，之后是空港物流园区）来大力发展现代物流产业。

1990—2000年是特色产业园区的打造阶段。进入20世纪90年代，为了满足石化产业集群的发展需求，裕廊集团与经济发展局合作，通过填海的方式将7个面积为10平方公里的南部孤立岛屿合并为一块30平方公里的填海土地，打造了一个现代化的世界级石化基地——裕廊岛化工园区。此外，裕廊集团还对周边许多落后的工业用地进行改造以适应经济发展和产业升级的需要，打造出1平方公里的商务园，创造了3.5万个工作岗位，主要用于发展知识密集型产业、软件开发和其他高科技活动，该商务园成了新加坡商业和研究中心。此外，为促进生物医药产业的集聚效益，新加坡政府又在裕廊工业区的西侧打造了生物医药园。同时为配合把新加坡培育成世界级半导体工业枢纽的目标，裕廊集团又打造了半导体晶片制造园，发展液晶显示屏工业。

2000年后则是传统园区提升与新一代园区的建设阶段。进入21世纪，为适应知识经济和科技创新的需要，裕廊集团开始侧重在特定领域内提供创新的产业基础设施和方案。如为推动与支持研发创新科技企业建设的纬壹科技城，着重吸引先进精密工程的实里达航空产业园，鼓励绿色环保产业的洁净科技园以及在裕廊化工岛建设的地下油库等。新一代园区的建设为研发、创意等产业的发展提供了载体，并大大提高了产业的创新力和劳动生产率。随着“工业4.0”的进步以及数字技术、大数据和物联网的涌现，裕廊集团又开发了以裕廊创新区和榜鹅数码园区为代表的新的产业空间，以支持和促进形成新的产业集群。

裕廊工业区运作模式

1．企业与政府相结合的管理模式

裕廊工业区在初期主要是由政府主导工业区的开发建设，因而建设初期的土地成本较低，土地得以快速开发，这有效保证了项目的快速启动而后形成规模经济。1968年，新加坡政府成立裕廊集团，将本国工业区开发和运营工作全盘授权给裕廊集团。“企业+政府”的政联公司具有很大的自主权，采取经营化管理方式，且又是政府投资和规划的法定机构，既能满足土地开发的市场化需求，又能够协调政府机关，保障公共效益的实现。政联公司的出现保障了产业发展转型的实现，裕廊集团和政府机关实际上形成了“执行-监管”以及“智囊-权力”两层协作关系。在裕廊集团和政府机关对园区发展目标达成共识的前提下，裕廊集团侧重于园区市场化运作及风险管控，是园区重要导向策略和土地开发的实际执行者，而与政府的有效沟通能够合理规避资本扩张的负面影响，同时，政府也能够适时地调整税收和融资的优惠政策，有针对性地扶持具有发展潜力的朝阳产业，保障整个园区蓬勃发展的活力。

2．科学规划促进产城融合发展

裕廊集团的规划秉持总体观和人文观，重视工业用地的合理利用，在科学规划园区产业发展的基础上，综合考虑人居生活的各种需求，进行适度超前的基础设施建设。在裕廊集团科学规划下，裕廊工业区成了工业体系齐全的工业基地和环境宜居的新型工业城镇。纵观裕廊工业区工业化过程，实际上也是其城市化过程。裕廊工业区现已建成多层次工业区兼风景优美的旅游区，园区工业基础设施和生活基础设施齐备，轻、重工业兼备，同时设有自贸区、公园等，实现了良好的产城融合。

3．全球范围内集中招商

裕廊工业区采取统一招商策略，由经济发展局在全国各地设立分支机构和专业招商队伍，进行统一招商。这种策略的主要优点是：拥有高度的营销自主权；可为跨国公司提供优质服务，如新加坡首创的"一站式"服务可以有效选择客户群。裕廊工业区的客户群主要有三类：一是战略性公司，重点吸引其财务、市场等重要部门至园区经营；二是技术创新型公司，重点吸引其核心产品及技术研发部门至园区发展；三是公司的重要部门，重点吸引其最复杂的生产工序和最先进的生产技术部门到园区生产。

裕廊工业区的成功经验

1．制定科学规划，坚持贯彻实施

新加坡裕廊模式取得成功的前提在于其规划科学合理，先导性强，且裕廊工业区发展的各个阶段与其规划保持一致。裕廊工业区通过产城融合、基础建设等一系列措施，有效解决了园区内员工的住房安家问题，为园区吸引人才奠定了良好的基础。

2．园区实行企业化运营管理

裕廊集团实施企业化运营，自负盈亏，有很大的自主权，是一个半官方性质的机构。这促进了园区管理充分引入市场机制，进一步完善了园区服务体系，提高了园区管理效率，由此形成了"一站式"服务体系、亲商文化等裕廊模式下的特色产品。

3．精准化产业定位，抓住时机助推升级

裕廊工业区由一片荒芜之地发展为新加坡的工业核心。在发展过程中，裕廊工业区根据自身区位和资源禀赋特点，以及国际产业发展的趋势和机遇，先后实施了四次成功的产业转型，在不同产业阶段打造了不同类型的产业园区来满足新加坡产业经济升级发展的空间载体需要。从20世纪60年代的综合工业区到20世纪80年代的科学园、物流园，再到20世纪90年代的商务园、生物园、芯片园，以及2000年后的科技城、数码园、创新园等，都为新加坡的产业发展提供了持续动力。

4．优化软硬件基础，打造良好的投资环境

硬件建设决定裕廊工业区的基础，软件建设则是裕廊工业区正常运转和健康发展的关键，稳定有序的运行机制和合理高效的操作规程是裕廊工业区获得成功的保证。新加坡在裕廊工业区开发之初，就明确要建成适度超前的基础设施体系，并坚持高标准、高要求的规格，打造先进而完善的裕廊工业区基础设施。面对新加坡有限的产业空间资源，在平衡环境保护和畅通交通组织的前提下，裕廊集团在科学规划园区产业发展的基础上，综合考虑人员的工作、生活、学习、休闲娱乐等各种需求，注重工作与居住功能的平衡，突出用地混合和兼容，内部强调工作、生活、游憩、学习多种功能的融合，外部周边规划多类型的住宅和生活配套设施，主要功能要素构成中，工作区占55%，居住区占33%，教育区占7%，休闲区占5%。

5．重视自主创新能力

裕廊工业区重视入区企业的研发创新能力，由新加坡政府主导，建立了多个产业研发机构，通过企业、科研机构、高校三者相互合作，产学研相结合，增强自主创新能力。裕廊集团拥有整合高校、企业和政府机构的多方资源的独特优势，在南洋理工大学、新加坡国立大学和新加坡科技与设计大学建立3个裕廊集团研究中心，加强研究机构和裕廊集团之间的研究合作。同时引进各国不同领域的精英，融合不同思维方式激发创新活力，使裕廊工业区紧跟世界产业发展趋势。此外，裕廊工业区紧紧抓住各阶段的发展机遇，通过转方式、调结构，使产业从初期的传统加工业逐步转向发展电子、通信、生物医药等高科技产业，提升了产业的发展质量和效率。近年来，裕廊集团又与新加坡理工学院签署了有关“工业4.0”转型的合作备忘录。由裕廊集团主导开发的榜鹅数码园区成为政府、企业和高校首次尝试共同策划打造的综合发展空间，以期实现产业界与学术界的紧密结合。

第十一章

深港跨境高科技产业园区的空间布局选择

» 第一节 香港“双城三圈”的空间布局构想

前文已经讲到，2021年10月6日，时任香港特首林郑月娥在北部都会区发展策略中提出了“双城三圈”的布局，即由西至东分别为深圳湾优质发展圈、港深紧密互动圈和大鹏湾/印洲塘生态康乐旅游圈。对于本书来说，我们更关注的是香港的深圳湾优质发展圈和港深紧密互动圈，这两个圈与本书的主题密切相关。

事实上，正如一些专家所言，香港特区政府在布局“双城三圈”的时候，对于每个圈预期要做什么都有两个维度：一个维度是北部都会区和“双城三圈”之间的关系；另一个维度是“双城三圈”中的每个圈都应对接深圳的哪些资源，以及应该如何对接和利用深圳的资源，从而真正达到双城的“1+1＞2”的效果。

香港的深圳湾优质发展圈，在深圳一侧对应的是最早开放且有香港要素的蛇口半岛和海上航线，现有连接双城“一地两检”便利通达的深圳湾大桥和口岸及前海蛇口自贸区和扩容120平方公里的前海高端服务业特别合作区。

香港对这个圈的设想是，除了促进双城轨道交通对接和在香港建设新社区，提供15000～17500套住宅单位及6000～8000个高端创科就业岗位外，更是规划在香港一侧流浮山建一栋标志性的创科产业大楼，明确由香港数码港来运营，这样，深圳和香港的业务就都可以穿梭跨越深圳湾大桥，便利地开展跨城业务，方便香港企业在深圳湾优质发展圈这个地方直接利用深圳的资源开展工作，当然也方便深圳企业到香港一侧拓展业务。

香港的港深紧密互动圈对应的是从深圳湾深圳河入口沿南山、福田、罗湖一直到莲塘口岸、沙头角中英街这一带。这是深港两地陆地相连、交通相接、口岸相通以及居民交往最密切、最频繁、最多元的地带。毫无疑问，深港共建跨境高科技产业园区的空间布局，就应该在林郑月娥提出的建设北部都会区发展策略中的这两个圈中进行选择。

第二节 深港跨境高科技产业园区的最佳空间选择

深港跨境高科技产业园区的最佳空间应选在哪里呢？我认为应选在港深紧密互动圈相对应的跨境地区。

第一，如前所述，香港的港深紧密互动圈对应的是从深圳湾深圳河入口沿南山、福田、罗湖一直到莲塘口岸、沙头角中英街这一带。这是深港两地陆地相连、交通相接、口岸相通以及居民交往最密切、最频繁、最多元的地带。毫无疑问，要想实现深港两地经济和产业最大的跨境互动、交流和合作，这无疑是最合理和最现实的选择。

第二，最关键的是，香港要把自己新创建的新田科技城也放在这里。也就是说在原来位于落马洲河套地区占地面积0.87平方公里的港深创新及科技园基础上，在新田/落马洲地区和港深创新及科技园周边的地方，再增加约1.5平方公里的创科用地，成为占地约2.4平方公里的新田科技城。林郑月娥提到，这个新田科技城连同深圳科创园区可以组成占地约5.4平方公里的深港科创合作区，可集港深两地优势，汇聚海内外人才，势必成为推动粤港澳大湾区国际科技创新中心建设的重要引擎。在这里，林郑月娥已经把香港要把这个地区打造为深港跨境高科技产业园区的意图讲得很清晰了。由于这次“双城三圈”跨越深港边界，贯通深港双城，涉及“一国两制”的构想是由香港主导提出的，也是香港第一次提出与深圳跨境和跨区域共建共荣的设想，因此，深港跨境高科技产业园区的空间选址，一定要以香港提出的建设空间为主，这也在情理之中。我们不应再走这么多年来深圳一直作为主导方、香港并未积极回应这种“剃头挑子一头热”的老路。换言之，香港主动提出来的，深圳就应积极响应，大力配合，共同携手，共同努力，这样才能从根本上改变深港合作长期以来“剃头挑子一头热”的局面，才能把深港合作扎扎实实地推向一个共具热情、共克时艰、共创繁荣、共向未来的新局面。

第三，更重要的是，在林郑月娥所公布的北部都会区建设规划中，已将港深紧密互动圈规划为北部都会区的核心新城区，要通过连接深圳罗湖的北环线，拓展河套地区的周边资源，把香港一侧如河套、新田、古洞等若干新市镇紧密联系起来，对这里进行居住和就业的统筹；要把教育、医疗、住宅、商务服务、中低收入群体就业、社区来往、商务对接等领域都放在这里统筹建设。这不正是在汇聚支撑跨境产业园区所必需的人流、物流、商流、信息流、服务流吗？

其实，我认为香港特区政府在考虑于这个地区建立北部都会区的核心新城区时，就已经考虑到这里是深港两地陆地相连、交通相接、口岸相通以及居民交往最密切、最频繁、最多元的地带；同时，也已经考虑到深港两地在这里的河套地区已经进行了比较长期和密切的合作，双方在各自一侧都已经建立了科技创新园区，并且正在逐步形成一个共同联系的深港跨境科技创新区，因此要想在这里实现深港两地经济和产业最大的跨境互动、交流和合作有一个相当的基础，这无疑是最合理和最现实的选择。将来，北部都会区和深港跨境高科技产业园区一定会互相促进，相得益彰。一方面，深港跨境高科技产业园区的建设和发展将会大大促进北部都会区的就业、税收、商圈、住宅、服务、交通、物流等各方面的建设和发展；另一方面，北部都会区的新城区建设，又会给深港跨境高科技产业园区带来更多的人力资源、物力资源、财力资源、城市建设资源、交通运输资源等方面的支持，从而大大促进深港跨境高科技产业园区的建设和发展，大大提高园区的发展质量，促使园区做得更大更好。

第四，我在前文已经讲到，实际上这么多年来深港双方在河套地区开展跨境的高科技创新合作已经有了相当的基础。

尽管我曾经提出香港方面动作迟缓，但毕竟已经动起来了，而且也已经有了一定的成效。香港特区政府创新及科技局2021年5月透露，位于落马洲的港深创新及科技园的第一期将会在2024年底落成，共建设8座大楼，将优先发展6个创科领域，包括医疗科技、机器人、人工智能等。首期投入使用后估计会有约5000人在园区内工作；若整个港深创新及科技园建成，将会有约5万人在此工作。

同时我在前面也讲到，深圳这边的占地约3平方公里的深圳科创园区的建设速度和规模与香港那边截然不同。现在已有10个专业化科创园区和60万平方米科研空间陆续投入使用，已建成深港协同创新中心、深港国际科技园、国际量子研究院、国际生物医药产业园一期和二期、河套国创中心等创新载体。同时，深港开放创新中心、深港科创综合服务中心已开工建设，将新增30万平方米科创及配套空间。实质推进和落地的量子科技、集成电路、大数据及人工智能、生物医药、能源科技等高端科研项目达150余个。另外香港高校、科研机构正在批量进驻深港科技创新合作区，共引进香港大学、香港科技大学、香港中文大学、香港城市大学、香港理工大学等5所香港高校10个优质科研项目。其中，香港城市大学、香港中文大学、香港科技大学等的5个项目已正式运营开展科研活动。此外，还建设了6家粤港澳青年创新创业基地，全力支持香港创新创业青年筑梦湾区。值得一提的是，福田现已在深港科技创新合作区建成“e站通”综合服务中心，这是深圳目前唯一能够“一站式”办理海关和地方政府服务事项的大厅，为园区企业、香港及国际人才提供“一门式、一窗式、一网式”服务。

双方已经有了这样跨境合作的基础，难道不是已经为我们构建深港跨境高科技产业园区建立了极好的基础吗?

尽管我们现在看到的深港跨境合作只是高科技研发领域的合作，还不是高科技产业领域的合作，但这难道不是已经为深港两地将来在高科技产业领域的合作奠定了十分现实和相当坚实的基础吗？将来无非就是想办法将这种高科技研发领域的合作转向全面的高科技产业领域的合作。

深港河套地区的跨境合作发展到今天这一步，特别是香港主动提出建设北部都会区的方略后，其实深港双方共建跨境高科技产业园区就已经开始从原来的构想和建议变为现实，它的轮廓已经形成：它就是河套深港科技创新合作区的放大版和转型版。

之后，我们要做的主要工作就是形成完整的建设思路，做好建设的规划和设计，制定切实有效的政策、策略，创造符合深港两地实际情况的管理模式，最后形成可实施的方案。这也是我在后面章节要讲的主要内容。

第十二章

深港跨境高科技产业园区的产业配置与管理模式构想

» 第一节　深港跨境高科技产业园区的产业配置构想

深港跨境高科技产业园区应定位为深港跨境新兴产业合作区

2022年6月6日深圳市政府发布了《关于发展壮大战略性新兴产业集群和培育发展未来产业的意见》（简称《意见》）。《意见》中提到，到2025年，深圳市的战略性新兴产业增加值要超过1.5万亿元，成为推动经济社会高质量发展的主引擎。要培育一批具有产业生态主导力的优质龙头企业，推动一批关键核心技术攻关取得重大突破，打造一批现代化先进制造业园区和世界级“灯塔工厂”，形成一批引领型新兴产业集群。《意见》中还提到，要使网络与通信、软件与信息服务、新能源、海洋产业等增加值千亿级产业集群的发展优势更加凸显，新材料、高端医疗器械、生物医药、数字创意、现代时尚等产业发展水平显著提升，合成生物、区块链等未来产业逐步发展成为新增长点。我认为，这些恰恰都应当成为深港跨境高科技产业园区重点配置的产业。

其实，将深港跨境高科技产业园区定名为“深港跨境新兴产业合作区”①可能更为恰当。这就是说，考虑到深圳本身已经具有的产业发展的基础和优势，同时也考虑到香港现有大学研发和香港科技园公司本身已经具有的研究基础和研究优势，加之要发挥好香港和深圳两地所特有的区位优势（尤其是香港自由港的优势），赋予这个园区更多的使命——发展新兴产业和未来产业可能更为恰当，定位更为精准，也更能吸引海内外新兴产业和未来产业的跨国公司、龙头企业、独角兽企业和大量上下游配套中小企业进驻园区，形成这个园区在海内外独有的产业发展优势和国际市场空间。

尤其是，国家已经将深圳的前海定名为“前海深港现代服务业合作区”，那么在以河套地区为轴心的深圳河两岸跨境地区设立深港跨境新兴产业合作区、深港“一河两岸”新兴产业合作区或者深港河套新兴产业合作区，都应该是顺

① 本书提及的“深港跨境新兴产业合作区”均指深港跨境高科技产业园区。

理成章之举。

更何况，2003年，国务院已经批准珠海与澳门成立珠澳跨境工业区。2021年9月，中共中央、国务院更是印发了《横琴粤澳深度合作区建设总体方案》，将澳门与珠海的跨境合作推向了一个全新的高度，从而为深港跨境合作提供了一个极其重要的样板。

深港跨境高科技产业园区应发展的八大重点新兴产业

结合深港两地的产业和科研发展优势，尤其是香港现在的科研发展方向，如香港科学园主要的研究方向是生物样本库及生物医学信息平台、机器人技术促进中心、传感器封装集成实验室等，而港深创新及科技园拟优先发展的方向包括医疗科技、大数据及人工智能、机器人、新材料、微电子及金融科技等，我认为，深港跨境高科技产业园区应该发展以下八大重点新兴产业（其中现代时尚产业是考虑了香港已有传统制造业的升级换代）。

软件与信息服务产业。推动操作系统、数据库、中间件、办公套件、低代码开发平台等关键性基础软件和CAD、CAE、BIM、CIM等工具软件实现源头创新，加大基础共性标准、应用示范标准研制及推广力度，实施开源生态孵化工程，推进软件技术在制造业、服务业深度融合，打造具有国际竞争力的软件产业集群。

数字创意产业。大力发展创意设计、数字文化装备、影视制作、动漫游戏等细分产业，塑造一批优质数字内容原创作品和IP，高标准建成一批数字创意孵化和服务平台，加快数字创意与文化旅游产品以及教育等公共服务融合融通，打造国际数字创意产业创新发展标杆。

智能传感器产业。聚焦智能传感器设计、制造、封测、装备材料等环节，加快新型传感器材料、半导体微机电（CMOS-MEMS）集成技术、先进封装工艺等核心技术攻关，建设MEMS中试线、MEMS传感器产业基地，丰富智能传感器在消费电子、汽车电子、智慧城市等领域的应用场景，打造全要素完备的智能传感器产业集群。

智能机器人产业。重点发展工业机器人、服务机器人、特种机器人、无人机（船）等领域，突破减速器、控制器、伺服系统等关键零部件和集成应用技术，扩展智能机器人在电子信息制造、汽车、航空航天等高端制造领域的应用场景，打造智能机器人产业技术创新、高端制造、集成应用示范区。

新材料产业。推动新材料与新一代信息技术、新能源、生物等产业融合发展，发展电子信息材料、新能源材料、生物医用材料、高分子材料、绿色建筑材料、前沿新材料等，推进高端锂离子电池负极材料、超高模量透明聚酰亚胺薄膜工程化项目建设，建成新材料创新中心和技术转化中心。

高端医疗器械产业。发展新型医学影像、生命监测与生命支持、高端植介入产品等细分领域，突破高端影像系统、手术机器人、新型体外诊断设备、高通量基因测序仪等重大装备、关键零部件，充分发挥国家高性能医疗器械创新中心作用，推动高端医疗器械产业高质量发展。

大健康产业。重点发展精准医疗、康复养老、现代农产品、医疗美容、化妆品等行业，扩大健康产品高质量供给，加强再生医美材料、康复器具、种质资源与基因发掘、精准药物开发等技术攻关，建设精准营养研发与应用平台、健康设备计量测试平台等创新平台，促进大健康产业创新发展。

现代时尚产业。推动服装、家具、黄金珠宝、钟表等优势传统产业时尚化、品牌化升级，加强服装功能面料、家具智能芯片、钟表机芯等技术攻关，建设时尚产业互联网平台和珠宝玉石综合贸易平台，培育若干国际知名展会，打造新兴时尚产业高地。

深港跨境高科技产业园区未来产业的五大重点发展方向

结合深港两地的产业发展和科研优势，深港跨境高科技产业园区应该在未来产业方面确定五大重点发展方向。

合成生物。重点发展合成生物底层技术、定量合成生物技术、生物创制等领域，加快突破人工噬菌体、人工肿瘤治疗等创制关键技术，推进合成生物重大科技基础设施建设，建设合成生物学研发基地与产业创新中心。

区块链。重点发展底层平台技术及“区块链+金融”“区块链+智能制造”“区块链+供应链”等领域，推动在技术框架、测评体系、应用规范、跨链互操作等领域形成一批技术标准和规范，打造区块链创新引领区。

细胞与基因。重点发展细胞技术、基因技术、细胞与基因治疗技术、生物育种技术等领域，完善细胞和基因药品审批机制、监管体系、临床试验激励机制、应用推广机制，加快建设细胞与基因产业先导区。

脑科学与类脑智能。重点发展脑图谱技术、脑诊治技术、类脑智能等领域，开展类脑算法基础理论研究与前沿技术开发，推进脑解析与脑模拟重大科技基础设施建设，抢占脑科学领域发展制高点。

量子信息。重点发展量子计算、量子通信、量子测量等领域，建设一流研发平台、开源平台和标准化公共服务平台，推动在量子操作系统、量子云计算、含噪声中等规模量子处理器等方面取得突破性进展，建设粤港澳大湾区量子科学中心。

» 第二节　深港跨境高科技产业园区管理模式的原则构想

深港跨境高科技产业园区应采取以政府为主导进行开发、建设和管理的模式

深港跨境高科技产业园区的管理模式应该学习台湾新竹科学工业园区和新加坡裕廊工业区，由政府来主导园区的开发建设，使园区建设规划项目的土地快速且以较低成本获得与开发，并有效保证项目快速启动而后形成规模经济。而不应采取香港科学园完全交由香港科技园公司来全权负责园区的开发、建设和管理这种模式。

尽管香港科技园公司也是香港特区政府专门设立的法定机构，但是完全的企业化运作毕竟与由政府主导来发挥作用有很大的差别。应该说香港科学园交由政府设立的香港科技园公司管理，是学习了新加坡裕廊工业区的部分做法——裕廊工业区也是交给由新加坡政府设立的裕廊集团进行管理的。这样做看上去是为了避免园区管理的行政化，保证园区的充分市场化运行，但是园区毕竟不同于企业，其管理模式也有很大差别。

其实新加坡裕廊工业区并不是完全由裕廊集团来开发和管理的，实际上实行的是企业与政府相结合的管理模式，即裕廊集团和政府机关形成了“执行-监管”以及“智囊-权力”两层协作关系。在裕廊集团和政府机关对发展目标达成

共识的前提下，裕廊集团侧重于园区市场化运作及风险管控，是园区重要导向策略和土地开发的实际执行者；而政府能够适时地调整税收和融资的优惠政策，有针对性地引进和扶持具有发展潜力的朝阳产业，保障整个园区蓬勃发展的活力；同时，裕廊集团与政府进行有效的沟通，能够合理规避资本无序扩张的风险。

正因为香港科学园完全由香港科技园公司进行市场化管理，缺乏政府的及时宏观指导、政策支持，所以发展进度很慢。香港科学园于2002年正式成立，截至2021年3月已将近20年，但园内只建设了建筑面积40万平方米的23幢大楼，仅提供了500个住宿单元及不同主题的智能生活空间，尽管引进科技企业和初创企业达1000家，却只有1.6万名创科人员，即平均每家企业只有16名创科人员，可见这些企业几乎都是中小微企业，整个科学园目前只有2家独角兽企业和1家上市公司。它的发展速度不但远不能与国内其他科技园区相比，与新加坡裕廊工业区和台湾新竹科学工业园区也无法相比。

相比之下，深圳市高新技术产业园区始建于1996年，成立时间只比香港科学园早6年，但是到了2008年，在仅仅12年的时间里建成的园区面积约11平方公里，由深圳市政府兴办的深圳软件园、国家IC设计深圳产业化基地、深圳国家电子工试中心、生物孵化器，由深圳虚拟大学园创办的院校孵化器，由政府、留学生协会共同兴办的留学生创业园构成的孵化器群已经形成，为创业板和新三板市场培育了一批优质的企业资源。深圳虚拟大学园汇聚了52所海内外著名院校，经过10余年的发展，到2008年在深培养硕士以上研究生约25220人，孵化企业532家，促成校企合作项目1036个，为企业技术创新提供了强力支撑。到2008年，经过12年的发展，深圳高新区已经形成了从移动通信、程控交换到光纤光端、网络设备的通信产业群，从配件、部件到整机的计算机产业群，从IC设计、嵌入式软件、应用软件到服务外包的软件产业群，从诊断试剂、基因疫苗、基因药物到医疗器械的医药产业群，涌现出一批产值超过百亿元的企业。企业研发生产的具有自主知识产权、自主品牌的产品在国内外具有广泛影响，成为深圳自主创新的主要特征，仅2008年，专利申请量就达7701件，其中发明专利5618件，占深圳发明专利申请量的30%。2008年，深圳高新区在占全市不到0.6%的土地上，实现工业总产值2249.78亿元，占全市工业总产值的14.19%；高新技术产品产值2134.07亿元，占全市高新技术产品产值的23.36%；工业增加值490.33亿元，占全市工业增加值的13.55%；出口112.31亿美元；实现税收119.78亿元。深圳高新区每平方公里工业总产值196亿元、高新技术产品产值186亿元、工业增加值43亿元。

如果有人认为不应用中国内地这个以政府为主导的经济体来与中国香港这个以自由市场为主导的经济体相比的话，那么我们再用与中国香港各方面都几乎一致的新加坡来作比较。新加坡有一个世界一流的示范级工业园区——裕廊岛化工园区。裕廊岛位于新加坡西南部，是一个由一系列填海工程连接起来的人工岛。裕廊岛的填海工程于1995年展开，只比香港科学园早建立7年，但是它于14年后的2009年就完成了把几个岛屿合并为一个30平方公里大岛的填海工程，比原计划提早了20年。目前，裕廊岛化工园区已经汇聚了巴斯夫、埃克森美孚、朗盛、三井化学、壳牌和住友化学等世界顶级化工企业，成为与荷兰的鹿特丹和美国的纽约并列的世界三大炼油中心；同时它还成为新加坡化学和能源工业的心脏，是杜邦、塞拉尼斯化工和雪佛龙菲利普斯化工等领先的石油和石化公司的运营基地。近年来，新加坡新建和扩充了周边油库，具备超过亿桶原油及成品油的储存和集散能力，吸引了全球50多家大型石油公司在此设置经营总部和数百家中小型石油贸易公司全天候交易集散。由此，新加坡还掌控了亚洲油品市场价格行情，成为亚洲石油产品的定价中心。

新加坡的园区建设之所以能够在短时间里取得如此大的成就，与前面已经讲到的新加坡园区管理模式——由具有与政府相结合特点的政联公司裕廊集团来进行开发、建设和管理有着密不可分的关系。

综上所述，未来深港两地共建的跨境产业园区一定要采取政府主导或政府与企业相结合的园区管理模式，而不能采用香港这种完全交由企业来进行开发、管理和经营的模式。

深港两地联合成立园区指导委员会和园区管理公司

我建议由深港两地政府联合成立园区指导委员会。该园区指导委员会为整个园区综合性、跨部门的最高领导机构，负责制定园区发展战略和规划，制定园区的主导政策，进行有关园区发展重大问题的决策，并对园区建设和运行事宜进行沟通、协调和处理。

园区管理机构应学习新加坡裕廊模式，设立“企业+政府”的政联公司作为园区开发、建设和管理的法定机构。该园区管理公司应由园区指导委员会制定招标条件，由深港两地的园区管理公司进行竞标。中标后的园区管理公司由园区指导委员会进行直接监督指导，由深港两地政府进行股权再投资并按股比组成公司董事会。园区管理公司具有很高的自主权，完全采取经营化管理方式，又是两地政府投资和规划的法定机构，既能满足土地开发的市场化需求，又能协调政府机关，保障公共效益的实现。

园区指导委员会需要制定园区长远的发展战略和规划，要能够适时地调整和制定税收和融资的优惠政策，同时还要全力引进符合入园条件的各类企业，扶持大有发展潜力的中小企业，保障整个园区持续发展的动力和蓬勃发展的活力。

园区管理公司则侧重于园区的市场化运作、风险管控和为在园企业提供全方位的服务，是园区重要导向策略、土地开发、为企业服务的实际执行者。

精准化产业定位，全球范围内集中招商

深港产业园区应按跨境新兴产业园区和“8+5”重点产业的精准定位，由园区指导委员会制定全球统一招商的标准和策略，设立园区专业招商队伍，进行统一的招商。新加坡裕廊工业区就是采用这种方法进行园区的招商引资的，其招商除了引进符合标准的企业整体入园建厂、生产、经营外，还有另外三类不需把生产场地设在园区内的招商对象：一是战略性公司的财务、市场等重要部门；二是技术创新型公司的核心产品及技术研发部门；三是最复杂的生产工序和最先进的生产技术部门。新加坡的这类经验值得深港产业园区学习和借鉴。

我认为，深港产业园区招商应注意以下三点。

一是不能搞“开曼群岛模式”，只搞公司注册，没有企业实体，使产业园区徒有虚表、虚有其名，没有任何实际产业发展的意义。

二是不能搞香港科学园模式，不能只搞科研基地，最重要的是要吸引高科技制造产业和新兴产业的实体入园，实实在在地搞经营、搞科技产业，创造就业和税收。

三是应该针对吸引香港和深圳的企业入园制定特殊优惠的优先准入政策。要先把最容易引进的企业吸引进来，为整个产业园区的发展奠定坚实的基础。

前文提到，台湾新竹科学工业园区管理中有一项很重要的制度是优胜劣汰制

度。为了吸引更多的资金、更多的优秀企业和人才，强化园区高科技发展体制，园区管理局制定了园区专业投资撤销办法，以此监督厂商。园区管理局定期对园区内的厂商进行全面检查，对不符合要求者督促限期改进，若不见起色，一个月后令其退出园区。台湾新竹科学工业园区的这一管理特色，值得深港产业园区在招商引资中学习和借鉴。

制定科学规划，打造良好投资环境

园区不同于企业，它是在一个很大的土地面积上根据发展的需要来分阶段、分期、分批进行开发、建设和招商，从而形成成千上万家优秀企业的集聚，然后园区的管理者还要对入园的企业进行统一管理、协调和服务。因此任何一个园区能够取得成功，很重要的前提就是一开始就要有一个长远的园区发展规划以及在这个规划基础上制定的园区发展策略和政策。不但规划要科学合理、先导性强，而且园区发展的各个阶段都要与规划保持一致。坚持集中连片，形成启动区、拓展区、储备区空间梯度体系，加大园区土地连片整备力度，实施区域生态环境评价，为战略性新兴产业发展提供坚实的空间保障。

此外，一个好的园区发展规划，还应致力于打造一个良好的投资环境，既要考虑到园区的硬件建设，又要考虑到园区的软件建设。硬件建设是园区得以建立的基础，所谓硬件建设就是要建成高标准、先进而完善的园区内建筑、道路、管线、网络、水电气供应设施、生产和科研设施、环保设施等。软件建设则是指园区要制定稳定有序的运行机制和合理高效的操作规程，这是园区正常运转和健康发展的关键，也是园区获得成功的保证。

制定税收优惠政策

园区要制定一系列完善的优惠政策，这是园区能建成、能成功招商引资、能健康成长壮大的关键举措。税收优惠是优惠政策中最重要的一环。建议采取以下税收优惠措施：

一是对园区企业进口的自用机器设备、原料、燃料等均免征税。

二是对凡园区认定的生产性高新技术企业均实行2年免征企业所得税、8年减半征收企业所得税的优惠政策。

三是企业按规定享受减免企业所得税优惠政策期满后，当年出口产品产值达到当年产品产值70%以上的，按10%的税率征收企业所得税。

四是对经园区认定的拥有自主知识产权的高新技术成果转化项目5年免征企业所得税和营业税，返还增值税的50%；之后3年，减半征收企业所得税、营业税，返还增值税的50%。

五是高新技术企业引进高新技术经过消化和吸收的新项目投产后，不论该企业之前是否享受过所得税减免优惠，经园区认定后，该项目所获利润3年免征其企业所得税。

六是高新技术企业和高新技术项目奖励和分配给员工的股份，凡再投入企业生产经营的，免征个人所得税；已分红或者转让的，按实际收益额计征个人所得税。

七是对从事高新技术产品开发企业自行研制的技术成果转让及技术成果转让过程中所发生的技术咨询、技术服务和技术培训所得，年净收入在50万元以下的部分免征企业所得税，超过的部分依法征收企业所得税；对科研单位、高等院校进行技术转让、技术咨询、技术培训、技术服务所得，年净收入在100万元以下的部分免征企业所得税，超过的部分减半征收企业所得税。对上述技术成果转让及技术成果转让过程中所发生的技术咨询、技术服务和技术培训的收入免征营业税。

八是对高新技术企业和高新技术项目所签订的技术合同免征印花税。

九是对高新技术企业和高新技术项目新建或新购置的生产经营场所，自建成或购置之日起5年内免征房产税。

制定投资优惠政策

对于鼓励发展的一些重要高新技术产业，政府应以直接投资或优先提供长期贷款的方式予以扶持。

一是入园厂商可以申请园区参与投资，园区出资最高可达总额的49%，投资者日后可以回购部分或全部股权。

二是园区拿出大量资金资助技术创新开发，资助额最高可达每项计划所需经费的一半。

制定租金优惠政策

一是园区中的厂房等大量设施以低廉的价格出租给创业企业。

二是对于被认定为对科技有特殊贡献的企业，可减免其土地租金5年。

三是对高新技术企业和高新技术项目的科研、生产用地免收土地使用权出让金。

四是免收购置生产经营用房的交易手续费和产权登记费以及其他相关收费。

建立园区金融支持体系

一是推动建立和完善园区指导委员会引导的、以企业为主体的、直接融资和间接融资相结合的园区产业投融资体系，大力促进和支持高新技术成果产业化。由园区管理公司出资，发起成立创新科技投资基金。

二是鼓励国内外风险投资机构来园区设立风险投资机构。凡在园区注册，对园区高新技术产业领域的投资额占其总投资额的比重不低于70%的，均比照执行高新技术企业税收及其他优惠政策。并可按当年总收益的3%～5%提取风险补偿金，用于补偿以前年度和当年投资亏损。风险补偿金余额可按年度结转，但其金额不得超过该企业当年末净资产的10%。

三是积极探索多样化、专业化的金融支持战略性新兴产业发展模式，充分发挥资金引导作用，优化存量资金结构，打通产业基金通道，强化产业专项资金与引导基金协同联动，提升基金管理团队专业化水平，实现“一产业集群一专项基金”，建设国际风投、创投中心，撬动更多社会资本参与战略性新兴产业集群建设。

引进大学和科研机构

包括硅谷在内的世界所有高科技产业园区都有一条宝贵经验，那就是一定要在园区内引进大学和科研机构，它们是园区经营成功和健康发展的关键要素。

显然，深港跨境高科技产业园区要做到这一点是非常容易的。因为香港拥有香港大学、香港中文大学、香港科技大学、香港理工大学等亚洲顶级甚至排名世界前列的大学资源，而深圳多年来不但与北京大学、清华大学、哈尔滨工业大学等国内顶级的大学进行紧密的合作，取得了极其丰富的成果和经验，而且2010年后深圳在原有深圳大学、深圳职业技术学院等基础上，又建立了南方科技大学、香港中文大学（深圳）、深圳北理莫斯科大学、哈尔滨工业大学（深圳）、深圳技术大学、天津大学佐治亚理工深圳学院等名牌大学，使得深圳缺少大学特别是没有名牌大学的局面正以令人难以想象的速度得到改变。毫无疑问，香港和深圳的这些名牌大学资源都将成为深港跨境高科技产业园区成功发展的关键要素。

为此，建议在深港跨境高科技产业园区内专辟一个大学及科研机构专区，支持深港两地及其他地区著名院校和科研院所来此合作创办产学研基地、科研成果转化基地、培训中心、博士后流动工作站等，从事产品的研发和成果的转化，进行先进技术的引进、消化和吸收，进行相关科研企业的孵化和专业人员队伍的培养，除了每年定向为园区输送大批刚毕业的优秀人才外，还可以与园区内的高科技企业人员进行深度的交流与合作，也可以为企业提供发展战略、市场拓展、商业模式制定以及产品开发、技术引进等各种咨询服务。

此外，园区要充分利用好园区内的大学和科研机构资源，加大战略科学家、科技领军人才、青年科技人才、卓越工程师等人才培养引进力度，为园区内的产业集群建设提供有力的科技和人才支撑。

大力鼓励企业的自主研发

一是园区管理公司应设置大量的科技奖项和科技基金，以激励园区企业加大研发投入和产品创新力度，每年组织评选创新产品奖、研发成效奖，并评选科技园区创新技术研究发展计划奖和研究开发关键零组件及产品计划奖。

二是园区应大力鼓励企业设立自己的工程技术研发中心，园区管理公司应制定一系列奖励措施，对经园区主管部门认定符合奖励标准的企业工程技术研发中心（企业技术中心），由园区发展基金和创新科技投资基金给予一定的奖励以及投融资方面的支持和优惠。

三是凡符合园区发展标准的高新技术企业，经园区有关部门认定后，均可按当年销售额的5%～10%提取技术开发费用，所提取的技术开发费用当年未使用完的，余额可结转下一年度，实行差额补提。

四是凡符合园区发展标准的高新技术企业和高新技术项目的生产和科研设备，均根据实际情况，并按园区有关制度规定实行加速折旧，以促进企业设备更新和技术改造。

五是园区要发挥全过程创新生态链整体效应，围绕战略性新兴产业集群和未来产业发展需求，推动政产学研深度融合，前瞻布局建设一系列概念验证中心、小试中试基地、公共技术服务平台等。

六是重视培育壮大市场主体，推进“个转企”“小升规”“规做精”“优上市”，实施企业上市发展计划，培育壮大园区内高新技术企业，打造一批专精特新“小巨人”企业，大力培育独角兽企业，形成一批专注于战略性新兴产业集群的“隐形冠军”企业、创新领军企业和未来新兴企业。

七是除了重视创新，园区还应格外重视知识产权保护，鼓励园区内企业积极申请各项专利。同时进一步增强知识产权保护意识和法制观念，加强对知识产权的管理和保护，坚决查处各种侵犯知识产权的行为，及时处理知识产权纠纷。建立和发展各类知识产权中介机构，加强科技成果、专利等无形资产的评估。

八是对于知识产权的职务发明人、设计人、作者以及主要实施者给予与其实际贡献相当的报酬和股权收益。专利权转让方或实施许可方，经专利管理部门核定，可从技术性收入中提取不低于30%的金额奖励有关人员，其中主要贡献人员所得奖励份额应不低于奖励总额的50%。

制定人才政策

一是为了促使高科技和新兴产业人才特别是出国留学人员入园创业，园区管理公司应设立出国留学人员创业资助资金，并在每年的科技经费支出中安排一定比例用于资助出国留学人员带回高新技术成果、项目来实施转化和从事高新技术项目的研究开发。鼓励设立科技型企业孵化中心，在园区内设立留学生园。

二是鼓励深港两地及其他地区科技人员和出国留学人员来园区设立科技型企业，其股东不受户籍的限制。注册资本不能一次性到位的，可在2年内分期缴付，但首期到位率（含以技术成果作价部分）不能低于注册资本总额的50%。注册资本分期缴付的，在首期缴付的出资中，高新技术成果作价部分不能超过首期出资额的50%。以高新技术成果作价出资的，经园区科技主管部门认定，其作价出资的金额占注册资本的比例可扩大到35%，若合作各方另有约定，则从其约定。

三是深港两地及其他地区科技人员和出国留学人员来园区设立的科技项目，园区可按规定标准进行筛选，经筛选合格的项目，其注册资本的50%以内可以由园区设定的园区投资基金进行投资，项目成功后，园区投资基金股份退出，项目若失败，园区投资基金也不予追究。

四是大力营造尊重知识、尊重人才的良好社会氛围。对为增加社会物质财富取得显著成绩的科技人员，园区管理机构要积极向深港两地政府有关部门推荐授予其有突出贡献专家称号和享受政府特殊津贴，对从事应用研究开发的科技人员，业绩特别突出的，可不受学历、资历和职数限制，破格评定相应的专业技术任职资格。

五是由深港两地政府出资设立深港跨境高科技产业园区科技贡献奖，对在园区内高新技术成果产业化活动中有突出贡献、创造巨大经济效益的科技人员进行重奖。

提供完善的服务保障

一是深港跨境高科技产业园区应按照“厂商服务，区内完成”的原则，在园区设有涵盖企业发展各环节的整套服务机构，厂商所需办理的手续都可在园区内完成。如在土地取得方面，园区内的高科技厂商能够以更合理的成本与条件获得生产用地；在行政手续方面，厂商在园区内投资设厂所需的一切行政手续均可一次性办理，亦即实行“单一窗口”的一元化服务管理模式。

二是除一般的服务保障外，深港跨境高科技产业园区还应向台湾新竹科学工业园区学习，提供一项颇具特殊性的服务保障，那就是大力支持和发展园区中的各种中介机构，发挥园区中的中介机构对企业的全方位服务作用，为企业提供它们所需的服务保障。例如台湾新竹科学工业园区中的科学工业同业公会，该公会设有4个委员会，涉及规划管理、进出口作业、金融财务管理、人力资源培训与分享等。科学工业同业公会积极协调企业之间以及企业与政府间的沟通，并协助处理企业员工的公共福利等多方面事务，是建立信用机制、优化企业管理的重要力量。而另一类中介机构如台湾电力电子制造商协会，则为园区的集成电路和半导体产业提供专业性服务，在加速企业学习进程和快速升级技术方面发挥了核心作用。

第十三章

『一国两制』下深港跨境合作区治理模式

上一章讨论了深港跨境高科技产业园区的产业配置和管理模式，但那都是从一般产业园区意义上进行的方案思考，并没有考虑到香港作为中国的特别行政区和单独关税区与深圳之间存在着“一国两制”这样巨大的制度差别。因此要真正建立起深港跨境高科技产业园区，必须把“一国两制”这个最重要的因素考虑进去，必须设计出能够符合“一国两制”条件的治理模式，这才能够将建立深港跨境高科技产业园区置于具有现实可行性和可操作性的语境中。

为了思考这个重要和关键的问题，我们将从现已存在的深港跨境合作模式进行分析，并将之与深港合作模式类似的珠澳合作模式进行对比。

» 第一节 珠澳跨境工业区与深港科技创新合作区

珠澳跨境工业区的设立与发展现状

其实早在2003年12月5日，国务院就批准成立了珠澳跨境工业区。

珠澳跨境工业区位于珠海拱北茂盛围与澳门西北区的青洲之间，分为珠海、澳门两个园区，由珠海和澳门分别通过填海造地形成。首期总面积约0.4平方公里，其中，珠海园区面积约0.29平方公里，澳门园区面积约0.11平方公里，两个园区之间以一条约15米宽的水道作为隔离，开设专门的跨境口岸通道连接。珠澳跨境工业区临近横琴新区和十字门中央商务区，紧临拱北核心商贸区，海陆空交通十分便利，是国外商品进入内地市场的重要门户。

珠澳跨境工业区最早是由澳门部分成衣界人士提出的，旨在应对2005年全球纺织品及成衣配额制度取消对澳门带来的冲击，防止澳门本地成衣制造企业大规模北移，影响本地就业。2002年8月21日，时任澳门特首何厚铧与广东省领导会晤时，首次提出了联合兴建跨境工业区的设想。2003年12月5日，国务院发布了《国务院关于设立珠澳跨境工业区的批复》，正式批准设立珠澳跨境工业区。

珠澳跨境工业区以国务院批复的精神作为其建设和发展的政策基础和依据，即在统一规划的前提下，珠海园区、澳门园区由珠海市人民政府、澳门特别行政区政府分别管理。填海形成的澳门园区的土地所有权属于国家，使用权归属澳门特别行政区，由澳门特别行政区进行司法和行政管辖。珠海园区作为珠海保税区的延伸区，由海关监管，实行保税区政策。批复还强调，珠澳跨境工业区要充分发挥区位优势，以发展工业为主，兼顾物流、中转贸易、产品展销等功能。

国务院批准成立珠澳跨境工业区，旨在整合珠澳两地各自的优势，发挥两地制度优势，促进两地产业分工和布局的互补，从而提高珠澳两地的经济发展潜力。对于珠海而言，能够对其工业西进战略起到助推器的作用，带动产业结构的优化升级和生产技术的更新换代，促进优势产品的出口，拉动经济发展；而对于澳门而言，则有助于拓宽澳门企业的发展空间，使其更方便地联系内地市场，以带动澳门第二产业的发展，振兴澳门纺织服装业，优化澳门产业结构，对澳门博彩“一业独大”所带来的深层发展隐患有必要的缓冲和预防作用。

2004年6月29日，珠澳双方在澳门首次联合举办了大型招商推介会。最终，珠海园区共签约13个项目，其中12个为澳门企业投资，合同投资总额超过3亿港元。项目主要涉及纺织成衣，也涉及制药、精密机械、食品加工、仓储物流等；澳门园区共23个项目被推荐入园，涉及纺织成衣、制药、健康食品、信息产业、博彩用具制造、化工、新式混凝土生产等。投资者分别来自澳门、内地、香港、台湾以及北美等地区，投资总金额约8亿澳门元。

珠澳跨境工业区2006年12月正式运作，到2019年，经过13年的发展，珠澳跨境工业区中的珠海园区已建成40万平方米，主要包含仓储物流、为澳门中小企业提供办公空间、跨境电商三种产业业态。

珠海园区充分发挥跨境工业区功能深化珠澳合作，积极协同海关采取更多通关便利化措施，提高货物通关效率；珠海保税区管理委员会印发《珠海保税区珠澳跨境区扶持重点企业发展实施意见》，新增对澳门独资企业的扶持奖励；园区内实行“保税区+出口加工区出口退税政策+24小时通关专用口岸”的叠加政策等，采取一系列便利措施吸引更多澳门企业入园，现累计注册澳资企业超300家，约占园区企业总数的50%，投资总额近20亿元。

至2019年，珠海园区已率珠海全市之先建设完成了第一个跨境电商公共服务平台和第一个跨境电商通关中心，实现了电商企业、支付企业和物流企业与海关、国检的数据交互和实际通关通检；2019年4月，珠海园区又印发了《珠海保税区扶持跨境电子商务产业发展暂行办法》，从落户奖励、租金补贴、自主品牌和人才培训补贴等十个方面，对园区范围内的跨境电子商务企业、跨境电子商务综合服务平台和物流服务企业给予扶持。同时，珠海园区还设立了珠澳跨境区产业孵化基地，面积逾1300平方米，重点扶持跨境电商产业发展，对企业租赁办公场地等给予支持。入驻产业孵化基地的企业中，澳资企业占比逾五成。

至2019年，珠海园区已拥有2.5万平方米的保税仓库，随着粤港澳大湾区加快建设，已经开启了聚焦对港对澳配送、全球分拨及跨境电商三大发展主线的战略新布局。

深港科技创新合作区的设立与发展现状

前文提到，2008年11月，深港两地政府签署了《落马洲河套地区综合研究合作协议书》，将深港两地在河套地区的合作范围拓展为3个片区，其中河套A区和河套B区在港方境内，河套C区在深圳河以北。此后一直到2017年1月，两地政府又签署了《关于港深推进落马洲河套地区共同发展的合作备忘录》，明确联手打造深港科技创新合作区。其中明确，位于香港一侧0.87平方公里的河套A区，建设港深创新及科技园；位于深圳一侧约3平方公里的河套C区及福田保税区，建设深方科创园区；以上“两园”合计形成约3.87平方公里的深港科技创新合作区。深港共建的“两园一区”将引导深港两地及海内外优质高科技企业、研发机构、高等院校进驻聚集，并推动其成为科技创新的高端新引擎。

到2021年5月，深港科技创新合作区成立4年多，香港一侧的港深创新及科技园基本上只完成了可行性研究和规划、勘测等，而在深圳一侧，则已有10个专业化科创园区和60万平方米科研空间陆续投入使用。更值得一提的是，深圳一侧的深港科技创新合作区建成了“e站通”综合服务中心，这是深圳目前唯一能够“一站式”办理海关和地方政府服务事项的大厅，为园区企业、香港及国际人才提供“一门式、一窗式、一网式”服务。

对深港科技创新合作区与珠澳跨境工业区的比较思考

首先，我们看到，深港科技创新合作区的模式与珠澳跨境工业区非常相似，两者都是在边境线的两侧各设立属于香港和澳门以及深圳和珠海的园区，而且每一侧的园区都是各自进行属地化管理，然后边境线两侧的两个园区再合成为一个跨境产业园区。珠海、澳门合成的是珠澳跨境工业区，而深圳、香港合成的是深港科技创新合作区。

其次，我们看到，两者之间有两个最大的区别：一是珠澳跨境工业区是由国务院发文确认，置于国家战略制高点上；而深港科技创新合作区则没有这么幸运，完全是由深港两地自发合作而成。二是珠澳跨境工业区位于边境线两侧的园区之间设立了一条专门连接两个园区的跨境口岸通道，并且设立了专门的跨境海关口岸，为来往于两个园区的工作人员服务。具体而言，珠澳跨境工业区边境线两侧珠海和澳门的两个园区之间，以一条约15米宽的水道作为隔离，由于牵涉两个园区之间人员货物的出入境，因而在珠海园区内开设了专门跨境口岸通道连接，这就是珠澳跨境工业区口岸。跨境口岸通道于2006年10月18日开通试运行，同年12月8日正式开通启用。鉴于跨境工业区的特殊性，通过跨境口岸通道往来珠澳跨境工业区的人员既要持有有效出入境证件，同时还必须持有珠海、澳门任何一方发出的特别园区通行证。一类为珠澳跨境工业区员工通行证（简称“员工证”），珠海园区和澳门园区管理机构均可签发；另一类为珠澳跨境工业区专用口岸临时出入证（简称“临时证”），仅由珠海园区管理机构签发。这是跨境工业区专用口岸区别于其他普通口岸的显著特征。而深港科技创新合作区则完全没有以上这些特殊待遇。我之所以特别强调这一点，是因为我认为，只有设立了这样一条专为跨境工业区服务的海关通道，才意味着这个工业区真正成为“一国两制”条件下的跨境合作区。如果没有这一项专门设施，那就是虽然顶着跨境合作之名，但是根本没有达到跨境合作之实。

正因如此，在2018年9月26日深圳市政协围绕“助力河套地区深港科技合作”主题开展专题协商时，深圳市政协委员、香港“一国两制”研究中心研究总监方舟在发言时，才会针对深港两地科研要素跨境便利流动尚存障碍的现状，建议深港两地政府联合向中央申请，将规划中的深港科技创新合作区升级为国家科技创新特别合作区，成为第一个以科技创新为主导的跨境合作区。要借鉴其他成熟跨境合作区如珠澳跨境工业区、中哈霍尔果斯国际边境合作中心等的做法，将深港科技创新合作区定位为“一国两制”要素跨境流动特别示范区，使河套地区争取获得中央部委综合授权，推动河套地区一揽子优惠政策试点，与前海共同升级为粤港澳大湾区国家级战略平台。其实说到底，就是想争取与珠澳跨境工业区一样的条件和待遇。

» 第二节 “一国两制”下深港跨境合作区治理模式构想

随着中国改革开放和中国经济的进一步发展以及近年来国内外形势的巨大变化，也随着2019年中共中央、国务院正式印发《粤港澳大湾区发展规划纲要》，中央对香港、澳门与广东及珠三角地区的合作模式有了新的考虑。2021年9月5日，中共中央、国务院印发了《横琴粤澳深度合作区建设总体方案》，这对我们思考深港跨境合作区的合作模式有着极为重要的参考价值和借鉴意义。

在这里，我想参照中共中央、国务院发布的《横琴粤澳深度合作区建设总体方案》，思考一个深港跨境高科技产业园区治理模式的可行性方案。

对深港跨境高科技产业园区范围的考量

我认为，深港跨境高科技产业园区最佳可行性选择，就是建立在现在的深港科技创新合作区的基础上。其第一期的面积为5.4平方公里：其中香港一侧为林郑月娥提出的在现有占地0.87平方公里的港深创新及科技园基础上再扩充成为2.4平方公里的新田科技城；而深圳一侧则是占地约3平方公里的位于深圳福田保税区内的深方科创园区。也就是说，在现在3.89平方公里的深港科技创新合作区的基础上再扩充成为占地约5.4平方公里的深港跨境高科技产业园区（略大于4.8平方公里的深圳华侨城）。如果也要像前海和横琴一样冠以地名，可以称之为“河套深港新兴产业合作区”。

这说明，完全可以将深港跨境高科技产业园区作为深港科技创新合作区的升级版。因为即使是原来的深港科技创新合作区，在3.89平方公里中也绝对不能只是搞科技研发，而是一定要引进大量的与这些科技研发相匹配的高新科技企业，从而形成一个产业加科研的园区，才能发挥其真正的通过科技研发来推动产业发展的作用。更何况现在的深港科技创新合作区还只是深港两地政府协议中给予的名称和定位，完全可以像现在的横琴粤澳深度合作区或前海深港现代服务业合作区一样，或通过深港两地政府向中央申请，正式下文确认为“河套深港新兴产业合作区”。

我在这个方案中之所以将这5.4平方公里（第一期）的地方称为“河套深港新兴产业合作区”，就是认为，随着这个合作区的建成和发展，未来应该至少达到台湾新竹科学工业园区（规划面积21平方公里，现已开发的第一期为6.32平方公里）的规模，甚至可以达到新加坡裕廊工业区（规划面积60平方公里，第一期开发5.6平方公里，第二期开发6.5平方公里，第三期开发10平方公里）的规模。

至于深港跨境高科技产业园区的第二期、第三期及此后如何扩展，我认为，均应主要在深圳河的香港一侧加以选择，有如下两条根本的理由。

第一，沿深圳河的深圳一侧均已成为成熟的建成区，已无可以大规模配置产业资源的空间，而香港一侧则潜力很大，其最大的潜力是大片刚刚“解封”或尚未“解封”的边境禁区。

香港原边境禁区范围最广时达约28平方公里。这些边境禁区土地中，有约70%即19.6平方公里是属于政府的土地，只有约30%即8.4平方公里是私人土地。另外，在这28平方公里中有8～9平方公里属于可以发展的平地，包括落马洲河套地区、香园围、莲麻坑、缸瓦甫及沙头角（一号闸前）等。尽管这28平方公里的边境禁区经香港特区政府2012年、2013年和2016年分三阶段进行“解封”，现已缩减为约4平方公里，但是无论这些土地是否“解封”，它们长期以来都属于边境禁区，到现在仍然处于原生态的状态。那么我想，在这片原来属于边境禁区且属于政府的土地中，只要是合作区有扩展的需要，就一定能够开发出更多新的土地。当然这只是一种选择，未来如果深港跨境高科技产业园区发展得很好，也许深港两地政府还可以作更多扩充面积的选择，甚至以“飞地”模式加以扩大。因为现在“飞地”模式在世界许多国家的出口加工区、自由贸易区、保税区中都并不罕见。

第二，如前所述，我们设立深港跨境高科技产业园区的主要目的之一是解决香港的就业问题。我们在前文中看到，中央对横琴粤澳深度合作区很重要的一个要求，就是要吸收澳门居民就业创业。而对于河套深港新兴产业合作区来说，这一点就更加必要了。而只有将深港跨境高科技产业园区的大部分区域放在深圳河香港一侧，才能实现这个目标。而这一带正是林郑月娥所提到的北部都会区的核心新城区，香港特区政府未来的规划也正是要把中低收入群体的就业、商务服务、商务对接以及住宅、教育、医疗等领域都放在这里统筹建设。另外，由于这一带是深港两地联结最紧密的地区，也恰恰是香港一侧原边境禁区所设立的范围，所以即使今后深港跨境高科技产业园区选择尚未开发的原边境禁区进行拓展，也会在这同一个地理空间范围之内。

更重要的是，把深港跨境高科技产业园区未来的拓展主要放在香港一侧这个地带，一定会与香港的北部都会区发展相得益彰。一方面，北部都会区的建设会给深港跨境高科技产业园区带来更多的人力、物力、财力以及城市建设和交通运输等方面的支持；另一方面，深港跨境高科技产业园区的建设和发展也会大大促进北部都会区的就业、物流、商圈、服务、住宅、交通等各方面的建设和发展。

深港"'一线'放开、'二线'管住"的正式区域设置

早在20世纪90年代，深圳市主要领导就向中央提出要构建"'一线'放开、'二线'管住"的深圳经济特区治理体系。当时提出的"一线"就是深圳与香港的边境海关线，"二线"就是深圳周边当时用铁丝网围建起来的特区管理线。"一线"由海关管理，"二线"由武警管理。当时深圳市主要领导提出的目标就是"'一线'管人不管物、'二线'管物不管人"。这句话的含义就是把深圳与香港之间的"一线关"变成只管理出入境人员的"人员管理线"，而把作为特区管理线的"二线"变成真正管理货物出入的"海关线"。用这样一种方式，将深圳与香港形成一个统一的关税区，形成一个除了人员之外，所有资源要素都能自由流动的统一市场，使深圳能够真正"特"起来，成为一个完全由共产党领导的自由市场经济体，从而对中国的改革开放和中国进入国际市场、融入国际社会，发挥出深圳经济特区与国内其他任何地方都不同的特殊作用。

但是对于深圳这样的要求，中央始终没有同意。直至深圳经济特区建立40周年庆祝大会前夕，国务院才于2018年1月正式下文撤销"二线关"。

在中共中央、国务院发布的《横琴粤澳深度合作区建设总体方案》中，我们却看到了设立"一线""二线"以及"'一线'管人不管物、'二线'管物不管人"这样的字眼，这令我们感到惊喜，并且对于深港合作的新模式产生了新的巨大期望。换言之，我认为横琴粤澳深度合作区的这种管理模式完全适用于深港跨境高科技产业园区，同时也希望能够得到中共中央和国务院的正式批准实施。

第一，将来可由中央认定适用"'一线'放开、'二线'管住"的正式范

围，就是深圳一侧的深圳福田保税区加上香港一侧的新田科技城，总面积为5.4平方公里。今后随着深港跨境高科技产业园区发展的成功实践和实际需要，合作区的范围也可以在中共中央和国务院批准的条件下不断扩大。

第二，深圳与香港之间设为“一线”，而福田保税区约3平方公里与深圳其他地区之间进行物理围网隔离后，设定为“二线”，并设定人员和货物特殊出入管理的“二线关”。香港一侧的新田科技城及其他属于深港跨境高科技产业园区的范围，也须与香港其他区域进行物理围网隔离，并采取人员和货物的特殊出入管理措施。

第三，整个深港跨境高科技产业园区由深圳市政府和香港特区政府共同设置机构管理，但主要适用香港的有关制度和规定。

第四，深港跨境高科技产业园区内，实现深港共商共建共管共享，按照前一章（第十二章）构想的双方制定的管理模式进行管理。

构建深港“‘一线’放开、‘二线’管住”新体系

一是货物“一线”放开、“二线”管住。

“一线”放开方面，对深港跨境高科技产业园区与香港之间经“一线”进出的货物（过境合作区货物除外）继续实施备案管理，进一步简化申报程序和要素。研究调整不予免（保）税货物负面清单政策，除国家法律、行政法规明确规定不予免（保）税的货物及物品外，其他货物及物品均可免（保）税进入。

“二线”管住方面，从深港跨境高科技产业园区经“二线”进入内地的免（保）税货物，按照进口货物有关规定办理海关手续，征收关税和进口环节税。对合作区内企业生产的不含进口料件或者含进口料件在合作区加工增值达到或超过30%的货物，经“二线”进入内地免征进口关税。从内地经“二线”进入合作区的有关货物视同出口，按现行税收政策规定实行增值税和消费税退税，涉及出口关税应税商品的征收出口关税，并根据需要办理海关手续。研究调整适用退税政策的货物范围，实行负面清单管理。

二是人员进出高度便利。

“一线”在双方协商一致且确保安全的基础上，积极推行合作查验、一次放行通关模式，不断提升通关便利化水平。设定深港跨境高科技产业园区中新田

科技城与福田片区的专用通道，在新田科技城与福田片区之间建设新型智能化口岸，高度便利合作区中福田片区人员的自由进出。

“二线”对人员进出不作限制，对合作区经“二线”进入内地的物品，研究制定相适应的税收政策，按规定进行监管。

三是创新跨境金融管理。

加强深港跨境高科技产业园区金融市场与香港离岸金融市场的联动，探索构建电子围网系统，推动合作区金融市场率先高度开放。按照国家统筹规划、服务实体、风险可控、分步推进原则，在合作区内探索跨境资本自由流入流出和推进资本项目可兑换。指导银行提升金融服务水平，进一步推动跨境电商等新型国际贸易结算便利化，实现银行真实性审核从事前审查转为事后核查。

在跨境直接投资交易环节，按照准入前国民待遇加负面清单模式简化管理，提高兑换环节登记和兑换便利性，探索适应市场需求新形态的跨境投资管理。

在跨境融资领域，探索建立新的外债管理体制，试点合并交易环节外债管理框架，完善企业发行外债备案登记制管理，全面实施全口径跨境融资宏观审慎管理，稳步扩大跨境资产转让范围，提升外债资金汇兑便利化水平。支持符合一定条件的非金融企业在全口径跨境融资宏观审慎管理框架下，根据实际融资需要自主借用外债，逐步实现深港跨境高科技产业园区非金融企业外债项下完全可兑换。

在跨境证券投融资领域，重点服务实体经济投融资需求，扶持深港跨境高科技产业园区具有特色和比较优势的产业发展，并在境外上市、发债等方面给予积极支持，简化汇兑管理。

四是建立高度便利的市场准入制度。

在深港跨境高科技产业园区实施市场准入承诺即入制，严格落实“非禁即入”，在“管得住”的前提下，对具有强制性标准的领域原则上取消许可和审批，建立健全备案制度，市场主体承诺符合相关要求并提交相关材料进行备案，即可开展投资经营活动。不断放宽各类投资者在合作区开展投资贸易的资质要求、持股比例、行业准入等限制。制定出台合作区放宽市场准入特别措施。强化事中事后监管，建立与香港衔接、国际接轨的监管标准和规范制度。

五是促进国际互联网数据跨境安全有序流动。

深港跨境高科技产业园区在国家数据跨境传输安全管理制度框架下，开展数据跨境传输安全管理试点，研究建设固网接入国际互联网的绿色通道，探索形成既能便利数据流动又能保障安全的机制。支持香港、深圳相关高校、科研机构在确保个人信息和重要数据安全的前提下，实现科学研究数据跨境互联互通。

健全深港跨境高科技产业园区共商共建共管共享的新体制

一是深港共建深港跨境高科技产业园区管理机制。

按上一章所构想的，应由深港两地政府联合成立深港跨境高科技产业园区指导委员会，该指导委员会分别由深港两地政府派人参加。具体组成人员、架构和运行模式，由深港两地政府协商决定。

深港跨境高科技产业园区指导委员会为整个深港跨境高科技产业园区综合性、跨部门的最高领导机构，负责制定合作区发展战略和规划，制定合作区的主导政策，进行有关合作区发展重大问题的决策，并对合作区建设和运行事宜进行沟通、协调和处理。

深港跨境高科技产业园区指导委员会下设深港跨境高科技产业园区管理公司作为对合作区进行管理和服务的具体执行机构。该公司应由深港跨境高科技产业园区指导委员会制定招标条件，由深港两地的园区管理公司进行竞标。中标后的深港跨境高科技产业园区管理公司由深港跨境高科技产业园区指导委员会进行直接监督指导，并由深港两地政府进行股权再投资并按股比组成公司董事会。深港跨境高科技产业园区管理公司具有很高的自主权，完全采取经营化管理方式，又是两地政府投资和规划的法定机构，既能满足土地开发的市场化需求，又能保证对合作区管理、协调、服务等各项功能的实现。

二是建立深港跨境高科技产业园区收益共享机制。

深港双方应建立深港跨境高科技产业园区收益共享机制，深港两地政府可按一定比例提取合作区的投资收益作为两地政府财政收入。但一定年限前的投资收益应全部留给深港跨境高科技产业园区指导委员会支配，用于合作区开发建设。

深港两地政府可以对合作区给予补助，补助与合作区吸引香港、深圳的企业及其他地区企业入驻和扩大就业、增加实体经济产值、支持本方案确定的重点产业等挂钩，补助数额不超过深港两地政府在合作区的分享税收。

上述收益共享机制的具体安排，由深港两地政府协商决定。

三是强化法治保障。

充分发挥“一国两制”制度优势，在遵循《中华人民共和国宪法》和《中华人民共和国香港特别行政区基本法》的前提下，构建深港跨境高科技产业园区内民商事规则衔接香港和内地、国际接轨的制度体系。

研究制定深港跨境高科技产业园区条例，为合作区长远发展提供制度保障。

加强深港司法交流协作，建立深港跨境高科技产业园区单独的司法体系和机构。尽管合作区内主要适用香港的司法规定，但要建立合作区内完善的国际商事审判、仲裁、调解等多元化商事纠纷解决机制。要强化合作区司法机构的职能和作用，为合作区建设提供高效便捷的司法服务和保障。

要用足用好深圳经济特区立法权，允许深圳立足深港跨境高科技产业园区改革创新实践需要，根据授权对法律、行政法规、地方性法规作变通规定。

四是加大赋权力度。

支持深港跨境高科技产业园区以清单式申请授权方式，在经济管理、营商环境、市场监管等重点领域深化改革、扩大开放。有关改革开放政策措施，涉及需要调整现行法律的，由有关方面按法定程序向全国人大或其常委会提出相关议案，经授权或决定后实施；涉及需要调整现行行政法规的，由有关方面按法定程序提请国务院授权或决定后实施。

五是建立健全风险管理机制。

越是开放越要注重安全，强化底线思维，增强风险防范意识，及时研究处置深港跨境高科技产业园区改革开放过程中的各种风险。综合运用稽查、核查、调查、缉私等监管手段，严厉打击走私等违法犯罪活动。建立反洗钱、反恐怖融资、反逃税金融监测管理体系，构筑金融“防火墙”，防止出现违法违规行为。对禁限管制、高风险商品等，依法实施口岸联合查验和入市监管，严守国家安全底线。

综上所述，由于深港共建跨境产业园区必须考虑到香港与深圳之间存在着“一国两制”，因此必须设计出符合“一国两制”条件的治理模式，这才能使建立深港跨境高科技产业园区具有现实可行性和可操作性。

第十四章

结束语：助推深港共建国际大都会

» 第一节　国际大都会的概念与现状

“国际大都会”最早是由苏格兰的格迪斯于1915年提出的，目前还没有形成一个国际公认的定义。但研究者普遍接受的概念是，“大都会”并不是指某一个城市，而是指以某一个或数个大城市为核心，向周围辐射构成的城市集合；或者说，是指以某个或几个中心城市为核心，由与其保持着密切经济联系的一系列中小城市共同组成的城市群。因此，国际大都会也被称为“国际都市圈”或“国际都会区”。

然而能够成为国际大都会的，并不是普通的城市群，而必须要有具备全球影响力的某些基本特征。汇集一些国际知名学者对此作出的解释，可以作如下概括：国际大都会这样的城市群或都市圈是制造业或第三产业高度发达的产业中心，是影响全球的贸易中心，是国际资本和银行机构聚集的金融中心，是大学、科研机构发达和人才聚集的创新中心，是跨国公司总部和国际性机构的集中地，是世界交通的重要枢纽（尤指国际海港与国际航空港），是人口密集和相对富裕人群集中的城市群。总之，一般来说，国际大都会是具有超强的经济、文化和科技方面的实力，在全球经济、贸易、金融和创新领域位列世界前茅，能够对世界经济产生较大影响并在全球范围内对大多数国家形成一定影响力的城市群或都市圈。

目前世界普遍公认的国际大都会，大多分布在欧美日等经济发达的国家和地区。

美国有两个世界著名的国际大都会。一个是纽约都会区，也被称为“纽约湾区”。它包括纽约市所属的5个区以及纽约州、新泽西州和康涅狄格州的26个县，面积约为3.24万平方公里，人口1800万，是世界最大的都会区之一。另一个是旧金山都会区，也被称为“旧金山湾区”，包括9个县和101个市，面积为1.92万平方公里，人口约700万。旧金山湾区中最大的3个城市是旧金山、奥克兰和圣何塞，这3个城市拥有3个国际机场和2个国际海港。旧金山湾区有别于纽约湾区，它在1961年成立了一个区域性地方政府协会。这是一个契约型的组织，也是一个正式的综合区域规划机构，其主要任务为强化地方政府间的合作与协调，也执行部分跨域合作计划任务（如湾区道路规划）。因此，旧金山湾区具备了行政区的某种特征。

大伦敦地区是英国最大的都会区，由伦敦市与32个自治市镇共同组成。其中，伦敦市拥有独立的行政与立法权限，位阶较高。大伦敦地区是英国政府出于整合该地区住宅、环境规划、交通运输路网建设而设立的一个行政区。该地区拥有立法机构、地方议会和政府机构。1965年成立的大伦敦议会，曾经是伦敦总体规划的权威机构。

大巴黎地区包括巴黎及其周围的上塞纳、瓦勒德马恩、塞纳-圣但尼等7个省，它们共同组成巴黎都会区。巴黎都会区人口约为1100万，占法国总人口的1/16，是法国的政治、经济、文化中心，同时也是欧洲的主要经济中心之一。它与美国纽约、旧金山，英国伦敦和日本东京并列为世界五大国际都会区，集聚了许多跨国企业的总部驻地，为世界经济的发动机之一。

东京大都会又被称为“东京湾区”，包括23个中央行政区、多摩地区和岛屿，总面积约2162平方公里，占日本总面积的0.6%，人口约1193万，占日本总人口的9.8%。它在日本的政治、经济和社会生活中占有十分重要的位置，对全球经济的发展也具有非常大的影响力。

近年来，随着中国的迅速崛起，中国也正在形成符合上述条件的若干国际大都会。其中一个是以北京为中心，包括京津冀城市群在内的北京国际大都会，也可称之为“京津冀都市圈”；另一个是以上海为中心，包括长江三角洲城市群在内的上海国际大都会，也可以称之为“长江三角洲大湾区”；还有一个是以香港、深圳、广州、澳门为中心，包括珠江三角洲城市群在内的粤港澳大湾区。

然而，多年来深港两地的学者提出了一个非常重要的特殊概念，那就是由于深港两座城市在国际上都具有极其特殊的地位和重要的影响，而且这两个城市具有高度的协同发展性，它们将形成具有独立国际影响力的双城国际都市圈，这就是多年来被人们广泛热议的深港国际大都会，或者说是深港都市圈、深港都会区，事实上它也正是粤港澳大湾区的核心都市圈之一。

» 第二节 深港已具备形成国际大都会的所有主要元素

能够成为国际大都会的城市群，必须要有具有全球影响力的某些基本特征。这样的城市群应该在经济总量上位居世界前列，对全球的经济、影响力都至关重要；应该在制造业领域或第三产业领域高度发达，是跨国公司总部和国际性机构的集中地，能够提振和推动全球的经济和产业发展；应该是影响全球的金融中心和贸易中心，是国际资本和银行机构的聚集地；应该是大学、科研机构发达和人才聚集的创新中心；应该在国际海港与国际航空港方面是世界交通的重要枢纽；此外，还有一点也很重要，应该是人口密集和相对富裕人群集中的城市群。

深港两座世界一线城市紧密合作

香港是一个高度繁荣的自由港和享誉全球的国际大都市，多年来一直被列为一线国际大都市，是全球国际贸易、国际金融和国际航运中心。深圳则在内地与北京、上海、广州并称为“北上广深”一线大城市，同时也被公认为“中国硅谷”，是享誉世界的国际科技产业创新中心，也是世界公认的一线城市。

深圳和香港这两座世界一线大城市仅一河之隔，经过40多年发展，两地在城市建设和居民生活等各方面迅速而广泛地结合，两地居民生活的趋同化已经成为一个普遍现象。深港两地口岸通关人数高达40万人次/日，罗湖口岸和福田口岸均成为全世界最繁忙的陆路口岸。随着深港两地经贸往来的日益频繁，数十万香港人选择到深圳工作和居住，深圳数以万计的住房被香港居民购买，以香港人为主的住宅小区在深圳为数众多，同时越来越多深圳的孩子到香港读书。为此，两地居民对推动经济要素自由流动的诉求日趋强烈。深圳不仅成为香港居民节假日休闲、娱乐、购物之地，而且部分商业街区几乎是香港人的天下。这表明在消费市场方面，港深早就趋同化了，两地的社会生活日渐形成相互依赖的关系。

随着CEPA的实施，香港金融、法律、财会等专业服务向深圳的延伸进度加快，目前深圳已经成为港资银行、律师事务所、会计师事务所、设计师事务所和其他中介机构进驻数量最多的城市。同时，随着经济活动的增加，两地的基础设施、口岸交通等领域的合作步伐明显加快。不仅如此，随着“一国两制”的深入推进，深港合作的范围不断扩大，力度逐步加大。10多年来，香港中文大学深圳校区的建设、香港大学深圳医院的临床试验、城市建筑双城双年展的合作、前海合作区的体制创新、广深港高铁的贯通、落马洲河套地区的开发为两地合作发展注入了新动力。

总之，深港经济合作、城市建设和生活趋同的广度和深度，不仅是内地任何其他地区与香港的合作未能达到且不可能达到的，而且在世界上，这样两个世界一线城市联系如此紧密，也是绝无仅有的。

深港经济总量与人均生产总值位居全球前列

两地经济总量排在世界第3位。2021年，中国深圳生产总值排在全球城市第10位，排在美国费城之后，美国休斯敦、韩国首尔和美国旧金山之前，为3.04万亿美元。而中国香港则排在全球城市第19位，排在新加坡之后，澳大利亚悉尼之前，为2.37万亿美元。深港两地的生产总值相加，则达到5.41万亿美元。如果也按2021年全球城市生产总值排名，则仅次于纽约和东京，排在全球第3位，排在洛杉矶、上海、伦敦、巴黎和北京之前。

两地人均生产总值位居全球前列。2021年，两地面积合计3104平方公里，人口合计2496万人，人均生产总值为3.85万美元。如果也按2021年世界人均生产总值排名，可排在全球205个国家和地区的第35位，位列日本（3.93万美元）之后，阿联酋（3.63万美元）、中国台湾（3.30万美元）、意大利（3.17万美元）和韩国（3.16万美元）之前。

深港是全球高科技产业和科研创新中心

深圳是全球高科技产业和先进制造业中心之一。2020年中国先进制造业百强市排行榜中，深圳高居第1位。中国现在是全球第一大制造业国家，在高科技产业和先进制造业方面也位居世界前列。在中国先进制造业中具有榜首地位的深圳，拥有科技型中小企业5万余家、国家高新技术企业1.87万余家，拥有国内数一数二的上市公司，拥有一大批世界级民营企业，拥有一大批在世界市场占有重要份额的高科技品牌产品企业和一大批创新型独角兽企业，毫无疑问也是全球高科技产业和先进制造业的中心。

香港是世界最发达的现代服务业中心之一。香港多年来与纽约、伦敦、东京等并列为世界五大现代服务业中心，同时又是国际化程度最高的世界中心城市之一，是全球跨国公司总部和国际性机构的集中地。因此，在有关自由市场经济、国际化程度、高度发达的服务经济的各种国际排名中，香港始终位居世界城市的前列。这已经成为世界各类组织和权威机构的共识。

深港的科研创新也走在世界前列。香港拥有的7所大学都排在世界1000强名校之列，香港拥有良好的高等教育基础和广阔的国际视野，香港各高等院校都致力于国际化教育，致力于培养国际通用型人才。此外，在专业服务领域，香港也拥有无可比拟的人才优势。香港拥有一大批国际金融、国际贸易、城市管理等方面的高级人才和高素质会计师、律师、评估师等专业服务人才。深圳虽然没有那么多驰名国际的大学，但是深圳的科技研发特别是企业的研发是领先世界的。2020年，深圳PCT国际专利申请量连续17年保持全国第一。深圳先后获批建设国家可持续发展议程创新示范区和综合性国家科学中心。深圳的新型显示器件、智能制造装备、人工智能3个产业集群入选首批国家战略性新兴产业集群发展工程。不仅如此，越来越多的国际创新资源也开始涌入深圳，世界500强企业IBM、甲骨文、三星、西门子等都在深圳设立了国际或区域研发中心。

深港创新集群已连续2年排在全球百强科技集群第2位。世界知识产权组织（WIPO）2020年12月发布的《2020年全球创新指数报告》显示，近年来中国的创新指数排名迅速攀升，已经排在全球131个经济体创新指数榜单第14名，确立了作为全球创新领先者的地位。其中值得注意的是，中国有17个科技集群进入全球百强科技集群，数量仅次于美国，排在世界第2位。而在全球百强科技集群中，“深圳-香港-广州”科技集群仅次于“东京-横滨”科技集群，排在世界第2位。也正因深港拥有如此强大的科技研发和人才培养的地位和作用，世界知识产权组织才会把“深圳-香港-广州”科技集群排在全球百强科技集群的第2位。

深港是全球金融中心、贸易中心和航运中心

深港已成为全球金融中心。2020年9月25日，由国家高端智库综合开发研究院（中国·深圳）与英国智库Z/Yen集团共同编制的第28期全球金融中心指数报告（GFCI 28）在中国深圳和韩国首尔同时发布。该指数从营商环境、人力资

源、基础设施、金融业发展水平、声誉等方面对全球主要金融中心进行了评价和排名。在全球111个金融中心排名中，香港和深圳均进入了世界10强。其中香港为全球第五大金融中心，排名在东京之后、新加坡之前；而深圳为全球第九大金融中心，排名在旧金山之后、苏黎世之前。两者如果相加，在世界金融领域中的地位将无人能出其右。

深港是国际贸易中心。香港已是全球公认的国际贸易中心，而深圳2021年货物贸易进出口额为3.54万亿元，连续29年居包括北京、上海、广州在内的大中城市首位，在国际上也是位居前列的全球贸易中心之一。

深港是全球航运中心。在海运方面，2021年深圳港与香港港均进入全球前十大港口排名。其中深圳港仅次于上海港和新加坡港，排在第3位；而香港港则排在全球第5位。在空运方面，香港航空公司2015年位列全球最佳区域航空公司10强，2016年香港的空中货运在全球排名第1位、空中客运居于世界第3位；而深圳航空公司在中国航空公司中排名仅次于东方航空公司、南方航空公司和海南航空公司，排在第4位，在世界上同样处于领先地位。

深港在全球最具价值的500强城市中名列前茅

2022年2月，由全球城市实验室编制的分析报告《全球城市500强》在纽约发布。该机构每年从经济、文化、治理、环境、人才和声誉等六个维度，计算出各国主要城市的品牌价值，并从2019年开始每年发布分析报告《全球城市500强》。在2022年全球最具价值的500强城市中，深港双双进入前35位，其中香港排在前10位，深圳排在第34位。尤其值得注意的是深圳地位的快速提升：2019年的500强城市排名中，深圳还排在第42位，到2020年就提升了5位，到了第37位，而到了2021年再提升3位，到了第34位。这样一种评价和排名，也在一定程度上说明了深港两座城市在全球所具有的价值和影响力是令人瞩目的，是超过世界绝大多数城市的，是非凡的[①]。

由此可见，我在前面所讲到的成为国际大都会所应该具有的基本元素，深圳

① 有人对全球城市实验室这个机构及其排名提出疑问，其实任何一种郑重严肃的排名都有其理由、规则、数据和方法，只要这些都是真实的，是可以成立的，那就不失为一种可以相信的排名。

和香港已经全部具备。同时有力地证明，深港国际大都会并不是硬加给深港两地的一个外来“楔入式”的概念，它本质上是对深港现状的一个基本判断，是对深港合作历史演变规律的一种概括。

仅仅具有这样的元素、具备这样的条件，还不足以使深港成为国际大都会。正如一个最具世界冠军特质的运动员，具有成为世界冠军的所有优质条件，但是如果不经过刻苦努力，不经过严酷激烈的竞争，仍然成不了真正的世界冠军。深港两地也是如此，只有真正通过构建深港国际大都会的努力，进一步进行两地的经济整合、产业提升、社会结合和潜力开发，才能使现已具备充分条件和巨大潜力的深港双城，真正成为一个世界级的大都会，成为未来中国经济发展和世界经济发展的重要引擎和发动机，成为全球一个新的经济增长极。而本书所集中阐述的深港共建跨境高科技产业园区，正是这方面最重要的努力之一。

» 第三节　共建国际大都会是深港双方发展的客观需要

事实上，深港共建国际大都会已经成为深港两地进行优势互补，以对方的长处来弥补自己的短处的客观需要。

香港发展的客观需要

由于“去工业化”导致的产业空心化给香港的经济、社会发展带来很多问题、困难和矛盾，因此，香港急需与深圳深度合作，实现双城产业高度协同发展，从而真正实现香港的“再工业化”，实现香港产业的转型升级，同时大大拓展香港的生存和发展空间，扩展香港的产业规模和就业空间，降低营商成本，增加就业岗位，缓解就业困难，缩小贫富差距，化解香港内在的深层次矛盾，将香港的经济和社会发展提高到一个新的历史阶段。

由于香港需要通过深港双城经济的深度合作以及共建国际大都会来解决发展中存在的问题这一话题，本书前面已经作了大量阐述，这里不再用过多的笔墨赘叙。因此，本节主要分析和阐述深圳如何通过深港共建国际大都会来满足自身对香港优势的客观需要。

深圳国际化发展的客观需要

在我看来，对深圳来说，最需要的是提高自己的国际化水平。

关于深圳的国际化问题是一个很有意思的话题。

尽管深圳多年来一直在讲要建设国际化城市，而且将其写在文件里，写到规划里，也提出许多政策措施，但我在深圳多年，始终觉得深圳存在一个非常奇怪的悖论。那就是，尽管深圳现在已经成为全球最重要的先进制造业中心之一，已经成为"中国硅谷"——最重要的产业创新和科技研发中心之一，已经成为在国际贸易领域、国际金融领域、国际航运领域都出类拔萃的世界级重要城市，但是深圳的国际化程度远远不如北京、上海和广州，甚至可能不如苏州、杭州、南京以及重庆、西安、成都等大城市，国际知名度也大大落后于北京、上海、广州，甚至比内地许多著名的老城市都差得远。

2017年10月15日，网上有人发表了一篇题为《深圳国际化水平有多高？》的文章，话说得很直白，没有什么高谈阔论，却很生动形象地告诉我们，深圳的国际化程度处于什么样的水平。

该文写道："深吹（网络新词，可理解为盲目吹捧深圳的人）一般很少出国，你试下去欧洲旅游，才知道原来外国人对深圳有多么陌生。很多人知道北京、上海、广州，甚至重庆、成都。但是提起深圳，他们就不知道了，只能跟他们说深圳是在香港的边上。""还有机场，虽然也叫国际机场，但一共才那么屈指可数的几条国际航线，境外航线是中国几大机场里最少的，每次出国都要绕道香港或者广州。""深圳国际化水平还不及曼谷，即使深圳有了像腾讯、华为、大疆这样国际知名度较高的企业，有了华强北和前海深港合作区，而且深圳现在已经是世界的创新科技中心、国内的金融中心，且在深圳1997平方公里的土地上有300多家上市企业，在全世界都找不到这样的地方，但是如果找一张在香港全球Top20外资投行处理投资客户信息的照片，尽管已经覆盖全球国际化程度最高的城市和企业了，但是基本就是Beijing（北京）、Shanghai（上海）、Guangzhou（广州），没有听过Shenzhen（深圳）的。""外国驻华使馆也很少在深圳有设点的，欧美的大投行、金融机构也很少在深圳设立办事处。"该文最后说："即使深圳不心甘情愿做一个内地本土城市，但它始终只能做中国的一个大城市！”

为何会如此呢？我想，有可能是因为深圳这个城市崛起的时间太短，至今不过40多年。但是我认为这并不是最主要的原因，最主要的应该是深圳与香港这个中国国际化程度最高的城市紧紧相邻，一河之隔，宛如一城。不但如此，距深圳100多公里之外，又是在世界享有盛誉的历史文化名城——广州。广州是中国最早对外开放的口岸，在100多年前就开始了自己的国际化进程。不仅如此，在新中国成立后受到西方国家严密封锁的时期，广州也因中国进出口商品交易会（简称“广交会”）而继续享誉国际，它几乎在新中国成立后直到改革开放的近30年中，都是整个中国对外的贸易窗口。

深圳夹在香港和广州之间，无怪乎国际化程度提不起来。不但外国驻华使馆无须在深圳设点，而且全球跨国公司总部、世界各国大的金融机构、全球著名国际机构几乎都已在香港或广州设点，如果没有特别的需要，不会在一个如此近的新城市再设立分支机构。众所周知，一个城市有大量全球跨国公司总部入驻，有全球著名国际机构入驻，有世界各国大的金融机构入驻，恰恰是这个城市国际化程度高的重要标志。所以我以为这才是深圳国际化程度始终不高的根本原因。

那么，深圳的国际化问题要如何解决呢？我认为只有一条路，就是通过共建国际大都会实现深港两座城市你中有我、我中有你，使得香港的所有国际化优势都成为深圳的共享优势，到那时深圳本身无论是经济发展、社会发展、城市建设，还是市民生活所必需的居住、教育、医疗、文化、娱乐等各个方面，国际化水平都会大大提高，都会日益接近直至达到现在香港的国际化水平。

深圳提高科技研发水平的需要

深圳还有一点是非常需要香港的，那就是香港的国际教育、国际人才优势和科研力量，这些都是深圳进一步发展自己的先进制造业、高科技产业必需的。这一点在本书中已多次提到，无须赘述。

深圳进一步对外开放的需要

深圳还可以借助香港的特殊优势，进一步实践自己在整个内地“先行一步”的特区之路。香港在经济实行自由贸易港制度。

在这个制度下，贸易、投资、金融、人员流动等领域完全实现自由化和便利化，而且对绝大多数商品免征关税，这一点内地任何城市都做不到。从这个角度看，深圳通过与香港共建国际大都会，完全可以借助香港的自由贸易港优势，进一步加大自己的对外开放力度，其中包括：借助香港先进的服务贸易产业提高对外产业竞争力；借助香港完备和成熟并与国际相通的法律法规和市场机制实现进一步与国际全面接轨；借助香港的营销人才、经验和遍布全球的网络，提高内地企业的营销策划水平从而帮助内地企业进一步走向世界。

» 第四节　共建深港跨境高科技产业园区助推构建深港国际大都会

本书所提出的共建深港跨境高科技产业园区将会成为构建深港国际大都会的强力助推器。

有助于深港真正成为全球高科技研发、产业发展和创新中心

深圳、香港两地共建跨境高科技产业园区，不仅会大大发挥香港的自由贸易港优势和国际金融优势，还会大大发挥深圳的高科技产业和创新优势及国内金融中心和改革开放先行示范区优势，以及深港两地的科研院校、科研机构和科创企业的科创研发优势，通过海内外大规模招商引资，将深港两地及其他地区符合标准的新兴产业企业、高科技企业、先进制造业企业和其他相关的技术密集型、资本密集型和高附加值企业成百上千地迅速汇集到园区中，在园区形成产业集群，形成相应的产业链、供应链和价值链，并通过学习和吸取国内外成功园区的科学规划和科学管理经验，迅速建立起一个真正的世界级的新兴产业基地。

这样的举措不但可以解决香港本身存在的产业空心化痼疾，而且将使深港的经济、产业发展和科技研发进一步合作，并且补齐双方的短板，一方面把香港的产业转型升级带动起来，另一方面把深圳的国际化带动起来，从而真正使深港形成产业高度协同发展的国际大都会，成为全球新的高科技产业、新兴产业、先进制造业发展中心和国际创新中心。

有助于深港真正成为世界经济新的增长极

2021年，深圳生产总值为3.04万亿美元，排在全球城市第10位；香港为2.37万亿美元，排在全球城市第19位；两地生产总值相加则达到5.41万亿美元，如果也按2021年全球城市生产总值排名，则仅次于纽约和东京，排在全球第3位。这样一种计算方法只是两地相加之和，并不能真正体现深港共建国际大都会后实际的经济总量。如果两地真能把跨境高科技产业园区搞好，那么会大大提高两地的经济总量，这是不言自明的。到那时，两地经济总量就真正在一定程度上结合为市场经济体的经济总量。这个总量只会在现在两者相加的数量上大大增加，从而在世界各个经济体经济总量排名中名列前茅，到那时，深港国际大都会将会成为世界新的经济增长极。

人均生产总值也是如此。现在两地相加可以排名全球第35位，如果两地成功共建跨境高科技产业园区，那么将会大大提升两地作为在一定程度上进行结合的市场经济体的人均生产总值水平，在世界各地人均生产总值中的排名也会大大提升。

有助于深港构建更加发达的现代服务业

现在的前海深港现代服务业合作区，客观地说，对深港两地的发展来说，除了国际金融业外，对于国际贸易和国际航运的实际效果都并不明显。然而一旦深港两地共建跨境高科技产业园区，则会大大提升香港和深圳本已具有的国际金融、国际贸易、国际航运等高端服务业的能力和潜力，因为当这些现代服务业都是在为本土的经济实体服务时，就会大大扩大这种服务的范围，拓展这种服务的市场，添加更多的本土经济中的资金、人才、科研成果、信息等优质要素，深港国际大都会在现代服务业的能力和水平方面也会远远超过作为单一国际城市时的香港，在高度发达的服务经济的各种国际排名中也会进一步站在世界前列。

有助于深港真正成为世界一流的科创中心

前文已经指出，香港拥有良好的高等教育基础和宽阔的国际视野，同时拥有一大批国际金融、国际贸易、城市管理等方面的高级人才；深圳PCT国际专利申请量连续多年保持全国第1位，同时拥有数以万计的高新科技企业，并且拥有越来越多的国家级乃至世界级科技研发和国际创新资源。因此2020年世界知识产权组织才将“深圳-香港-广州”科技集群排在全球百强科技集群第2位。

深港共建跨境高科技产业园区会从根本上解决现在香港科技研发的弊端——香港特区政府近年来所力推的各种科技研发欠缺与工业实体经济的结合。当香港各大学中领先世界的创科能力与深港跨境高科技产业园区的高科技创新型企业相结合时，会使这些科研成果迅速转化成先进生产力，转化成驰骋国际市场的高端产品，然后又会对科研能力的创新和提升起到重要的反哺作用。对于深圳来说，香港科研能力的加入会使现在本身已经很强的企业研发能力得到更多国际高水平团队和人才的加持，从而能够百尺竿头，更进一步。由此，有了深港跨境高科技产业园区中成百上千高科技创新型企业集群的加入，定会使深港两地的科技集群在全球百强科技集群中的地位更上一层楼。

有助于实现深港两地的要素流动

深港两地实现人员、资金、商品、信息和服务等要素自由流动是共建深港国际大都会的基本特征。但是众所周知，这一点在香港作为单独关税区以及“一国两制”条件下，是无法全面做到的。

为此，深港应寻求实现两地要素流动的较理想状态，这就是在“一国两制”框架下，通过共建跨境高科技产业园区来促进两地商品、资金、劳动力、信息和服务等要素在一个特定的区域内自由流动，通过这种方式的外溢效应，使得深港两地能够在一定程度上实现资源共享、优化配置、功能互补、联动发展和利益均沾，从而增强两地的竞争力，进而提高深港国际大都会经济发展的繁荣程度和在全球的城市竞争力。当然，这一目标的实现，需要中央政府给予大力支持，也需要深港两地政府作出一系列制度性安排以及社会各界共同参与。

有助于深港两地经济、社会更进一步合作

正如我在前面所讲到的，深港共建跨境高科技产业园区的选址，可以定在以河套为中心覆盖由西至东的深港口岸经济带及更纵深的腹地的地方，这里正是香港特区政府拟建立北部都会区的核心新城区。因此，北部都会区和深港跨境高

科技产业园区一定会互相促进，相得益彰。一方面，北部都会区的核心新城区建设，一定会给深港跨境高科技产业园区带来更多的人力资源、物力资源、财力资源、城市建设资源、交通运输资源等方面的支持，从而大大促进园区的建设和发展，大大提高园区的发展质量，促使园区做得更大更好；另一方面，深港跨境高科技产业园区的建设和发展将会大大促进北部都会区的就业、税收、商圈、住宅、服务、交通、物流等各方面的建设和发展。这些都必然有助于深港这两个不同体制的陆路接壤城市进一步实现经济合作，进一步形成一个前所未有的共同市场，进一步形成一个十分特殊的“一体两制”的现代化大都市，从而将深港国际大都会建设推向一个新的发展阶段。